企业管理新论

——用文化管理企业的探索

张志宇　著

企业管理出版社

图书在版编目（CIP）数据

企业管理新论：用文化管理企业的探索/张志宇著．—北京：企业管理出版社，2015.4

ISBN 978-7-5164-1036-3

Ⅰ.①企… Ⅱ.①张… Ⅲ.①企业文化-企业管理 Ⅳ.①F270

中国版本图书馆CIP数据核字（2015）第062534号

书　　名：企业管理新论：用文化管理企业的探索

作　　者：张志宇

责任编辑：尤颖

书　　号：ISBN 978-7-5164-1036-3

出版发行：企业管理出版社

地　　址：北京市海淀区紫竹院南路17号　邮编：100048

网　　址：http://www.emph.cn

电　　话：总编室（010）68701719　发行部（010）68701816

编辑部（010）68456991

电子信箱：80147@sina.com

印　　刷：香河闻泰印刷包装有限公司

经　　销：新华书店

规　　格：170毫米×240毫米　16开本　17.25印张　260千字

版　　次：2015年4月第1版　2015年4月第1次印刷

定　　价：58.00元

PREFACE

前言

自人类进入社会化大生产以来，国内外的专家学者及企业管理者对企业管理的理论和方法的研究和探索从未停止过。尤其是近年来，人们对企业文化的研究和关注热度持续升温，有关实践和探索层出不穷，但其系统理论和方法鲜有大的突破。企业文化仿佛是一个筐，研究者善于罗列一大堆大大小小的组合装进这个筐里。面对深刻变革的时代，如何把文化与管理紧密结合，使之由虚变实，即运用企业文化对企业进行有效的管理，是企业善变图新、追求持久性成功的重要课题。

大家知道，世界上的企业管理走过了家族式管理、经验管理、科学管理等路程。纵观世界500强企业和成功企业所采用的管理方法，无一不是文化管理。用文化管理企业不仅仅是行之有效的方法，也是企业发展的必由之路。

《企业管理新论——用文化管理企业的探索》在理论与实践的层面深入探讨了管理的真相——当代企业对文化管理的需求、文化管理在企业战略管理中的运用、文化管理在企业组织管理中的运用、企业的文化管理与营销管理、企业的文化管理与生产运营管理、企业的文化管理与企业伦理、企业的文化管理与危机管理、企业的文化管理与软实力建设等问题。

概括起来，本书具有以下特点：

一是理论的前沿性。探索用文化管理企业的理论，在目前的企业管理理论界看来，确是前沿的。由此看来，也具有创新性。从文化管理的历史演进看，企业管理走过家族管理、经验管理、科学管理，到今天企业管理的潮流和趋势就是文化管理，其前沿性不言而喻。

二是内容的实用性。在本书的九个章节中，每章都有案例评析，这就把理论与实践结合了起来，具有很强的实用性。在内容的阐述上，由浅入深、由表及里，没有用经院式的复杂语言系统进行论证，其实用性可见一斑。

三是架构的系统性。全书每章节之间都具有系统的、内在的逻辑关系。第三章“文化管理在企业组织管理中的运用”就佐证了这一点。其中第一节是“企业的文化管理与人力资源管理”，第二节是“企业的文化管理与团队管理”，第三节是“企业的文化管理与素质管理”。在这里文化管理与人力资源管理、文化管理与团队管理、文化管理与素质管理在脉络上是一致的，即从人力到团队又到人的素质，这就具有了架构的系统性。

《企业管理新论——用文化管理企业的探索》的核心是探索和阐述企业管理的最新方法，是迄今为止国内较早公开出版的一部探讨如何运用文化管理企业的图书，是一部值得一读的著作。

张志宇

2015 年 1 月 25 日于北京

CONTENTS

目录

第一章

管理的真相——当代企业对文化管理的需求

充分利用各种资源，对企业的生产经营活动进行的组织、计划、指挥、监督和调节等一系列职能的综合便是企业管理。企业管理是社会化大生产发展的客观要求和必然产物。其目的是提高企业的经济效益，达到预期的发展目标。从产生至今，企业管理大致可以分为三个发展阶段，即经验管理阶段、科学管理阶段、文化管理阶段。文化管理就是从文化的高度来管理企业，建立在科学管理的基础之上，是对科学管理的新发展，是管理适应现代社会经济发展大趋势的必然选择。

第一节 从文化建设到文化管理

一、虚与实的交融

企业文化，有人说它太虚，但它确实在潜移默化地影响着企业的员工；也有人说它实，但是却又无法说出财务报表跟它有什么关系。企业文化本身并不是虚的，而是某些人把企业文化做成虚的了。广义的文化指人的主观意志对自然的改变。企业文化则是人的意志、行为和结果的连续统一体，是优化了的人的行为与结果，而不仅是一种理念。对企业文化的这一种属性的理解也是从企业现实中的许多教训中得出的。企业文化建设，就是在科学理论的指导下，通过管理思想的发展与创新，确立具有自己企业特性的、符合人性发展规律和企业运作规律的价值理念，并把这种理念转化为具体的工作行为和管理措施。与许多工作一样，企业文化建设不能光说不做或不重视结果，而要用结果来验证，这才是符合科学原则的企业文化系统。如不遵从这种科学规律，企业文化就不能产生效果，不能赢得全体员工的信任和主动参与；如果企业文化只成为领导在大会上喊的口号和对员工的要求，却不能从结果上造福于员工，这种企业文化就恰恰是我们要摒弃的糟粕。把企业文化做实，才能让企业文化建设这样一种新的管理理念和行为模式创造出应有的效益。企业文化如果不落到实处，那么它就是虚的。如果企业按照一定的方法和规则去执行与落实企业文化，那么企业文化就会由“虚”变“实”。

企业文化是经济与文化的有机结合体，文化可以为企业指引发展方向、增强动力、提高经济效率并促进其发展。下面我们来进一步阐述企业文化与企业的文化管理。

企业文化是从事经济活动的组织形成的与企业物质层、制度层和精神层密切相关的企业意识形态。1980年，比尔·安伯纳西在《哈佛商业评论》上发表了《在经济衰退中进行管理》一文，初步奠定了企业文化学的基础。企业文化是一种微观的文化现象，是在特定的外部环境的影响下，通过企业全体职员的实践和创新所形成的整体价值观、道德观、行为准则和经营理念等的综合。不同的企业必然会有不同的企业理念，产生不同的企业文化。因此，企业文化的建设没有一个统一的模式，只有基本原则和基本方法。

企业文化是一个多元的体系，因此，从不同的角度可以归纳出不同的特点：

一是差异性。不同的国家、社会、民族，其生活习俗、文化风格等必然会有差异，那么相应的企业文化也必然具有差异性。

二是发展性。社会是不断发展的，企业也需要不断的进步和发展，才能在激烈的社会和市场竞争中生存下来。因此，相应的企业文化就不可能是墨守成规、一成不变的，企业需要与时俱进和不断补充完善的企业文化来促进发展。这里的“发展”包含：企业文化自身的发展和企业文化作为源动力帮助企业可持续发展两个层面。

笔者所在的北京握奇数据系统有限公司（以下简称握奇），是一家致力于打造安全信息环境的高科技企业。1994年，源于一个简单的想法——“为了社会信息化的安全”，握奇开始了对数据安全解决方案的不懈探索和执著追求。随着互联网的兴起和信息技术高速发展，人们对拥有自由的沟通、出行、购物、娱乐、工作、理财的期望越来越高。生活的便捷与舒适越来越离不开通讯、交通、支付、金融、计算机等网络。移动互联、身份认证和交易安全成为各种网络交互的核心。与此同时，握奇的企业文化也日渐清晰，并最终形成了“不断改善个人、组织在信息社会中的安全状况和方便程度”的公司使命；“让每个人和每个信息处理设备都拥有自己的可信计算环境”的公司愿景；“成为行业内最具有创新精神与创新能力的企业”的公司战略目标。这就是企业文化自身的发展。

握奇也随着其企业文化的不断深化和清晰而飞速发展。目前，握奇以新加坡为国际业务总部，并拥有覆盖美国、法国、印度、韩国等11个国家和地区的海外分支机构，全系列产品和解决方案广泛应用到全球50多个国家和地区，成功服务于电信、金融、交通、政府、公共事业等领域、行业的客户，为数亿用户的身份认证与安全交易保驾护航。这就是企业的可持续发展。

三是相对稳定性。企业文化虽然需要与时俱进，但是文化的生成具有长期性的特点，它不会也不可能发生大幅度的改变。企业文化作为企业发展的灵魂，不会“朝令夕改”，不会因为企业领导人的变更和组织机构的调整而发生根本性的变化。

企业文化的生命力源自于如何将其运用到实际的企业管理之中。文化管理是企业管理发展的必经之路，是企业管理发展的新阶段。

“科学管理之父”弗雷德里克·泰勒认为：“管理就是确切地知道你要别人干什么，并使他用最好的方法去干。”管理企业最好的方法就是文化管理，它是企业管理发展的必然趋势。

文化建设指企业文化相关理念的形成、塑造、传播等的过程。文化建设重口号轻落实、重宣贯轻执行，突出在“建”字上，基于策划学、传播学的理论，被认为是企业文化的一种策划和传播，是一种泛文化。

文化管理是一种以人为本的管理模式，其本质就是以人为本，人的全面发展是其目标，经过共同价值观的培育，在企业内部营造出一种健康和谐的企业文化氛围，使企业员工能够融入企业，以自我约束取代被动管理，在实现企业价值最大化的同时实现个人价值的最大化。

在目前的企业管理阶段，企业文化建设已难以满足企业管理的需要，仅有企业文化建设还不够，企业文化需要进一步深化，已经到了必须对企业文化进行管理的阶段，即文化管理阶段，这也是企业管理的最高境界。企业的文化管理是一种全新的管理理论，以价值观管理为核心，辐射企业战略、人力资源、品牌等各方面，与企业的全体成员关系紧密。文化管理从探索企业成功的关键要素开始，分析和定位企业固有的关键核心价值观，然后通过相关的行为制度，贯彻于企业管理的各个方面，从而系统地解决企业发展中存在的核心问题。这是一个系统的工程，牵一发而动全身，但是文化管理一旦成功，就会迅速提升组织绩效，推动企业持续发展。

二、文化根植于管理

目前很多企业仍停留在文化建设阶段，文化理念体系也不是很科学，象征意义大于实际意义，没有进行文化管理，最后连文化理念体系也形同虚设了。文化建设大致包括调研诊断、方案设计、培训宣贯、具体实施（活动配合）等环节。企业文化最主要的是“不言而喻”：一是要清晰定义企业文化的核心——价值观，将企业文化的理念体系应用到管理实践中；二是要对企业文化进行诊断评估，抓住文化的本质和规律，结合自身的管理状况构建企业文化体系，找到企业文化建设的路径和方法，这样才能对企业进行有效的文化管理。

价值观是企业文化建设的核心，企业规章制度是企业文化建设的外显形式，企业的产品和服务质量是企业文化建设的物质载体。

随着经济全球化和知识经济的发展，企业文化建设越来越受到企业界的广泛重视，并在广大企业家群体中形成共识：企业文化建设对于一个企业来说不是可有可无的装饰品，而是树立企业形象，密切企业与社会、员工之间的关系，提高员工综合素质，促进企业可持续发展的重要手段。企业文化建设能够使企业目标和员工个人目标最大限度地结合起来，可以在企业组织内部形成基本统一的思想意识和行为准则，并渗透到企业的全部生产、经营和管理活动中，通过软科学的方法，实现对企业的宏观管理和调控，从而更好地完成企业的各项任务，实现企业所肩负的使命。

美国《财富》杂志曾指出，没有强大的企业文化，没有卓越的企业价值观、企业精神和企业哲学信仰，再高明的管理战略也无法成功。可见，企业文化多么重要，因此，我们要高度重视企业文化建设，尤其是建设优秀的企业文化，只有这样，我们才能不断地增强企业的竞争力，才能在经济全球化的严峻形势下永远立于不败之地。

企业文化建设的目的在于促进企业经营管理战略的调整，满足企业战略发展的客观需要；建立健全企业经营管理实践理论，完善企业的各项规章制度。实施以人为本的管理创新和技术创新，不断改善企业资源配置方式，实现企业内外资源的有机优化与整合；不断通过知识与思维创新，提供满足客户和社会需要的卓越产品、服务和环境，以赢得持久信赖，实现企业、员工、社会、经销商及用户持续、协调、统一的发展，实现以企业文化促进企业的发展，建立有团队精神的学习型组织。

在企业文化建设的过程中要遵循一系列的指导思想与基本原则。坚持以人为本的管理思想，积极探索新形势下企业文化建设的规律，构建符合时代需要、符合现代企业制度需要、符合企业个性化需要的文化体系，为增强企业核心竞争能力、提高企业经济和社会双重效益创造良好的文化氛围和强大的力量源泉。

以人为本的原则。企业文化模式必须以人为中心，充分反映人的思想文化意识，通过企业全体人员的积极参与，发挥首创精神，企业才能有生命力，企业文化才能健康发展。

讲求实效的原则。进行企业文化建设，要切合企业实际，符合企业定位，一切从实际出发，不搞形式主义，必须制定切实可行的企业文化建设方案，借助必要的载体和抓手，建立规范的内部管控体系和相应的激励约束机制，逐步建立起完善的企业文化体系。

系统运作的原则。企业文化在很大程度上表现为企业家（群体）文化，在一定意义上，企业文化是企业家理念的升华，企业家是企业文化的倡导者、缔造者、推行者，不仅其个人的理念要领先于他人，更重要的是能把领先的理念转化为企业的理念、企业的体制、企业的规则。

追求卓越的原则。塑造企业文化，必须坚持卓越的原则，使企业和员工始终感到总有一股追求卓越的激情在激励着他们，激动人心的目标一个接一个地出现，即使是在其他企业都满足于自身的成果的时候，我们的企业仍能保持创新上的不满足，崇尚革新，与时俱进，不懈地追求完美和第一，从而促进企业文化的健康发展。

文化管理和企业文化建设是有机结合的，既有联系，又有区别；既可以相互促进，相得益彰，又不能相互取代。正确认识企业文化建设和文化管理的关系，对于加强企业精神文明建设、推动企业的改革与发展有着重要的作用。企业文化建设为开创思想政治工作新局面、更好地为生产经营服务提供了条件，同时随着企业思想政治工作的改革与加强，也必将对企业文化建设起到巨大的推动作用。在文化管理中处理好虚与实、讲与做、精神与利益的关系，发挥文化管理的针对性、科学性和实效性，为经济工作和企业发展创造良好的局面。

加强对经营管理者的培育，以此带动企业文化建设。企业文化建设是有关企业生存发展的全局性、整体性、长远性、综合性的工作，企业经营管理者特别是主要领导人起着非常重要的作用。企业中的重要经营管理者，不仅应当是企业文化的设计者、倡导者、组织者，还应当是模范的实践者，更应当是企业文化的直接体现者。领导者应该率先垂范，以自己的良好行为为优秀的企业文化树立形象，同时特别需要以自己的新思想、新观念、新思维、新的价值取向来倡导和配置企业文化。

讲求企业文化建设的方法和途径。企业文化不是无源之水、无本之木，它必须通过一定的物质实体和手段在生产经营实践中表现出来，也就是企业文化必定有载体。企业文化载体是企业文化的表层现象，虽不等于企业文化，但有重要作用。企业文化载体在企业文化建设中具有举足轻重的作用，是企业文化的重要组成部分。

三、文化管理的内核

文化管理的核心是以人为本的管理，管理的对象完全从“物”转向“人”，通过共同价值观的培育，在企业内部营造一种健康和谐的文化氛围，使全体员工的身心能够融入企业，变被动管理为自我约束，在实现社会价值最大化的同时，实现个人价值的最大化。文化管理是人本管理的最高层次，通过企业文化的培育来实现文化管理模式的提升，使员工形成共同的价值观和行为规范，进而成为“企业人”。实行以人为本的管理，不是宣传或说教，也不是形式上的变革，更不是追求时髦，而是实实在在的管理宗旨、管理战略、管理重心、管理方法、管理策略的转变，即摆脱传统的以物为本的管理模式，向更高级的管理阶段——以人为本的管理新阶段跃进。企业文化管理把“以人为本”理念作为核心，其内涵和外延不能局限于企业内部。在某种意义上，企业实行顾客满意战略，开展顾客关系管理，是更加重要的内涵和外延，这是决定企业持续生存与发展的关键所在。

企业的文化管理层阶可以分为三个层面：物质层、制度层和精神层。这三个层面不是相互独立的，而是有机结合的。

企业的文化管理的物质层也可以被看作企业的物质文化，是企业的物化形象的外在表现，是由企业职工创造的产品和各种物质设施等构成的器物文化，是一种以物质形态为主要研究对象的表层企业文化。

企业生产的产品和提供的服务是企业生产经营的成果，是企业物质文化的首要内容。其次是企业创造的企业建筑、企业广告、产品包装与设计等人们可以直接感受、看到的，都是企业物质文化的主要内容。在某种意义上，企业的文化管理的物质层是文化管理中的浅层基础文化。

企业的旗帜、服装、商标标志等都可以归结到文化管理层阶中的物质层。例如，IBM 的标志是由公司名称中的 International（国际的）、Business（商业的）、Machine（机器的）三个英文单词的首字母组成的。

企业的文化管理的制度层也叫企业的制度文化，主要覆盖企业组织机构、企业领导体制和企业管理制度三个方面。企业组织结构是企业文化赖以生存的载体，有正式组织结构和非正式组织结构之分。企业领导体制的产生、发展和变化，是企业生产发展的必然产物，也是文化进步的结果。企业在进行生产经营管理时制定的企业管理制度，主要是起规范作用。上述三者，构成企业的制度文化。

在企业中，企业制度文化是人与物、人与企业运营制度的结合部分，它不仅是人的意识与观念的反映，也是由一定物的形式所承载。同时，企业制度文化具有媒介性，表现在它是精神和物质的媒介。制度文化是适应物质文化的固定形式，同时也是塑造精神文化的主要机制和载体。正是因为制度文化具有媒介的固定、传递功能，所以它对企业文化建设具有极其重要的作用。

企业制度文化作为企业文化的重要组成部分，是塑造企业精神文化的根基。企业精神所倡导的所有行为准则，都必须以制度为保证，通过企业制度的建设来规范企业成员的行为，使企业精神转化成企业成员的自觉行动。制度文化是企业精神文化的基础和载体，同时又可以反作用于企业精神文化。相应的企业制度的建立，会帮助人们树立新的价值观念，为新的精神文化奠定基础。

精神层是物质层和制度层的思想内涵，是企业文化的核心和灵魂。相对于物质层和制度层来说，企业文化管理的精神层是一种更深层次的文化现象，在整个企业文化管理系统中处于核心地位。

精神层是企业在生产经营过程中，受特定的社会文化背景、意识形态的长期影响形成的一种精神成果和文化观念，包括企业精神、企业道德、企业价值观念、企业经营哲学、企业风貌等内容，构成了企业的意识形态。它是企业物质文化、制度文化的升华，是企业的上层建筑。

企业的文化管理的精神是企业职工意识与企业个性相结合的一种群体意识，来源于企业生产经营的实践。随着企业实践的推进，逐渐提炼出指导企业运作的经典哲学思想，成为企业发展的主导意识。企业精神总要反映企业的特点，它与生产经营不可分割。企业精神一般都是根据企业各自的特色概括和提炼出来的，多数以厂训、厂歌等形式表现出来，不仅能动地反映与企业生产经营密切相关的本质特征，而且鲜明地显示企业的经营宗旨和发展方向。企业精神能深刻地反映企业的个性特征并对管理产生影响，促进企业的发展。企业精神形成后将主导企业职工群体的思维和行为，企业的发展需要全体职工具有强烈的向心力，好的企业精神犹如一个巨大的磁场，将企业各方面的力量集中到企业的经营目标上去。同时，也能深入职工的生活，给职工以精神鼓励。人是生产力中最活跃的因素，也是企业经营管理中最难把握的因素。现代管理学特别强调人的因素和人本管理，其最终目标就是寻找一种先进的、具有代表性的共同理想，将企业职工团结在企业精神的旗帜下，最大程度地发挥人的主观能动性。

企业文化的发展趋势是文化管理，企业向文化管理的跃进是企业战略发展的必然抉择。建设企业文化的过程实际上就是企业向文化管理新阶段跃进的过程，这不是一朝一夕的事，需要通过文化建设构筑一个坚实的平台。总之，文化与企业管理和经营实践不能“两层皮”，文化管理需要不断地用新的企业文化理论、方法来指导实践，解决各种难题，使企业管理和经营实践真正成为企业文化建设的“主战场”。

四、文化管理特色案例评析

过去的海尔是一家亏损 147 万元的青岛冰箱厂，但是，在总裁张瑞敏的带领下，经过 20 年的发展，海尔在国际上打开了市场，实现了“中国制造”的理想，把海尔的品牌推向了全世界。这是海尔的成功，同时也是海尔文化的巨大成功。

海尔企业文化的建立依赖于海尔全体员工长期的遵守和实践。正是海尔的这种企业文化战略把海尔引向了国际市场。

首先，海尔强调人的重要性。人是企业在发展过程中必须具备的条件，没有人，企业就不能得到发展。海尔重视人才培养，认为“造物必须先造人”。海尔为人才创造了很优越的环境，同时还积极培养员工的责任感和主动性，这样才能激发员工的热情和创新能力。

其次，海尔抱着对顾客负责任的态度对公司的产品进行着质量的监督。1985年，冰箱市场供不应求，但是海尔依然当众砸毁了76台有严重质量问题的冰箱，可见质量关是海尔文化中重要的一环。客户的抱怨是海尔发展的最好礼物，海尔不断满足顾客的需要、市场的需求。这既是对市场负责，又是对海尔本身负责。海尔信奉“只有淡季的思想，没有淡季的市场”，关注市场的变化是企业文化中最活跃的一部分，也是最重要的一部分。

海尔能取得这样的成就，很大程度上还在于海尔的文化观念，主要体现在：

资源观。资源指的是人力资源。不断地引进高水平人才，创造培养和吸引人才的优越环境。吸引人才是重要的，利用人才创造高效益是最重要的。

质量观。产品的高质量需要高技术的投入，同时需要高素质的员工的工作。只有优秀的人才才能创造高质量的产品，高质量的产品才能在市场上获得信誉。

市场观。市场是一个变动的市场，要适应市场，就不能对市场说“不”，而应紧紧抓住市场的变动因素，超越自我，创造新的市场。在市场的变动中坚持产品的美誉度，从而在变中求得主动权，是适应市场的最重要的法则。

海尔的企业文化是一个完整的体系，从理论到实践都体现了海尔文化的执行力和魅力，在这种文化的氛围中海尔缔造了奇迹，成为中国企业的一个神话。

文化是大战略。文化属于精神层面上的东西，它看似和企业的发展不搭边，实则不然。企业的目的是盈利，文化在某种意义上可以净化心灵。但是，如果一个企业只知道盈利，忽视了企业文化的建设，后果是不堪设想的。企业文化是一个企业发展的灵魂。这是经过无数企业的发展证明了的。

海尔建立了一整套文化系统，从人才观、市场观、质量观等许多层面来指导企业的发展。这些观念是企业的经营者和员工在长期的生产中树立的价值观。这种价值观使企业在物质和精神上都取得了辉煌的成就。每一个员工在为企业创造效益之后都会得到同样丰厚的回报。

因此，企业文化是企业发展的一个大战略，是引导企业发展的重要环节。企业文化看似是无形的，但是无形的精神却有着有形的运行规则，而且能创造有形的资产。有了企业文化，企业就有了自己的生命，有了自己的发展特色，只有独具特色的企业才能在市场的发展中取得胜利。

茅台能被世人知晓，一个聪慧的点子颇有功劳。1915 年，在巴拿马万国博览会上，世界各地的商人都云集于此，并带来自己的得意商品，其中就有产自贵州的茅台酒。但是和欧美品牌酒品比较，茅台酒用土窑烧制的陶釉包装与欧美酒精致的外形比起来，极为不起眼。为了遮掩这一短处，中国代表灵机一动，用手轻撞酒瓶，茅台掉在地上，酒坛子摔碎了，而酒的香气弥漫于整个展厅，甚至是楼道。这番聪明的举动，成功地让来自各国的代表都被酒香吸引，贵州茅台也从此声名大噪。

茅台酒的品质得到世人的夸赞，它的酒文化更是让无数人欣然向往。贵州茅台确实是当之无愧的“文化酒”，有人给它总结了几个方面的优势：悠久的历史、精致独到的工艺、上乘的质量、有益健康的绿色有机特色等，这些特点将贵州茅台企业推上了一条文化战略之路。茅台公司于 2001 年总结这一战略，明确地做出了鲜明的叙述——“绿色茅台、人文茅台、科技茅台”。茅台公司是如何坚守这一文化战略的呢？我们先一探“人文茅台”。

茅台的历史可以追溯到宋代，在茅台镇，每当祭祀的时刻，那里的村民们就会抬出当地的酒，放在一个土台子上，以此方式祭拜祖先。物转星移，时光流逝，这张曾经放着祭祀用酒的土台子渐渐长满了茅草，当地人给它取名为茅草台，而用于祭祀的这种酒则被称为茅台酒。这番传奇的历史故事给茅台独添一份韵味。凡是喝过茅台酒的人，无论知不知晓这一文化背景，都能在酒香中尝出点沉淀着的历史气息。而茅台深受欢迎当然离不开其独特的酒香酒味，人们说不同的水泡出不同的茶，酒也如此，至少，茅台人酿造的酒就是如此。因而有人认为，茅台酒的这种独特风味是酿酒所使用的赤水河的特殊水质造就的，赤河源自云南，一路东下，流经深山峡谷，那些蜿蜒500多公里汇聚的条条溪流给茅台酒带来几份特有清甜。当然，也有人将茅台香、味独特的品质归功于镇上特有的珠砂岩，或是此地的天时地利之特点。茅台镇的气候冬暖夏热，每年的降雨量在800~1200毫米之间，这种环境非常适合酿酒微生物的生长，而当地以红土壤著称，这些都为茅台酒平添了不少独特之处。确实，一方水土养一方人，一方人酿一方酒，就在这片不大的土地上，在这里人们的精耕细作下，诞生了国酒——茅台。最令人们欣慰的是，这千年前的酿酒工艺被一代代传承了下来，并随着时代和科技的进步，加入了各种现代元素，无论是加工技术，还是酿酒原料，都让这酒香酒情更浓重了一些。

茅台的生产工艺一直为我国人民所骄傲，因为这种最自然而科学的工艺缔造了茅台的最优品质。茅台酒一年只有一个生产周期，一年仅投两次料。不同于其他酒水的酿造多次投料。茅台的精细还在于从原料进厂到出产需要至少5年的时间。其中经过了7次取酒、8次发酵、9次蒸馏，道道工序循序渐进，不急不躁，体现了工艺的完美性。茅台另一个特色在于生产周期，相比其他酒生产周期不到半年，茅台却以一整年的时间为一个周期，同时每个时段都有严格规定，始于重阳，止于重阳，前后经历一年整。四个季节的天地灵气，让酒仿佛有了生命一般。茅台的发酵方式也极其独特，闭式发酵配合开放式发酵。在开放式发酵中，茅台能吸收空气中的微生物，升华过后，留下了泥土的芬芳，这些物质有益于人们的身体健康。这也是茅台的保健特质之一。

茅台的文化战略中有一条——“绿色茅台”，这“绿”得益于自然的缔造，更得益于人们后天的付出。茅台用水——赤水河的水一贯水质上乘，这是酒的香醇的原因之一，使今天的茅台和几十年前的茅台有着一样的纯粹品味。茅台的绿色不仅天然，而且健康。

茅台得天独厚的历史文化内涵以及产品源头的魅力，保证了产品自出厂就带着一份得益于文化的贵气。企业深知自己的使命，即将茅台这一品牌打响，让全世界都知道这一品牌是中华民族的代表，是优质酒品的代表，是独一无二的工艺代表。因此，茅台不断进行着产品更新以及市场网络的拓展。茅台企业通过广告以及各色营销方案将企业文化、品牌内涵和产品质量、产品形象深深地联系起来，走出了一条文化战略的品牌创新之路。可见，“国酒”的招牌不是天然始成，而是在企业所有员工的“国酒意识”和“文化创新”意识下逐步被塑造而成的。

贵州茅台企业打出的“绿色、人文、科技”理念既是企业的中长期战略目标，也是企业文化的核心内容。“绿色茅台”不仅指产品无公害、无污染，也包括茅台人的绿色理念——环境意识和社会责任感；“人文茅台”既包括茅台集团营造的人文环境，还包括茅台品牌涵盖的过去、今天和未来的文化资源；“科技茅台”保证了酿酒工序的与时俱进以及健康天然酒质。这三者的结合使得茅台承载了历史、智慧与独特的品质。

茅台酒是属于民族的，文化国酒除了给品牌带来沉淀的历史韵味，也给茅台文化战略施加了更大的压力，如何在守住国酒文化的同时发展创新，这是历代茅台人要完成的使命。

茅台人的智慧与血液中流淌的民族自豪感使茅台酒在万国博览会上大放光彩，这一响彻世界的名誉来源于那片孕育它的土地，来源于土地上生生不息的人民，来源于他们对文化的坚守、对生命的尊重。应该说，在茅台企业创业之前，它们的企业文化就已经流淌到酒液之中了。

茅台酒的企业文化突出了绿色、人文和科技的内核，这些特点不仅反映在企业产品茅台酒上，也体现在公司员工的生产生活、企业领导的决策、企业改革模式、企业创新模式等众多方面。从绿色文化理念看，这是一种经验形态的文化，在企业成长过程中不断提炼精华。早期文化是不会有“绿色”概念的，但茅台酒的生产工艺追求水的质量和制造工艺的精准，对茅台水质的高要求逐渐使绿色概念浮出水面。这不仅是对卓越酒品的追求，更是茅台企业深深的社会责任感。

人文理念对茅台企业来说早已深入骨髓，茅台企业包含着其他企业不具备的文化资源，一千年的酿造历史、造酒者的千锤百炼、河流和泥土的记忆全部凝聚在茅台酒中。因而每一位企业员工都拥有一份文化自豪感，更有一份文化责任感。生产过程的每一道工序都能保证酒质的精良，他们将每一步酿造工序精准无误地完成就是对企业、对企业所包含的茅台文化的尊重。

科技茅台是企业在发展中对历史成就的延续，是企业及企业员工成长的使命。即使是国酒，也需要通过不断进行技术创新、管理创新、营销创新将这一品牌发扬下去，国酒的头衔绝不仅仅为了打造民族企业，它的目标是走向世界，让世界各地人民认可这一品牌，并认同其中包含的文化内涵。科技酿造保障了健康酒这一特点，给企业发展提供了无限可能性。

第二节　企业的文化管理概貌

一、企业的基本理念与特点

1. 企业的基本理念

在研究企业的文化管理基本理念之前，我们先来介绍一下什么是企业文化。

以市场为导向，以赢利为主要目的，主要从事商品生产、流通、服务的一种盈利性经营活动的经济组织，这便是企业。而文化是一个非常抽象的概念，对它下一个严格和精确的定义是比较困难的。随着市场经济的发展以及行业竞争的加剧，企业积极寻求解决生存和发展的问题，企业文化便应运而生了。企业文化是经济与文化的有机结合，文化可以为企业指引发展方向、增强动力。企业文化是被组织成员认可并共同遵循的基本信念，是企业的灵魂。企业文化集中体现了企业经营管理者的核心主张，以及由此产生的组织行为。迪尔和肯尼迪在《公司文化》中写道："公司文化由价值观、神话、英雄和象征凝聚而成。这些价值观、神话、英雄和象征对公司的员工具有重大的意义。"

企业文化本着为企业的生存与发展发挥作用的目的，可以对企业提供各种适合本企业目标和特点的文化因素，从而激励、凝聚员工。企业文化在企业中的作用主要体现在以下几个方面：

第一，塑造员工对企业的归属感。在以人为本的企业文化氛围中，领导与员工、员工与员工之间互相关心、互相支持，提升企业员工的积极性。当一个企业的文化建设取得良好成效，在社会上产生良好影响时，企业员工会产生强烈的荣誉感和自豪感，并积极主动地去维护企业的荣誉和形象。

第二，约束性。企业的规章制度是企业文化的组成部分。企业规章制度是企业内部的法规，具有约束力，是企业领导者和员工必须遵守和执行的准则。

第三，协调性。企业内部各部门之间、员工之间，由于各种原因难免会产生一些矛盾或摩擦；企业与国家、社会、其他企业之间都可能会存在一些不协调、不适应之处。企业所独有的企业文化会帮助领导和员工科学地处理这些矛盾，从而给公众展现良好的企业形象。

第四，宣传性。企业文化关系到企业的公众形象、公众态度、公众舆论和品牌美誉度。企业文化可以通过传媒、公共关系活动等各种媒介向社会辐射。良好的企业文化传播可以帮助企业在公众中树立良好的形象。

企业文化理念则是企业所形成的具有自身特点的经营宗旨、价值观念和道德行为准则的综合。一个企业如果想长期给人与众不同的行为识别，企业的成员要想有与众不同的精神风貌，关键是企业要有自己独特的企业理念。

正确的企业文化理念一定是符合法律法规、从企业实际情况出发、顺应民意、能够为企业发展起到推动和促进作用的。

第一，企业文化理念一定是全员的理念，而不是某个人的理念。

第二，要大力宣传推广。如果企业文化理念深深植根于每一名员工的心中，就能让员工在潜意识中自觉按照企业文化的理念来做事。

第三，企业文化理念的完善与发展伴随着企业发展的全过程。在创业初期企业不可能有一套完整的企业文化理念，企业理念建设不是朝夕之功，而是随着企业的发展不断积累沉淀而来的。

所谓企业文化的基本理念，指对企业文化的基本内容和企业员工意识形态的高度概括，同时也是企业精神和企业价值观的表现，可以看作企业的理想和信念，是企业生存与发展的源泉，是企业经营管理的指导纲领和奋斗目标。企业文化的基本理念作为企业的理想，不但能够唤起企业员工强烈的使命感和责任感，还能规范和指导企业员工的价值取向和道德行为。而企业的理想是一种信念，一旦确立就能转化为强有力的精神力量，激励和推动着企业坚定不移地去追求、去创造。企业文化的基本理念应当是企业价值观体系的核心，是企业文化的基础。

概括地讲，企业文化的基本理念可以分为发展理念、经营理念、管理理念、人才理念、团队理念和服务理念。

1992 年联合国环境与发展大会制定了《21 世纪议程》，并提出了在 21 世纪“可持续发展”无论对于发达国家，还是发展中国家都是正确的协调人口、资源、环境与经济间相互关系的共同发展战略，是人类求得生存与发展的唯一途径。

企业的可持续发展指企业可持续的增长，在企业财务上体现为可持续增长率。戴维·柏卡德在他的《惠普之路》中说：“只有持续的增长，我们才能达到其他的目标，同时保持竞争力。”企业可持续的增长“是在不提高财务杠杆的情况下，仅利用内部权益所能达到的最高增长率。”只有把企业的发展与企业周围的环境协调起来，才能实现企业的长远发展。与各个方面建立合作关系，以自身的人才、资金、技术等资源为基础，并根据实际情况适时调整，在此基础上整合资源，丰富多渠道的融资关系和资源，得到可持续发展的动力。

经营是企业获取、使用并转换生产要素，进而为客户创造并传递价值的过程，是根据企业的内部自身资源和外部市场竞争环境对企业中长期发展进行战略性规划和部署、制定企业的远景目标和方针的战略层次活动。企业经营的核心是决策和运行，即需要间歇性地就企业经营和成长中遇到的各种问题进行决策，并通过运行将所做决策付诸实施。正因为这样，美国管理学大师西蒙甚至认为，管理就是决策，经营就是决策。

经营理念是企业追求利益的系统、根本的管理思想，是顾客、竞争者以及员工对价值观与正确经营行为的确认，然后在此基础上形成企业基本设想与科技优势、发展方向、共同信念和企业追求的经营目标。经营理念在企业中的地位，就像宪法在一个国家法律中的不可动摇的地位一样，有其超然的尊严和价值，是不能随便更改和修正的。

著名管理大师彼得·德鲁克认为：“管理是一种工作，有自己的技巧、工具和方法；管理是一种器官，是赋予组织以生命的、能动的、动态的器官；管理是一门科学，一种系统化的并到处适用的知识；同时管理也是一种文化。”

《世界百科全书》中管理是被这样定义的“管理就是对工商企业、政府机关、人民团体以及其他各种组织的一切活动的指导。它的目的是要使每一行为或决策有助于实现既定的目标。”

郭咸纲教授在其著作《管理理念的提升》中写道：管理理念的提升就

是对管理的进一步认识，简而言之，就是对管理的重新定义。由于管理是在社会实践中产生和发展起来的，因此，企业的管理理念也不是一成不变的，而是随着社会和经济的发展、企业的不断进步而不断发展的。现代管理理念逐渐从以物为本向以人为本、以知识为本转变。

在当今经济全球化的大环境下，企业间的竞争归根结底是人才的竞争。树立什么样的人才理念、用什么样的人，关系到企业的兴衰成败。企业的人才理念一定要清晰、方向明确。人才理念模糊将造成企业人事政策的不连续性。因为没有明确的人才理念，企业的人才政策就可能会因为内部或外部环境的微小变动而发生变动，进而企业的员工也不知道如何发挥自己的长处，最终的结果是企业员工行为标准的多样化和多变性，导致企业员工做无用功，影响了人力资源的充分利用。

企业员工是推动企业生产力发展的最活跃的因素，也是企业文化建设的基本力量。企业文化建设的过程，本质上就是企业员工在生产经营活动中不断创造、不断实践的过程。由此可见，建立准确的人才理念对企业的发展和进步至关重要。

团队指为了实现某一既定目标，由员工和管理层组成的一个共同体。团队成员应相互协作并合理利用每一个成员的知识和技能协同工作，解决问题，以达到共同的目标。

良好的团队是企业正常运作的基础。杰克·韦尔奇曾说："哪怕通用电器所有的工厂一夜化为灰烬，只要有50名核心骨干，我能在一年内再造一个通用。"比尔·盖茨曾说："即使失去现有的一切财产，只要留下这个团队，我能再造一个微软!"可见在他们心目中良好团队的重要性。

市场经济的特点就是竞争，而当今市场竞争的表现形式则是多方面、多层次的。在这样的大前提下，服务理念的作用便凸显出来。例如，如今企业营销环境发生了巨大的变化，科技发展迅速，产品硬件标准趋同，市场上的产品同质化现象十分普遍，商品的品种、质量和价格大体相同。同样的产品、同样的质量、类似的价格，那么靠什么去打动用户？唯有服务！谁能为顾客提供优质服务，谁就能赢得用户，占领市场。由此，服务理念应运而生，它是对传统的竞争模式的变革。

2. 企业的文化管理的特点

在上文中我们已经介绍过企业的文化管理的基本概念：从文化的高度

来管理企业，建立在科学管理的基础之上，是对科学管理的新发展，是管理适应现代社会经济发展大趋势的必然选择。那么，作为替代科学管理的文化管理具有哪些特点呢？

首先，与科学管理不同，文化管理认为在企业的诸多因素中，人是最重要的因素，人是企业管理的出发点和归宿点。科学管理认为企业的员工都是追求经济利益最大化的“经济人”，他们除了追求物质享受之外没有其他的工作动机。对此，美国管理学家梅奥提出了“人群关系论”，该理论认为员工不是“经济人”，而是“社会人”。“社会人”除了物质需求外，还有社会需求、精神需求。清华大学张德教授也提出了“观念人”的假设，认为人的行为不仅受欲望、本能和物质利益的驱动，而且还受到具体的社会制度、文化背景、生活环境和道德观念的制约。以这种假设为前提，与科学管理认为人是机器和规章制度的附属物的观点不同，文化管理强调人是管理的主体和目的所在。

文化管理设法满足员工的社交、自尊、自我实现等精神需求。文化管理强调以“人”为本，强调关心人、理解人、尊重人、培养人，提倡在满足物质需求的基础上尽量满足员工的精神追求，以“人”为中心进行管理。

其次，企业的文化管理模式具有多样性。传统的科学管理以企业的人、财、物等生产要素和生产过程为特定的管理对象，并制定相应的纪律、制度来明确企业员工的岗位职责。因此，在科学管理的基础上，不同的企业在管理上具有相近的特征。

而企业的文化管理以人为管理对象，特定的企业文化是其管理的手段和工具。众所周知，文化是具有多样性和差异性的，不同的民族、不同的地区、不同的行业必定具有不同的文化背景，人类所创造的文化是极为丰富多彩的，不是刻板和单一的，这就决定了文化管理的多样性和独特性。

不同民族的文化管理必然有不同的模式和方法。不同的社会、政治、经济、文化环境，形成了各民族迥异的风俗习惯、宗教信仰、道德风尚、价值观念、行为准则、生活方式等。这种民族的特殊性和个性综合表现为文化的民族性，在企业管理上鲜明地表现出来，使企业形成了颇具民族色彩的文化管理模式。例如，美国的个人主义传统、日本的“效忠”精神，对美日文化管理模式的形成和现代企业文化管理的内涵与特征有重要影响。

每个国家的不同地区之间的文化管理也存在着差异。各地区受不同的经济、政治环境等历史和现实因素的影响，也会产生区域性的差异，如我国的中原文化、关东文化、闽南文化等，区域性文化对企业文化的形成有着深远的影响，并最终直接制约文化管理模式的形成，这正是有的地区文化管理比较先进，有的地区文化管理比较落后的原因。

不同甚至相同行业的文化管理也各具特点。不同行业的产品和服务的对象以及工作环境的差别，在一定程度上决定了它们可能具有不同的文化管理模式。例如，农业企业的文化管理不同于工业企业，第三产业的文化管理与第一、第二产业有明显的不同。即便是相同的行业，或者生产相同产品的企业，由于地域文化、企业领导者风格和员工素质的不同，也会形成不同的文化管理模式。同样是生产电冰箱，海尔推出的是感情管理，“真诚到永远”是海尔取信于消费者的关键，新飞则以“关切民生”为己任，科技立业、保护环境是其成功的关键。文化管理的多样性，使文化管理呈现出丰富多彩的景象，是各企业依靠其独特的文化资源，创造具有鲜明特色的文化管理模式的理论前提。

再次，文化管理组织结构紧凑、高效、快速、灵活，富有弹性。科学管理理论下的管理以等级为基础，靠命令传达信息，同设施、材料等物质资源构成“金字塔”型的组织结构，横向分工迟缓，且灵活性不高。企业的文化管理以文化为基础，强调团队精神与情感管理，缩减管理层次和环节，精简职能机构。

然后，文化管理的重点由行为层转换到观念层。三国时期，有一个著名的典故叫做“身在曹营心在汉”，讲述的是曹操看中一位名叫徐庶的谋士，他足智多谋，曾做过刘备的军师。后因曹操假冒徐母笔迹致书徐庶，徐庶不得已离开刘备而来到曹操的营地。临行前，徐庶曾向刘备表示：“纵使曹操相逼，庶亦终身不设一谋。”曹操虽然得到了徐庶，却不得其忠心。由此可见，单纯对人的行为进行限制和管理并不能带来高效性和创造性。

人是有思想、有情感的动物，在基本的物质生活得到保障后，人会向往和追求更高层次的精神需求。因此，人的工作兴趣、热情以及敬业精神对工作效果有至关重要的作用。纵览经济发展史，脑力劳动在劳动构成中的比重越来越大，科学技术成为第一生产力，科学管理理论已经无法适应以脑力劳动为主的企业。所以，由行为层转变到观念层的文化管理方式尤为重要。

最后，企业的文化管理发展过程具有较强的渗透性。不同企业的文化管理必然有一定的差异，企业的文化管理发展过程，既是一个普遍性的发展、进化过程，又是不同企业文化管理相互渗透的过程。一方面，随着社会和经济的发展，企业的文化管理在进化；另一方面，各个企业的文化管理的发展并不局限在企业内部，它将随着经济大环境的运作，向四面八方辐射，影响并渗透到其他企业的文化管理之中。现代科技的迅速发展，不仅加快了文化管理渗透的速度，而且拓展了渗透的空间，各企业在相互影响和相互渗透中扩展和创造了自己的文化管理模式。因此，各企业的企业文化管理，既体现了自身的文化特点，又具有共同的文化特点。企业文化管理发展过程的渗透性导致了各企业文化管理的共同性，这是企业之间相互借鉴文化管理经验的理论依据。

二、企业的文化管理内涵与外延

文化管理是一个与企业文化或组织文化既互相联系又有区别的概念。学者们普遍认为，文化管理是一种新的管理思想、理论、方法和模式。其内涵就是企业的文化管理的价值观，是企业对内部人、事、物、企业愿景和外部社会环境的观点。

判断一种管理理论和管理模式是否成熟，一定要看它是否具有清晰的基本概念。如果想阐明现代企业文化管理的内涵，首先要弄清与文化管理密切相关的企业文化和企业文化管理等概念及其区别与联系。

文化是对社会政治、经济的反映。所以，可以认为自从有了企业，就产生了企业文化。但是，直到20世纪80年代人们才开始对企业文化的内涵进行论证分析和科学揭示。20世纪80年代初，美国的企业管理学家对企业文化的特点进行了理论分析和概括，并且对企业文化的概念进行了理论界定。美国著名管理学家迪尔和肯尼迪认为：企业文化由价值观、英雄、仪式、文化网络等要素组成，这些要素对公司员工具有重大意义。著名管理学家威廉·达内则认为：一个公司的文化是由其传统和风气构成的。总而言之，在国外管理学大师的眼中，企业文化是一个包含了价值观、理想、信念、最高目标、行为准则、传统等内容的综合体。国内企业文化学者对企业文化的内涵也有独到的见解，有的学者认为企业文化是物质文化与精神文化的结合；有的学者认为企业文化是企业中与物质文化紧密相联的精神现象；还有的学者把企业文化划分为物质、制度、精神三个层次。总体来说，中西方企业文化学者大多都是从企业文化的构成来对其下定义的，而没有从企业管理的角度对其进行深入概括。

从根本上讲，企业文化不仅是一种文化现象，更是一种企业管理的手段和方式。我们从把文化管理与经验管理、科学管理进行比较入手，从人性假设、管理目标和管理手段三个方面来概括企业文化管理的内涵。经验管理把人看成“机器人”，以往的经验和当前的直觉是其重要管理手段，它以短期的局部利益为直接目标；科学管理把人看成“经济人”，严格的纪律和规章制度是其管理的主要措施，它以企业利润最大化为唯一目标；而文化管理把人当作“社会人”，树立企业价值观念、企业精神和企业仪式是其主要管理手段，主要通过提高企业员工的积极性、主动性和创造性来实现企业的整体利益和长远利益。由此可见，现代企业的文化管理是以现代企业制度为组织形式，以“社会人”人性假设为逻辑起点，以企业文化的基本要素为手段，以追求企业的整体利益和长远利益为目标的现代企业管理方式。

而企业的文化管理的外延就是企业的文化管理的方法论——为贯彻企业价值观而采用的工作方法和管理工具。

“企业文化”是一个外来词，英文是“Corporate Culture”。我们可以把企业看作一个“人”，在其孕育、成长、壮大、成熟、衰老直至消亡的整个过程中，会经历各种各样的人和事，逐渐形成独具特色的外观、性格、秉性、学习能力、思想倾向、处世方式、信仰哲学、奋斗方向等，这就是企业的文化。

企业的文化管理的形成与企业文化一样，是时间积累的过程和结果，正如一个人的“文化”是在其有生以来的复杂经历中逐渐形成的。而有些专家们大有誓把西方“先进的企业文化”引进来传授给中国的众多“婴儿”们之势。强调企业文化无可厚非，因为文化管理对企业发展的确很重要，其实，中国的企业并没有忽视文化管理，但是如今反而被一股文化攻势弄糊涂了，就是因为专家们犯了逻辑错误，要求处于不同成长时期的企业和企业家同时接受“成人的文化”，并言之凿凿地枚举松下、惠普、联想、海尔等企业来证明。乍一看确实很有必要，但真的如此吗？成功企业的文化都是在风风雨雨之中逐渐养成的，就像父母培育子女，不断地引导、纠正，不断地用先进事迹影响子女，不断地让其学习和历练。盲目地照搬国外经验并不会对企业的发展起促进作用，反而会起反作用。

企业的文化就像人的个性一样，综合了许多有形和无形的特点。企业文化体现在有形“物件”中，如办公室的风格、办公设备与先进性、考勤制度、员工穿着风格、员工的言谈举止、薪资结构、业绩衡量与激励计划等，几乎每件“物品”都包含着一些有关企业价值观的信息；企业文化也体现在无形的“状态”中，如市场声誉、广告公关、适应能力、变革能力、公众印象、领导风格、工作氛围、沟通方式等，每方面都渗透和反映了企业的努力方向。上述的每一点都构成了企业文化的外延。

三、企业的文化管理的结构与类别

1. 企业的文化管理的结构

关于企业的文化管理的结构划分，众多学者持不同的观点，有的学者从管理的内容上划分，有的从视角上划分，有的从层次上划分，有的从强弱程度上划分，有的从“软”与“硬”上划分，有的从哲学意义上划分等。本文将列出几种比较有代表性的企业的文化管理划分方法，并在此基础上提出本书关于企业文化管理结构的观点。

首先我们介绍霍夫施泰德的“洋葱皮理论”。荷兰著名学者霍夫施泰德认为，企业的文化管理的层次可以表现为以下几个方面：符号、英雄、礼仪和价值观。他把企业文化比喻成一个洋葱的几层皮，“符号”代表洋葱的表层，“价值观”是企业文化管理的最深层次，中间层为“英雄”和“礼仪”。

（1）符号标志。符号有的是词句，有的是动作，也有的是图表或物体，这些东西都有特定的含义，只有理解这种文化的人才能识别。譬如服饰、发型、旗子以及地位等都是符号。一个文化群体的符号经常为其他群体所模仿。因此，符号就处在最外层。

（2）英雄人物。英雄指一些现在或过去的、真实的或虚拟的人物。这种人物的显著特点就是在某一文化中受到了高度赞扬，因而成为人们的榜样。像美国的蝙蝠侠，法国的阿斯蒂列克斯，中国的王成、邱少云，苏联的保尔·柯察金等都可以看作文化英雄人物。

（3）礼仪。礼仪属于集体活动。要达到预期目的，礼仪基本上是多余的，没有实际功用。但从社会文化的角度看，礼仪却又是必不可少的。这些礼仪实际上自有它们存在的道理，譬如，欢迎仪式、致敬方式、社交礼仪和宗教仪式等。一些商业和政治集会实际上主要是为了达到礼仪的目的。

（4）价值观。文化的核心是价值观。价值观指人们喜欢某种事态而不喜欢其他事态的一种普遍倾向性。价值观是人们对对立事物的选择，如邪恶与善良，肮脏与清洁，丑陋与美好，违背自然规律与合乎自然规律，荒谬与合乎逻辑，不合理与合理，等等。

美国麻省理工大学斯隆管理学院的教授埃德加·沙因作为文化研究的权威，认为文化由以下三个相互作用的层次组成。

一是物质层，可以观察到组织结构和组织过程等；二是支持性价值观，包括战略、目标、质量意识、指导哲学等；三是基本的潜意识假定，包括潜意识中的一些信仰、知觉、思想、感觉等。

企业精神文化是一种更深层次的文化现象，在整个企业文化体系中处于核心地位，包括企业精神、企业经营哲学、企业道德、企业价值观念、企业风貌等内容，是企业意识形态的总和，是企业物质文化、行为文化的升华，是企业的上层建筑。

我国企业文化研究专家张德教授认为，企业的文化管理的结构分三个层次：精神层、制度层和物质层。他指出："精神层主要指企业的领导和员工共同信守的基本信念、价值标准、职业道德及精神风貌。精神层是文化管理的核心和灵魂，是形成物质层和制度层的基础和原因。企业的文化管理中有无精神层是衡量一个企业是否形成了自己的文化管理的标志和标准。制度层是文化管理的中间层，主要指对企业组织和企业员工的行为产生规范性、约束性影响的部分，集中体现了企业的物质层和精神层对员工和企业组织行为的要求。制度层规定了企业成员在共同的生产经营活动中应当遵守的行为准则。物质层是文化管理的表层部分，是企业创造的物质文化，是形成企业文化精神层和制度层的条件。物质层往往能折射出企业的经营思想、管理哲学、工作作风和审美意识。

结合上述几种观点，笔者认为文化管理应该分为四个层次。以上企业的文化管理的结构层次划分都具有一定合理性。当然，研究者的角度不同，文化管理的结构层次划分肯定不同。霍夫施泰德的“洋葱皮理论”稍显表象化。埃德加·沙因的三层结构不够全面，没有包括物质层面的文化，而且，这两种企业文化结构都没有将制度纳入其中。然而，制度本身就是一种文化。实际上，企业的整体行为不应单列一项，它只不过是企业全体职工行为的总和，企业只是一个经营管理活动场所，其行为活动是由人的行为活动组成，不能将企业的整体行为作为企业行为文化的一部分。张德教授的三层结构将行为文化列入精神文化层次中，认为行为文化就是精神内容。虽然有些行为文化可以体现企业的精神文化内容，但是，行为文化毕竟是一种外显的文化，不能完全归属于精神层面的内容。因此，笔者将企业文化的结构划分为四个层次，即物质文化、行为文化、制度文化和精神文化。物质文化是企业文化的表层，很容易被视觉所感知。行为文化较物质文化要深一层次，因为，有的行为文化可以被视觉感知，但有些行为文化不能被视觉感知，如假象行为就无法被视觉感知。根据管理者与被管理者的关系，我们将行为文化划分为管理者行为文化和员工行为文化两部分。制度文化更深一层，需要全体员工去理解、消化吸收后转化为自己的行动表现出来。精神文化是企业文化最核心的部分，需要全体员工在内心中、精神上去感悟，从而体现为一种精神境界。企业精神文化一旦形成，就会产生巨大的凝聚力和精神动力，这种凝聚力和精神动力无坚不摧。

2. 企业的文化管理的类别

由于企业所处的内外部环境不同，因此，相应的文化管理必然有差别。企业犹如人，社会上没有两个完全一样的人，有多少个企业就有多少种企业文化。从这个角度看，对企业的文化管理的要素进行分类是一件比较难的事情。但是，对不同的企业的文化管理的要素进行抽象提炼时，可以发现它们在某种特定的层次或领域是相似的，因此，我们便可以对其进行大致的分类。

根据企业的性质，可以把企业的文化管理大致分为国有企业的文化管理、民营企业的文化管理、合资企业的文化管理、外资企业的文化管理等。

一是国有企业的文化管理。国有企业指一个国家的中央政府或联邦政府投资或参与控制的企业，政府的意志和利益决定了国有企业的行为。国有企业在国民经济和人民生活中起着重要作用，但国有企业在管理上也有不足之处，随着企业产权改革的深化，企业面临着转型、改造等艰巨任务，亟需进行文化管理升级。

二是民营企业的文化管理。根据企业的资本来源和构成下定义，如果企业的资本以民间资产（包括资金、动产和不动产）为投资主体，即可称之为“民营企业”。经过30多年的改革和发展，民营企业已成为国民经济的重要组成部分和最活跃的经济增长点。民营企业正从发展初期向发展中期转变，向着更合理、更科学的方向发展。

三是合资企业的文化管理。合资企业一般指由中国投资者和外国投资者共同出资、共同经营、共负盈亏、共担风险的企业。改革开放之后，我国大量引进国外资本和技术，合资企业得到了政府大力扶持。由于合资企业的文化背景和经营管理理念不同，其文化管理便显得至关重要。

四是外资企业的文化管理。外资企业指按照中华人民共和国法律的规定，在中国境内设立的，由中国投资者和外国投资者共同投资或者仅由外国投资者投资的企业。由于传统文化的差异，外资企业的文化管理必然与国企、民企的文化管理存在很大的差异，其中不乏值得中国企业学习与借鉴的。

企业管理根据内部分工与职责大体可以分为业务管理、财务管理、人力资源管理、物资管理、质量管理等。各职能部门相互促进、相互支持和制约，共同促进企业的发展和进步。而企业的文化管理便可以细化到各个职能部门，使职能部门的管理能够符合市场和企业的发展需要。管理的过程即通过计划、组织、领导和控制等环节，对企业的各种资源进行合理分配，以达到企业发展的目标。

四、企业的文化管理的性质

企业的文化管理是一种以人为本、以企业文化为核心资源、以企业文化建设为管理工作中心的现代管理。文化管理是一个近些年才逐渐兴起的管理模式，随着管理实践的深入和发展，企业的文化管理优越性已经越来越明显。企业的文化管理学是对管理现象的对立统一规律的正确揭示和反映，是一个主客观对立统一的过程，内在的对立统一性赋予了其旺盛的生命力，也决定了企业的文化管理的内在属性。

企业的文化管理的实践性与理论性是对立统一的。实践是检验真理的唯一标准，实践是证明理论对错的唯一根据。在多数情况下，理论都是在具体的实践中被考察和修正的，在现实的活动中深化对实际的认识。企业的文化管理属于实践科学，不是某个管理学家主观臆断出来的，而与其他管理理论、思想一样，是实践的产物。战后日本经济的崛起得益于以人为中心的管理思想，公司普遍通过尊重、信任和关怀增强与员工之间的感情。随着日本经济的高速发展，其影响力逐渐扩展至全球，其他国家的很多公司都开始重视企业文化建设。而企业的文化管理的兴起却是近20年左右的事情，著名的公司如GE、苹果、微软、海尔等都在不同程度上采取文化管理的实践。在全球范围内的成功实践中，企业的文化管理逐步走向成熟、完善，越来越多的企业也纷纷借鉴和采用企业的文化管理的思想和理论。

企业的文化管理的实践性与理论性的对立统一主要体现在以下几个方面：

首先，企业的文化管理是管理发展到一定阶段的产物，其根本原因是生产力的发展，陈旧的管理方式与手段已经无法满足众多企业的需要。管理的理论为企业的文化管理奠定了发展基础，使其快速成长。

其次，企业的文化管理在实践中不断接受检验。经过众多全球知名公司的实践，文化管理已经被越来越多的企业所借鉴和采用。企业的文化管理理论虽然产生的时间不是很长，但它的很多理念已经经过了很多年的实践检验，并且被证明是正确的。

再次，企业的文化管理理论是随着实践而不断发展进步的。企业的文化管理理论的发展始终是和管理实践的发展紧密相联的。管理学和管理实践的众多理论和方法有着相同的内容：提高效率。这是管理的永恒的主题。管理的本质是追求效率，管理理论和管理实践根本上也是围绕着效率展开的。

最后，企业的文化管理理论也推动着管理实践的进步。随着文化管理被越来越多的企业管理人员接受和运用，其对管理实践产生的推动作用也是巨大的。

同时，企业的文化管理也是人与物的对立统一。管理的主观性和客观性的对立统一关系可以通过管理中人和物的对立统一反映出来。企业的文化管理是人性化的管理，这主要是因为企业是由人组成的，最关键的因素是人而非物，进一步由此引申出企业应该以人为本。文化管理重视人性，是以人为出发点，强调发挥企业管理者与员工的主观能动性，体现了对管理主观性的高度重视。

企业的文化管理的物性指管理活动中的客观性或者物质性。企业中被管理的对象可以是人、财、物等各种资源，不同的资源制约着管理方法所能产生的管理效果。因此，管理对象的客观物质性决定了管理活动必须尊重管理对象的内在客观规律。另外，企业的存在发展是建立在一定的物质基础之上的。无论生产、经营还是服务，都是企业以物质或借助物质形式来满足市场的需要，进一步达到企业发展的目的。离开了物质，企业也就没有依托。企业的文化管理重视物质因素的作用，尊重物质的内在客观规律。因此，企业的文化管理也具有科学的唯物主义属性。企业的文化管理强调人性，重视物性，是人性与物性的辩证统一。

企业的文化管理是硬管理与软管理的对立统一。《孙子·行军篇》中说："故令之以文，齐之以武，是谓必取。"意思是，要用"文"的手段，即用政治道义教育士卒；用"武"的方法，即用军纪来统一步调，这样的军队打起仗来就必定胜利。"令之以文，齐之以武"，体现了文武兼施、德威并重的治军思想和治军原则。这种思想和原则也同样适用于企业管理，孙子所讲的"文""武"之道，也就是今天企业的文化管理中的"软"管理和"硬"管理。软管理以"人"为中心，以激发、调动员工主观能动性为目的，依据员工的思想、特性，用组织共同的价值与文化理念、精神氛围进行人性化、人格化的柔性管理；硬管理是以"事"为中心，以达成组织绩效为目的，依靠职责体系、规章制度、行政法纪，进行程式化、有序化的强制管理。

软管理与硬管理各自具有明显的特点和差异性，同时也有很强的互补性。硬管理注重外因，软管理注重内因，外因依靠内因起作用，内因是事物发展变化的根据。二者共同作用，促进事物的发展。将软管理与硬管理结合起来，正是企业的文化管理的重要特点。

五、企业的文化管理的学科地位

随着社会的进步和经济的发展，产生了以信息产业为代表的高新技术产业，而且全球各个国家都加强了高等教育的普及力度。一种新的经济——知识经济的时代已经来临。一个以知识和信息的生产、分配、使用为基础，以创造性的人力资源的使用为依托，以高科技产业及智力为支撑的经济占整个经济的比重越来越大。这也是社会发展的趋势，脑力劳动在社会劳动中所占的比重也越来越大，这也预示着企业的文化管理势必取代科学管理，成为适应时代的新型管理模式。

企业的文化管理的思想虽然诞生已久，但直到20世纪80年代初期企业文化理论形成以后，它才在真正意义上被引入企业界和管理领域。这也造成了文化管理学科起步较晚，发展时期不长，理论研究并不是很完善的问题，所以，一些管理学家对文化管理学说的科学性有所质疑。

企业的文化管理作为一门年轻的学科，目前还处在发展阶段，但其自身所具有的文化魅力却吸引着不同领域的学者对其进行研究。企业的文化管理学科从社会学、伦理学、政治学、心理学等众多学科汲取养分，使得文化管理学科的思想取百家之长，也大大丰富了这门学科的内涵与外延。虽然文化管理是一门非常年轻的学科，却丝毫不影响其在管理理论发展过程中做出的巨大贡献和在管理实践中的价值。

可以说文化管理是现代企业管理中最先进的管理理论。随着人类社会的不断发展，企业的运行管理方式也在不断的变革之中，社会通过一次次变革向前发展。从19世纪末美国工程师泰罗提出科学管理制度，到20世纪中叶美国、日本等资本主义国家提出行为科学管理理论，将企业管理理论从以物为中心的管理转向以人为中心的管理，强调以人为本。典型的例子是战后日本企业推崇的所谓“丰田精神”，让行为科学管理模式得到了充分的发挥，战后的日本经济由此迅速恢复和发展。

文化管理在重视科学“刚性”管理的同时融入了文化的“柔性”管理，刚柔并济，使现代企业管理更科学化和人性化，更能充分调动企业员工的积极性、创造性。企业的文化管理理论更看重企业的群体力量、团队精神和企业内部的凝聚力。企业的文化管理以人为本，全方位地激发全体职工的工作积极性，具有更广泛的适应性和多元化的竞争能力，是当今最先进、最科学的现代化企业管理理论。

另外，文化管理是树立现代企业形象和信誉的重要手段。在激烈的市场竞争中，企业要想赢得主动，谋求发展，企业的形象和信誉至关重要。企业的形象、信誉则取决于企业产品的质量和服务质量，而企业产品质量和服务质量又取决于企业的整体素质，也就是企业的管理水平、科技水平、职工的综合素质以及企业领导的决策水平。

通过企业的文化管理，可以有效地完善和加强企业管理，建立健全适应现代企业管理的经营机制与规章制度，可以增强企业在市场上的竞争能力，扩大企业的社会影响力，拓宽企业商品销售市场，树立企业的形象、信誉感召力，从而使企业的形象设计、形象塑造成为现代企业的重要内容。

通过企业的文化管理，可以确立符合市场经济规律的企业指导思想、宗旨、目标和发展战略，可以培育企业员工的主人翁责任感，全面提高员工的整体素质，依靠全体员工的智慧和创造力，为社会提供优质服务，从而使企业在社会和消费者中树立良好的形象，从而塑造企业形象，这是企业的文化管理的外在有形表现。

同时，企业的文化管理也是现代企业管理的最佳途径。企业的文化管理作为一门高层次管理理论，其发展目标是企业的社会效益、经济效益以及最大程度满足职工的需求。相对于其他管理方式，文化管理更强调和重视企业的民主决策与管理、和谐与发展，讲究企业的行为规范和健全的规章管理制度，这同企业管理目标，即企业人、财、物、安全技术、信息等资源得到优化和合理配置是一致的。企业的文化管理的优势不仅是以人为本，把人作为管理对象，更重要的是把人作为企业文化建设的能动主体，使企业精神文明建设和思想政治工作的内涵更加丰富，外延更加扩展，为企业生产建设和经营管理提供了新的载体和手段。因此，文化管理更适应市场经济体制的形成和发展，更能强化企业管理，使生产诸要素得到优化和合理配置，是当今世界企业管理发展的一种趋势，是现代化管理的最佳选择。

第三节　文化管理的历史演进

早在 19 世纪中期现代企业便已经诞生了，而企业的管理理论作为一门学科却只不过是近几十年的事情。虽然其发展历史不长，但是也有自己独特之处。企业的文化管理不是无源之水、无本之木，而是管理理论发展到一定阶段的产物。上文把企业管理的发展历程分为三个阶段：经验管理阶段、科学管理阶段、文化管理阶段。本节将详细介绍企业的文化管理的发展历史。

一、企业的家族管理

《辞海》是这样定义“家族”一词的：以婚姻和血缘关系结成的社会单位。但是关于家族企业的定义，仁者见仁，智者见智。哈佛大学教授罗伯特·G. 唐纳利认为家族企业指同一家族至少有两代参与这家公司的经营管理，并且这种两代衔接的结果使公司的政策、家族利益和企业目标有相互影响的关系。我国著名学者潘必胜认为，当一个或数个具有紧密联盟关系的家族拥有全部或部分所有权，并且直接或间接掌握企业经营权时，这个企业就可以被看作家族企业。概括来说，家族企业主要指资本或股份主要控制在一个家族手中、家族成员出任企业的主要领导职务的企业。在家族企业中有四个权利是绝对重要的，即所有权、经营权、控制权和继承权。

当前家族企业作为世界上最具普遍意义的企业组织形态，有着举足轻重的地位。美国学者克林·盖尔西克认为“即使最保守的估计也认为家庭所有或经营的企业在全世界企业中占65%到80%之间。全世界500强企业中有40%由家庭所有或经营”。据《幸福》杂志统计，在全球500家大型企业中，有175家家族企业。世界上众多著名的公司都是从家族企业发展而来，如美国的福特汽车公司、铝制公司、海湾石油公司、杜邦化学公司，日本的丰田、东芝、松下、索尼、三菱、三洋、本田等，韩国的三星、现代、大宇，德国的奔驰、西门子、拜尔，意大利的索菲亚，荷兰的皇家壳牌，等等。

企业家族管理一般都具有较明显的特征：家族成员掌握着企业的管理权，直接掌控企业的运行；以集权式管理为主，初期阶段一般以家族利益为主要目标；家族成员拥有企业全部或大部分所有权；人治大于法制，等等。

与其他管理形式相比，企业家族管理也具有一些独特的优势：

（1）企业家族成员能动性高。在家族企业中，家族成员一般同时掌握着企业的所有权与控制权，家族成员既参与企业的经营管理，又参与剩余价值的分配，所以，家族式企业中的家族成员有经营好企业的良好动力。

（2）沟通、协调性强，信任程度高，能有效降低企业组织费用。传统的信任关系主要建立在血缘信任、亲缘信任的基础之上。一般而言，血缘越近，信任程度越高。在社会不断发展的过程中，商业交易存在着很大的风险和不确定性，出于安全考虑，选择以血缘为背景的家族制，凭借家族成员之间特有的血缘、亲缘、地缘关系和相关的社会网络资源，构建强烈而全面的信任关系，可以迅速得到新的集团的认同，既能保证企业（组织）的有效运转，又能降低企业的组织费用。

（3）决策制定迅速，执行力强。概括地讲，企业的管理过程其实就是一系列决策制定、执行和反馈的过程。在家族式企业中，人权和财权大多掌握在企业一个或少数几个人手中，创业者对企业的控制力很强。因此，其决策是迅速、快捷的，能适应快速变化的市场，这对创业初期资金和管理能力都较缺乏的家族企业是至关重要的。另外，决策下达之后的执行力是企业生存、发展的重要保证。家族内部成员长期共同生活形成了深厚情感，有着高度的认同感和一体感。因此，能够在决策执行中较有效地去实践决策者的思想。

虽然企业家族管理有一定的优势，但是，这并不能弥补其固有的局限性：

（1）内部关系复杂，矛盾处理困难。在血缘关系和亲缘关系的影响下，公司的内部结构和关系会变得复杂起来，企业内部会形成各类利益群体，由于夹杂着复杂的感情关系，企业领导者难以理性地进行决策和处理利益关系。

（2）任人唯亲，非家族企业员工缺乏归属感。在人才的选拔上，家族企业遵循的往往是特殊主义原则，而不是普遍主义原则。所谓普遍主义原则指选聘人才以能力为主，人事任免遵循制度化的人力资源管理方法。而家族企业多采用以血缘为中心的用人制度，即把血缘关系放在首位，其次才会考虑能力。家族成员对外来人才不信任，容易使企业中的家族成员对“外人”产生戒备、抵触甚至是打压的心理和行为。在企业中形成派别分化，使非家族的企业员工难以对企业产生归属感，不能发挥其主观能动性和创造力，不利于企业的长期发展。

(3) 奖惩标准不一。在亲缘关系的影响下，有些家族成员往往凌驾于企业规章制度之上，自认为是“自家买卖”，自己说了算，以至于奖励和惩罚尺度难以与普通员工一致。在长远上会加深家族人员与普通员工之间的矛盾，限制甚至阻碍企业的发展。

在当下竞争激烈并不断变化的市场环境中，家族企业要想生存下来并发展壮大，终将演化为公众公司，这是家族企业管理发展的必然方向。这种发展的必然性是由家族企业生存的客观环境所决定的。在经济全球化的市场竞争环境中，家族企业的种种弊端已经成为企业扩张的羁绊，限制了企业的生存和发展。适者生存，优胜劣汰，要想生存并发展，顺应环境是唯一的出路。公众公司则是现代企业制度的发展趋势，家族企业向公众公司过渡能有效完善其治理结构，变家族管理为职业管理，加强制度建设和强化制度效用，有效克服家族企业的人才和文化瓶颈两大内在缺陷，适应经济环境的变迁，避免被市场所淘汰而得以延续和发展。

二、企业的经验管理

管理是随着人类社会的诞生而诞生的，管理的历史几乎与人类的历史一样漫长，在管理不断的发展过程中经验便积累了下来。经验管理指凭借个人经验，以分析成功的管理案例为主的方法进行的管理。它依赖于管理者的经验判断，通过选择、实施各种措施以达成管理目标。从资本主义企业管理发展的历史来看，经验管理大约产生于18世纪末，到20世纪初经历了一百多年的时间。

管理者因为年龄、阅历、学习方式的差异，其经验有丰富与匮乏的区别，经验并不是“万金油”，有时正确，有时又可能错误。例如，我们去看中医，如果大夫经验丰富，便能够对症下药，可能就会很快见效。但是有时也可能看不准，如果不见效果，那么吃了几天后可以进行调整；如果调整后依然不见好，说明经验在这个时候不起作用了。也有的大夫经验不够，难以对症下药，下药后见效慢或者没有效果。中医看病是根据一套推理的理论，这套理论可以称为经验法则，从A推理出B，并非100%成立的，而是一种可能性，是一种概率事件。经验管理也是同理。处于经验管理阶段的企业规模一般比较小，员工在企业管理者的监督视野之内，所以，企业管理靠人才就能够实现。

采用经验管理企业的管理者一般就是企业的资本所有者。这种企业没有统一的管理办法，管理和生产工作主要凭借个人的经验。工人主要凭自己的经验进行操作，没有统一的标准；工人的培训主要靠师傅带徒弟传授个人经验的办法来进行。

经验管理在特定条件下也具有一定的优势：经验管理简单有效，适合需要快速决策并有经验丰富管理者的情境；经验能给人提供直接的能力，其来自实践，又运用到实践；企业在做出决策时，尤其是概念决策时，管理经验的作用显得“异乎寻常”的重要，面对一些不可控因素和未知环境，企业往往依靠“经验”在摸着石头过河。

尽管具有一定的优势，但是企业的经验管理仍有其局限性。企业的经验管理在一定条件下能够推动企业的发展，但还是无法顺应日益发展的社会潮流。企业的经验管理的局限性主要体现在以下几个方面：

一是狭隘性。企业的经验管理是在人们认识过程中起着重要作用的一种因素。在不断发展的企业管理活动中，经验成了人们的思维活动所依赖的重要记忆库。当人们遇到新认识课题的刺激或挑战时，这个记忆库便会活跃起来，进而着意去寻找、选择与新情况、新问题相同或相似的经验知识，并以此为思考问题的出发点，去确立解决当前问题的思路、方法与步骤。经验管理往往难以避免将传统经验教条化，并将其作为思考问题、做出判断的至上权威。这实质上是将思维限制在有限的经验之中，阻碍了其向其他方面发展和进步。

二是保守性。由于经验管理思维强调以经验为出发点来进行思考。这本身就体现了保守性。因为以经验为思维的出发点，事实上就确立了一个以先在的观念来剪裁客观事实的思维向度，从而在理论上体现了保守的特征。经验管理是以经验来指导管理活动，总想将既成的主观观念强加在不断发展变化的客观对象上。这不仅颠倒了从客观事物到主观观念的认识路线，而且使认识滞留在感性经验的水平上，使认识僵化。

三是落后性。经验管理的另一些表现就是满足现状、维护现状、不求发展。这种思维会下意识地对发展变化产生抵触情绪，有时还会排斥发展，从而使管理的方法落后于时代的发展。

四是封闭性。经验管理会把人的思维向度局限在经验层面上，使其自我封闭。经验管理思维封闭性的突出表现是排斥理论，经验管理的思维固化后往往只迷信自身经验，割断了认识与实践的联系。

总之，这一时期的管理还没有摆脱小生产方式的影响，因而人们把这一阶段的管理称为“传统管理”。这种管理到了19世纪末20世纪初，已经不能适应生产力发展的需要，因而开始逐步过渡到科学管理阶段。

三、企业的科学管理

科学管理是凭借重新设计工作流程，系统性地研究企业员工与工作任务之间的关系，并且通过标准化与客观分析等方式来追求效率与生产量的最大化。被誉为科学管理之父的美国人弗里德里克·泰勒是西方管理学理论的开创者，他的科学管理理论被应用于各个领域。泰勒详细记录每个工作的步骤及所需时间，设计出最有效的工作方法，并为每个工作制定相应的工作标准量，归划为一个标准的工作流程；充分利用人的动作与时间，以最经济的方式达成最高的生产量，因此又被称为“机械模式”。泰勒认为，只有用科学化、标准化的管理替代传统的经验管理，才能实现最高工作效率。

当时科学管理的推广极大地提高了企业生产效率，在一定程度上提高了整个社会的生活水平。因而其意义是历史性的，科学管理是管理发展史上的一次伟大的飞跃和革命，它的提出也标志着管理学作为一门科学开始形成。

企业的科学管理具有科学性、实践性、规范性、效率性等显著特点。

（1）科学性。将科学引入管理实践，用科学研究和方法代替纯粹的个人经验，把传统管理中的感性上升为理性，使管理成了一门可供研究和传授的科学。

（2）实践性。管理实践先于管理理论，是管理理论产生的源泉。管理是实践的科学，必将随实践的发展而发展。这表明了科学管理的动态性，这也正是科学管理思想的生命力所在。

（3）规范性。科学管理实际上是一种规范化、标准化的管理。规范性主要体现在通过培训教授工人完成任务的技能，通过科学研究制定标准和规章制度并据此规定和下达任务，用奖惩等激励机制来保证任务的完成。规范化、制度化是企业大规模生产的基本要求，是任何先进管理思想得以实施的基础，是实现科学管理的依据。只有制定严格的规范，企业的具体工作才能照章进行。否则，势必造成企业管理的随意性和生产的混乱。

（4）效率性。提高生产效率是科学管理思想的出发点和归宿。管理之父泰勒认为科学管理的目的就是“要培训和发掘企业中每个工人的才干，使每个工人尽他天赋之所能，干出最高档的工作——以最快的速度达到最高的效率”。

企业的科学管理主要包括标准化管理、工作定额管理、人岗协调、分工明确。

标准化管理要求操作方法、使用的工具、机器和材料及作业环境标准化。劳动定额的制定是科学管理的基础，实际上也是劳动时间、操作方法和使用工具的标准化。

工作定额管理通过工时和动作研究，制订合理的工作定额。

人岗协调要求相应的岗位要有符合相应要求的职员来担任，以维持其标准化的要求。

分工明确将计划职能与作业职能分开，明确划分两种职能。计划职能人员负责研究、计划、调查、控制以及对操作者进行指导，建立、发展管理的专业团队。

在一定时期内企业的科学管理促进了当时管理的发展，具有积极作用。但综合来看科学管理仍具有局限性，主要体现在：

（1）科学管理仅仅解决了局部具体工作的作业效率问题，而没有解决企业作为一个整体如何经营和管理的问题。

（2）科学管理认为工人的主要动机是经济的，工人最关心的是提高自己的收入，即坚持“经济人”的假设，没有重视工人的社会因素。在实际生活中，尤其是在当今社会人不仅重视金钱、收入，人们在满足自身生理需求的前提下，更多的是去享受生活。

（3）科学管理可以概括为重物轻人。尽管科学管理强调人与岗位的匹配，但是在实质上并不重视人，导致员工意识和行动的分离，使员工丧失了工作的自主权，沦为管理部门的生产工具。科学管理认为只有数字和数据才是过硬和可信的，只有严格的规章制度才能够实现效率的最大化。使用科学管理理论来管理企业的管理人员把科学管理当做了纯粹的科学，而忽略了一个非常重要的因素——人。人是具有思想和感情的，人的行为是受其思想和感情所支配的。

（4）科学管理单纯地追求企业大型化、产品多样化。但是，在19世纪，市场产品供小于求，由于对产品有大量的需求，所以，对企业而言，生产出来的产品很容易销售，当然生产越多越好。因为产品越多越好，只要能提升生产效率就能给企业带来利润。标准的生产模式是适应当时的社会情况的，在相同时间内生产更多的产品。但是当今社会市场竞争异常激烈，供大于求，属于买方市场。人们的收入大幅增加，科学技术飞速发展，使得人们的需求日益多样化、个性化，取而代之的是小批量、高价值的、非标准的生产模式，才能更好地满足人们的需求。在这种情况下，科学管理的理念就无法满足企业发展的需要了。

尽管科学管理有一定的局限性，但是它对当代的管理仍有重大的意义：

（1）科学管理是工业化取得成功的基础。人们为了追求生产效率，发展了机器大工业，为了适应机器大工业、提高生产效率的需要，科学管理应运而生。在工业社会初期，人们的收入普遍不高，人们的基本需求一致，因而可以倡导标准化的科学管理，以适应大规模的生产方式。同时科学管理也加速了工业社会的实现。目前我国正处于全面深入的工业化阶段，许多民营企业迫切需要解决的就是科学管理问题。一些企业，尤其是加工型企业，发展到一定的阶段就会遭遇瓶颈，一个重要的原因就是科学管理没有跟上，致使企业竞争力不足，企业规模无法进一步扩大。

（2）科学管理是企业取得高绩效的基本手段。取得高绩效是企业在市场竞争中立于不败之地的原因。科学管理通过一系列的试验，把一流工人的技术、经验、操作技巧等总结归纳成一套标准化的操作规范，挑选工人进行培训，使这些工人像那些一流工人一样完成一流的工作量。这样使工人的工作变得简单，而管理也相对变得简单。标准化使工作变得简单，简单就易于熟练，熟练就能产生高效率。

（3）科学管理也是人本管理的基础。科学管理与人本管理是不同社会的发展产物，而科学管理是人本管理的制度基础。科学管理是大规模企业提高效率的基本保证，而人本管理不是不要制度管理，而是建立更符合员工需要的制度基础上的管理。

总之，科学管理与传统管理相比，前者靠科学地制定操作规程进行管理，后者靠拼体力和时间；前者靠金钱刺激，后者靠“饥饿政策”。从这几点看，科学管理相对于传统管理是一种很大的进步。

四、企业的文化管理

如果说从经验管理到科学管理是企业管理的第一次飞跃，那么从科学管理到文化管理无疑是企业管理的第二次飞跃。这种飞跃的深层根本原因是生产力的发展，是生产力与生产关系之间矛盾作用的结果。经验管理与科学管理提高了劳动生产率，使大多数人摆脱了贫困，促进了社会、科学的发展与进步。因此，推动这两次飞跃的真正力量都是生产力的发展。

企业的科学管理的方法和理论，可以看作企业管理的一次伟大进步，但是它也有时代和阶级的局限性。产生于20世纪30年代的行为科学，力图弥补科学管理理论的不足；流行于20世纪80年代的企业文化可以看作是其发展的成果，而文化管理完整地提出了与科学管理截然不同的管理思想和管理框架，也成了企业管理理论发展的大趋势。由经验管理到科学管理，再由科学管理到文化管理，不是某个学派或某个人的主观臆断，而是陈旧、落后的企业管理理论无法适应社会快速发展的集中表现，是企业管理理论发展的大势所趋。

人本管理思想是企业的文化管理的中心思想。人本管理思想不仅重视人和调动人的积极性，而且注重发展人、为人谋福利。企业文化理论的引入，使得管理思想取得了重大更新与突破，并赋予了人本管理思想以新的时代精神。以企业精神文化为核心内容的企业文化建设，是企业人本管理思想体系中的最新管理模式，注重企业价值观建设，强调人是管理的出发点和立足点，要求管理组织的变革要适应员工参与民主管理，管理手断的运用既要突出责任目标，又要变硬化管理为软化管理，以培育独具特色的企业精神，塑造良好的企业形象，使企业在市场竞争中立于不败之地。

综上所述，企业的文化管理就是从文化的高度来管理企业，以文化为基础，强调人的能动作用和团队精神、情感管理，管理的重点在于人的思想和观念。

五、企业的文化管理历史案例评析

荣氏家族是以荣毅仁为代表的中国民族资本家族。其创始人荣宗敬、荣德生被称为“面粉大王”“棉纱大王”，第二代代表人荣毅仁被称为“红色资本家”，第三代代表人荣智健曾经是中国首富。他们靠实业兴国、护国、荣国，在中国乃至世界写下了一段辉煌的历史。中国人民大学经济学院教授高德步评价说：“从近代开始，荣家三代对中国经济的发展做出了巨大贡献。”

在荣氏后期的分裂之前，荣氏企业的主要组织形式一直是无限公司。无限公司是股份公司的一种类型，简单地说，无限公司就是全体股东对公司债务承担连带无限责任的公司，是被当时大多数民族企业所摈弃的较为落后的组织形式。

荣氏兄弟在无锡创办了茂新面粉厂，是一个合伙公司形式的企业。以荣氏兄弟资本为主，并由荣氏兄弟直接经营管理。1913 年，荣氏兄弟又在上海与人合伙创办了上海福新机器面粉合资公司，由荣宗敬自任总经理。同茂新面粉厂一样，这也是以荣氏兄弟资本为主，同样是合伙公司形式的企业。这两个合伙公司企业的形式都是无限责任公司，它们在荣氏兄弟的集权经营下发展很快。由于荣氏兄弟已经认定“有限公司不可为”，所以，在他们从振新退股出来之后于 1916 年另行在上海创办了申新纺织无限公司，明确企业是无限责任公司性质。荣氏兄弟在申新资本中占 60% 的控股地位。荣宗敬为申新总经理，独揽企业一切大权，没有董事会，股东会也只是公司章程中的一个陪衬，没有实际权力。一般说来，由于无限公司股东负无限责任，极大地限制了股东对企业的追加投资，也限制了企业融资的可能性，因此，无限公司多为中小规模的企业。但是，荣氏兄弟经营的茂福申新企业，却在无限公司的体制下，以异乎寻常的速度扩展企业规模，至 1931 年，共拥有茂新和福新 12 个面粉厂、申新 9 个纺织厂，形成规模庞大的集团性企业，其面粉和纱布的生产能力在全国民族资本粉纱工业中占 20%—30%，荣氏兄弟亦被誉为中国的“面粉大王”和“棉纱大王”。无限公司制度的采用、股东转让股权的限制、总经理权力的扩大等一整套改制措施使得荣宗敬集企业经营大权于一身。这样的制度使得企业发展迅速，规模在短期内得到空前扩大，同时也使得荣氏家族对企业拥有了绝对控制权，经理的任选或解任由荣氏操纵，股东会形同虚设。

荣氏企业的权力构架是金子塔型的家长制，通过建立茂新、福新、申新总公司来实现荣宗敬作为“塔尖”的集权统治。荣宗敬不仅是茂新、福新、申新总公司的总经理，还是总公司所属各个厂的总经理，独揽着全部企业的大权。荣宗敬本人的领导地位在企业经营中非常突出，总公司实则是为身为总经理的荣宗敬权力延伸至各厂而服务的。

不单单荣宗敬在企业建制中居于权力中心的地位，其家族的人员也往往拥有家长般的决定权。例如，荣宗敬的弟弟荣德生往往充当辅助者和善后者的角色，荣德生也握有相当大的股权。

荣氏家族在企业内的绝对控股优势决定了其对企业的绝对控制权，而荣氏企业的人事组织则沿用家长制式管理。荣德生在无锡担任茂新一、三厂和申新三厂的经理，直接掌管这些厂的业务，其他各厂经理或厂长在早期阶段都安排聘用同乡、同族和有亲属关系的人员。据 1928 年茂福申新 19 个厂的资料，除了荣德生担任经理的 3 个厂之外，在其他 16 个厂中，有 3 个厂的厂长由纺织专家朱仙舫一人兼任，还有 13 个厂的经理都是聘用同乡、同族和有亲属关系的人员担任。同时，在茂福申新总公司和各厂的职员中，同乡、同族人员也达到总数的 2/3。对此，荣德生在其《行年纪事》中写道："昔年老友，都为经理矣！"

随着下一代的长大成人，荣氏兄弟又先后将其子侄、女婿等安排到各厂的领导岗位上。例如，1927 年荣宗敬长子荣鸿元从上海交大铁路管理科毕业，便进入茂新、福新、申新总公司负责花纱营业部，并先后任申新第二纺织厂副厂长、厂长等职。1938 年，荣宗敬病逝，荣鸿元继任了总公司总经理的职位。从积极的方面看，荣氏家族核心成员身居企业要职，有利于对公司实现绝对控制，荣宗敬扮演着企业决策核心与家族家长的双重角色，这能够使各项指令顺利传达并得以执行。在此过程中，荣氏家族对企业继承人的培养也同时得以实现，能够保证家族制企业的传承。

19 世纪 30 年代，日本军国主义在东北发动"九·一八"事变，民族危机加深，世界经济危机波及中国，大多数中国企业的处境恶化，荣氏企业也难逃厄运。另外，从荣家企业自身的情况来看，随着企业规模的快速增长，市场环境却日益险恶，这个由总经理一人独揽大权的家族无限公司企业体制的弊端也就越来越凸现，给企业带来的不利影响日益严重，荣氏企业陷入了极大的危机之中。至 1934 年 6 月底，到期应付的银行抵押借款 500 万元无法偿还，同年 7 月 4 日，因申新支票遭到银行退票而搁浅的事件发生了，申新企业活动处于停顿状态，荣宗敬也一度辞去总经理职务。

人治管理的企业，一般不注重建立必要的监督制度，也就为腐败行为开了方便之门。1938 年，荣宗敬的去世是荣氏企业发展过程的一个重要转折点。在此之前，虽然面临严重的债务危机、日本侵略造成的巨大损失，但荣氏企业依然保持统一，继续生存下去。然而，1938 年荣宗敬的病故却使荣氏家族失去了领袖，使荣家上下、企业内外立即陷入了震惊慌乱之中。此时，总经理的职务由谁继承、总公司的权力能否统一驾驭、银行钱庄的债务如何料理等一系列亟待解决的问题，使企业、家族内部的矛盾一下暴露出来。

最终，荣鸿元在无人出任总经理的情况下继承了总经理的职位，但实际上他仍被公司股东所左右，无法实现其父在世时的集权。围绕着总经理职务的问题，荣家大房与二房之间，荣家与其他股东之间的权力之争便日益公开化了，也为日后荣氏企业一分为三埋下了伏笔。

荣德生二子荣尔仁改组总公司的计划流产后，茂、福、申新总公司甚至在名义上都已难于继续维持统一无缺的局面，实际管理组织已经形成三大系统：

一支以大房荣鸿元为代表，他形式上继承了总公司的旧称，只管辖申新的一、六、七、九厂及上海福新各厂，沿用惯例称之为总公司系统；另一支以二房荣德生为代表，管辖申新二、三、五厂，茂新各厂和战时成立的合丰纱厂，以及抗战胜利后成立的天元实业公司、开源机器厂等，简称为申新二三五厂系统；第三支以李国伟为代表，管辖汉口的申新四厂、福新五厂和战时内迁与新建的各厂，以及胜利后新建的各厂，简称为申四福五系统。

总公司系统实际上是一个松散的组织，上海福新粉厂系统和申新九厂的实际控制权已不在荣家本族的直接掌管之中，越来越趋向独立。整个荣氏企业集团这时已处在四分五裂之中，它们在以后的发展历程中，各立门户，分道扬镳。

家族制企业是生产力变革的阶段性产物，可以说，它的发展历程是中国经济近代化的缩影。荣氏企业生长于中国，在其急速近代化的过程中集中展现了家族制企业的特性：规模宏大而组织结构原始、亲缘关系稳定而内部矛盾纷呈、家族代代相传却难免分裂等。家族制企业是一个矛盾的综合体，因而以家族关系为代表的家族文化在家族制企业发展过程中也是多姿多彩的。

纵观荣氏企业的发展历程可以看出，家族制经营的客观事实要求家族内须有一个家长式人物为企业决策与管理的核心，而无限公司的组织形式正是家长式集权管理的最有效途径。家长地位与企业权力的合而为一，成为企业在发展初期迅速扩张壮大的有力保证：一方面有利于增强家族成员的凝聚力与向心力，齐心协力将企业做大做强；另一方面也使家族关系暂时得以稳固，不致产生分裂。在此过程中，家族对企业的控制以家族领袖对企业进行独裁的形式实现。而这种个人强权控制下的均势一旦被打破，就会立即导致潜在矛盾的显露乃至爆发。“长幼有序”的血缘维系无法延续至企业权力的继承与分配之中，而人人自居的“能者为先”观念则代表着家族小集团向个体所有的嬗变，从而导致了企业权力的新一轮分配，最终致使企业无法继续维持发展初期的统一建制，终以门户分立告终。

荣氏企业的发展历程并非近代民族企业发展史上的特例，而具有典型性与代表性。回顾中国民资企业创立、发展的兴衰过程，家族制的经营方式最为普遍，然而，大部分都以“富不过三代”的结局湮没于历史之中。家族制企业控股权与管理权的分配、各方利益的权衡最终都可以归结为家族关系对企业经营发展的辩证影响。它是家族制企业能否得以长期发展的重要因素，也是现代企业制度与中国传统家族伦理文化融合过程中不可忽视的环节。

随着企业规模的不断扩大，企业管理越来越复杂，那种高度集中、大权独揽的治理方式，在日趋激烈的市场竞争中越来越不能适应企业的发展。企业内部原先掩盖着的争夺支配权的矛盾，在总经理荣宗敬病故以后开始公开化了。由于企业未能随内外环境的变化，适时地对体制进行根本性的变革，各种矛盾积重难返，严重地制约了企业的正常发展，导致企业组织出现了分裂。至解放后，党和国家对资本主义私营企业采取了利用、限制和改造的政策，为私营企业的发展提供了良好的环境条件和法制保障。由荣氏家族成员直接掌管经营的上海申新各厂终于在荣德生临终之前取得共识，联合改制成股份有限公司，企业从此进入了新的发展时期。

荣氏企业的组织形式，从选择无限公司开始，最后改制变更为有限公司，这近半个世纪的企业体制变革历程，为我们研究近代中国企业体制的演变和企业的管理方式留下了许多有益的启示。

第二章

文化管理在企业战略管理中的运用

什么是企业战略文化？企业战略文化主要指企业实现自我目标，在企业发展中逐步制定适合自身的规划和创新制度，制定自己的文化体系，通过一段时间的文化调整、市场开拓、规模扩大和素质提升，形成符合企业长期稳定发展的模式。建立内在素质与外在形象的双向策略，促使文化深入到企业整个团队中去。让员工在工作中创新，在实践中提升，逐步建立以文化塑造人、以文化培养人的策略，逐步建立文化氛围，用文化带动学习，增强企业的创新力和竞争力，从而实现企业质的飞跃。因此，只有当企业文化管理与企业战略文化和谐统一、相辅相成的时候，企业才能真正拥有蓬勃的生命力。

第一节　企业的文化管理与战略文化

一、企业的文化管理与企业战略文化策划

战略策划是围绕战略来制定与实施一系列措施和方法的全过程，一个规范的、完善的战略策划的形成，一定具备多方面的优势。这就要求必须有战略体系的构建、科学目标的建立。企业的文化体系的构建指在内外环境的指导和分析下，建立一个短期、中期与长期的发展目标。构建企业文化理念和行为文化内涵来完善目标。优秀的企业文化管理是塑造优秀企业的前提，在战略文化的目标的指引下，要深刻地了解科学发展的内涵和明确企业文化战略的备选方案。想要实现目标，首先需要全体员工同心协力的参与，在企业发展过程中不断地发掘和提炼企业的优秀文化、传承传统文化，广纳人才，集思广益，真正实现具有文化特色的竞争战略和总战略的完美结合。实现低成本领先战略、高效益长期战略与零风险集中战略。

企业在发展中，需要多样化的文化战略融合，需要在每个文化战略形成的过程中提出更多的发展方案。而文化体系的建立则需要对各个战略方案进行可行性分析，做出相应的评估，减少风险，增加机遇，这需要建立一个很严谨的文化战略目标。

瀛海威的企业战略模式如何从成功走向失败的深渊？1995 年，张树新成立了中国第一家网络公司——北京科技有限公司，即瀛海威的前身。成

立公司后，张树新为企业的发展制定了详细的战略目标，他利用现代互联网技术，使计算机走进千家万户，利用通信手段，推动了中国计算机消费市场的发展，让中国人真正进入电子信息化时代。为了实现目标，瀛海威不断努力调整发展战略，并构建自己独立的文化发展体系，其知名度逐步上升，在 1996 年成功融资了 8000 万元，快速成长起来了。

1997 年夏，张树新再次融资，却失败了。这次失败最根本的原因是目标不明确。瀛海威在后期的发展中，忽视了重视员工。上下级之间缺乏沟通，缺乏信任，缺乏目标的执行力，更缺乏一种良好的文化氛围。新采用的管理模式使分公司和总公司之间不断产生矛盾。1997 年年底，瀛海威企业濒临亏空。1998 年，张树新辞职。从此，瀛海威从社会中消失了。

目标是企业的翅膀，但是，这个翅膀要能够承担飞翔的责任，目标的确立要与市场的需求相关，要做出正确的战略抉择，这是企业发展的生命线。充分认识到企业自身的资源，才能做出与之相适应的战略抉择。

此外，满足客户的需求是企业的生存之本。单方面的设计只是从自身出发，而忽视客户需要，这样的策略注定要失败。因此，一定要根据客户的需要调整自己的目标。

企业目标的确立需要完善的计划体系，要结合现实环境，建立多种合作关系，完善目标并加以规划实施。对企业来说，只有完善的制度与目标协同一致，才能获得可持续发展。但目标的完善并不是简单层面的改进，不仅需要企业本身的人才、资金和技术，还需要企业根据自身的条件环境进行调整，如提升员工素质、建立文化氛围等。

一个企业要不断地激发员工的积极性和主动性，提高企业的文化内涵，从而实现企业的核心价值观。构建学习型的组织模式是企业可持续发展的重要保障。用学习促进文化发展，能够更快速地推动企业文化的创新，从而实现企业文化经营成果。例如，通过对技术研发、采购、销售、人事及管理等各个部门的深入分析，实现企业战略要点。通过对企业各方面的系统评价，及时了解企业目前的状况以及优势与劣势，从而形成由上到下不同层次的默契，形成上下融合与共识的氛围。

在企业不断加强学习的同时，分析内部环境和外部环境是尤为重要的。只有充分了解自身的优势资源与不足，全面加强员工对企业文化理念的认同、传播和履行，促进员工的技术水平的提高，强化质量体系，保证产品质量，才能在社会树立高标准的企业形象。然而，要实现企业目标，首先要建立战略方案，其次是战略评估，根据目标制定策略，而制定策略，应遵从目标最大化原则。对于重要的战略，可以与外部机构的专家进行讨论，从而弥补方案的不足。同时，在重点企业文化的策划方面，制定技术团队的研究和开发计划，从而实现战略的最优化。

企业通过结合创新模式与自身模式，开发新的思维和新的机会，一旦目标确立，及时对所制定的战略进行研究和调整。有了良好的战略文化，一个企业就成功了一半，如果一个企业坚持不断学习，就能制定适合自己的战略，完善原有文化的不足，及时回归正确的机制，最终获得成功。

电子产业在国际上的竞争非常激烈。如何在世界市场上占一席之地？只能从提高战略文化着手。四川长虹不断的创新、改革，使长虹坚强地屹立于家电市场行业之首。长虹董事长赵勇认为："存在的就是不合理的。"他希望调整制度、提高技术，把长虹发展为"创新型长虹"，战略创新一直是长虹得以持续发展的主要手段。赵勇在企业制度化管理过程中，一直引导企业把制度发展与文化战略创新融入企业的每个发展环节。

长虹的成功首先得益于管理上创新。2004 年，长虹进行了管理学习，调整企业战略，将各业务逐渐过渡为自主式经营模式。2006 年，长虹的发展模式以产品线为主，同时支撑多种产品实现跨地域跨文化发展。通过不断的学习和战略创新，长虹的管理水平有了极大飞跃。

长虹不断进行技术创新，不断调整文化战略。就像赵勇所说，"技术自主创新是企业发展的决定性因素，只有大力推行技术创新，才能不断提高产品的科技含量，才能不断满足消费者的新要求，从而得到长期发展"。如今，长虹的全球首创的语音浏览器、中国仅有的超高清数字电视系统以及行业首个智能语音芯片等技术研发成功将重新定义智能终端，并引领整个家电行业 IT 化。

那么，品牌战略如何树立、企业形象如何提升？企业形象是一个企业的外在表现，企业形象的塑造和提升，有利于丰富企业的精神文化，有利于扩大企业的知名度，增强企业的内在修养，增强企业整体的凝聚力，让文化深入员工的内心深处，让员工在一个信任、自豪、有归属感的心态中工作，形成坚实的企业文化理念。

企业还要优化管理机制，全面完善企业品牌战略，提升产品质量，打造强有力的营销团队，提升行业地位，完善管理制度，从而树立知名品牌形象。

把“三个文明”建设的理念有效地融入企业，不断开拓企业物质文明、政治文明和精神文明的内涵；促进企业与团队的和谐统一，强化企业文化建设，塑造企业文明，加强企业对外宣传力度，提升品牌知名度和企业影响力，做好企业品牌宣传工作，创新多种模式的营销渠道，及时地宣传企业文化建设的优秀成果。不断深化企业文化建设与企业宣传建设，最终才能提升企业文化。

一个企业的管理需要文化的奠基，一种优秀的文化管理制度的建立，能直接提升一个企业的整体状态促进企业发展。因此，要建立良好的战略文化管理制度就一定要有严谨的文化策划方案，才能实现企业的长期可持续发展；只有不断地完善、提升自身独有的优势，把独特的创新思维和完善的策划方案应用到企业中去，才能成为一个行业的领头羊。

二、企业的文化管理与企业战略的文化实施

企业文化的核心是价值观体系、行为体系和制度体系。中国社会主义文化的发展，离不开企业文化的创新和融合。随着国际贸易的发展，国内的企业受到越来越多的冲击，不少企业濒临倒闭，企业在转型的关键时刻，迫切地希望以一种新的战略模式来突破危机瓶颈。因此，想要解决长期积累的经济转型问题，就必须制定一个适应文化环境且独创性强的企业战略来带动文化的整体改革，以前陈旧的企业模式显然已经不能适应经济的快速发展。那么，在现今市场经济发展的环境下，企业战略文化如何建立？又该如何打破传统企业运营模式让濒临灭亡的企业重新焕发生机？我们从以下几点来分析如何通过提高战略文化来实现文化管理。

第一，是集中战略文化，实现规模效益。集中战略文化，主要指集中企业所有资源来增加产品的销售额和市场的占有率。战略文化可以打破原来单一的发展困境，实现多种产品的融合。当一个企业单一的产品得到发展时，集中所有的资源对产品进行宣传，并不断对产品进行调整，提高产品质量，从而扩大产品市场，提高企业知名度。战略文化的集中模式是很多企业都会运用的战略，用这样的文化战略可以扩充产品的量和质，并扩大市场的占有率，提高产品的知名度。很多企业都是靠文化集中策略，让

企业迅速发展的。

战略文化集中，让企业明确了目标和定位，便于经营者做出更高效的决策，这种策略同时也提升了团队的专业度。正确的战略文化可以实现规模的稳定效益。但是，任何一种模式的专一性都具有一定的弊端，随着市场的不断变革，企业的发展战略也千变万化，经营者的决策也会出现失误，仅靠单一的文化集中战略，难免给企业发展带来极大的风险，因此，企业在实行战略文化集中模式时，一定要审时度势，注意市场动向，不断调整企业格局，真正制定“稳”“准”“快”的决策方案，发挥好战略文化集中模式的优势。

品牌的单一模式必然导致失败。品牌在不同的发展时期和不同的环境下都会有所变革。乐华家电是整个家电行业的领军企业。在上市的几年时间里，其在国内外的销售一直创新高。在发展的顶峰时期，有大批专业人才涌入，他们为乐华做出了重要贡献。然而，在企业用人方面，乐华管理层却产生了分歧，不能很好地团结团队的力量，只单一地追求销售量，却忽视了文化在企业中的建设作用，成为昙花一现的企业。2002 年，由于管理不当，文化制度缺失，大量优秀的人才流失，团队溃散，使乐华鼎盛时期永远成为了回忆。这个案例充分说明了一个企业的发展不能仅仅靠单一的模式，多种模式的集合才是企业持续发展的关键。

第二，战略一体化，增强竞争力。企业一体化战略主要指通过企业前期和后期整体的运营模式来扩大企业的发展规模的一种机制化战略文化。前期一体化战略主要指做好产品生产和销售工作，而后期一体化战略则指从外部购买的产品，通过自己的加工，成为自己的产品的一种生产过程。

战略一体化是企业成熟过度的营销模式。这种企业战略主要是增强企业竞争力，占领行业市场。后期一体化战略，通过对原材料进行再次加工生产，有效地控制了产品的质量和运营成本，减少了品牌风险，这在一定程度上主导了市场的需求，有利于创造自己的品牌，从原材料到成品营销的这一过程，体现了一个企业研发和制造的专业技术能力，是一个企业立足于市场的主要优势。企业采用战略一体化发展的模式，也会受到一定的限制——要求企业有很高的技术能力，有强有力的文化战略为支撑和独立的团队。一个企业的一体化发展，需要从原材料生产、加工、销售等多种程序的通力协作。因此，想要真正实现战略一体化的完美运作，企业领导者一定要协调好各个部门，做好分工合作，才能实现良性循环。

中国煤炭企业和电力企业在一定程度上存在着纵向一体化联系，这主要指前期和后期煤炭和电力之间的相互关系。然而，随着煤炭资源的开采，煤炭与电力的一体化矛盾日益明显。煤炭资源的枯竭导致电力企业原材料的急剧减少，导致电力企业一度限制电力产量，甚至出现停产停电的现象，政府部门通过控制调整来缓解煤电之争，一味地提高电力价格，导致煤炭价格上涨，最终只能造成电力的无限上涨循环模式。

从产品组织的角度来看，煤炭与电力企业有着纵向一体化的生产关系，想要真正地解决煤电矛盾，就必须让煤炭企业与电力企业相互配合协作，形成统一的整体。如此，才能真正地实现煤电一体化机制。能源的价格一直是我国改革的重点问题，而煤电企业自古以来就存在着价格的双轨制。因此，解决煤电价格矛盾的关键还是要加快电价的市场化进程，努力使前方和后方协调一致。

第三，战略多元化，提高经济利润。多元化发展战略指企业经营过程中采取两种以上的产品和服务的发展模式。多元化战略要求企业有很强的专业化经营理念，主要包括产品多元化、市场多元化和资本多元化。

企业产品的多元化指一个企业生产的一系列产品，在多个市场上销售。多元化发展的企业，一般都具备规模大、资金雄厚、市场开拓力强的特点。从我国乃至整个国际市场多元化的企业战略来看，尽管企业采取多元化的发展模式，但是都有一种核心的产品，为企业分散风险，用副业来扩展其他行业市场，这样便于合理、充分地利用副业产品来扩展市场资源，从而逐步向具有更大的市场的行业转移，更好地发挥企业的优势，提高企业经济效益。然而，一个企业想要真正在市场竞争中体现多元化的文化价值，一定要有明确的目标，不能盲目发展。一定要具备生产能力、技术能力以及市场能力，并对企业资源进行多元化分析，避免在多元化发展过程中超出自身能力范围而阻碍发展。

市场扩展、企业规模增大是任何一个创业者都梦寐以求的事，然而，并不是任何企业都适合多元化的发展战略，多元化经营整体上可以帮助企业抵抗风险，但如果市场机制不完善，反而会给企业的资源配置带来压力，影响企业的市场竞争优势。然而，企业的多元化战略面临的最大风险，远远不止于给企业带来的市场竞争压力，最大的风险是资金风险，资金是一个企业正常经营活动和投资的重要源泉，合理分配资金，是决定一个企业能走多远的重要保障。因此，企业的财务管理应该始终保持一个一体系的战略文化目标，要充分地考虑各种各样的风险所带来的后果，保证企业主营业务的正常运行，从而把企业的风险降到最低。

由此可见，企业多元化经营风险与多元化业务市场之间存在一种反向关系，所以，企业在实行多元化发展战略模式的时候一定要进行专业评估，审时度势，降低企业经营风险，让企业获得更加稳定的发展。

索尼发展的悲剧就是多元化战略导致的。日本索尼公司一直在文化管理方面独树一帜，1989 年，索尼以 54 亿美元买下哥伦比亚和三星两家企业，实现了企业扩张。然而，好景不长，索尼由于没有正确评估多元化市场的风险，不仅没有赚到一分钱，反而亏损 30 多亿美元，给企业的发展造成严重的负担。索尼之所以失败，主要是盲目地采用多元化战略模式，造成不可挽回的局面。

实施多元化文化发展战略时，一定要有敏锐的市场运营思维，要有高瞻远瞩的广阔视野，才能准确预测市场的发展态势，在自身主业务稳定的前提下，采取多元化战略，这样才能在变幻莫测的市场上持续发展，从而获得成功。

第四，采用稳定型战略，实现积蓄式发展。一个企业不可能一直处于快速发展状态，往往会遭遇内在或外在的阻碍因素，在一个企业保持快速发展的状态，一定要进行稳定的调整，来巩固发展的成果，养精蓄锐，为实现下一轮新的发展奠定基础。

企业稳定型发展战略避免了企业新产品的开发和多元化发展带来的巨大资金风险，充分地利用已有的各方面技术人才，减少人员调整，充分发挥员工的积极性和潜能。稳定型发展战略有助于实现企业的稳定发展，有助于将风险降到最低点。

然而，任何事情都有两面性。这种安于现状的缓慢发展，也会让企业失去市场竞争力，导致企业的发展停滞不前，员工失去斗志，形成惰性心理，从而会产生被同行业超越甚至取代的危险。

总之，实施稳定型战略一定注意自身的条件和环境，调整好企业的优势和弊端，认真地分析企业所处的社会环境，发挥团队的技术优势，预测好企业发展中可能遭遇的风险。只有全面地做好企业分析、预测，认识自身的优势和不足，合理规避风险，制定休养生息的发展模式，才能真正实现稳步发展。

丽岛实业是香港一家餐饮企业集团，已经在香港经营餐饮业长达30余年。丽岛实业在香港开设了20多家以“丽岛大酒楼”“丽岛皇宫”等命名的传统粤菜酒楼，主要面向中、高档消费者，以粤菜为主，生意火爆，并拥有一批忠实的老客户，从而成为香港著名餐饮品牌。

当丽岛实业大股东蔡大福退休、其女儿蔡家伦接任后，发现酒店经营呈现下滑趋势。按蔡家伦的分析，香港目前上班的白领较多，而丽岛酒店的顾客都是老年的忠实熟客，顾客群已经开始出现缓慢萎缩的趋势，这对丽岛实业的酒楼经营构成了较大的竞争压力。

同时，由于各类快餐店不断出现，竞争日趋激烈。蔡家伦意识到父亲一直采用的稳定型战略应该变革为成长型战略，因此，她采取了一系列的变革措施。蔡家伦在最高档的商业和办公大楼内开设了多家新的高档快餐店，店名不使用“丽岛”而改用“朝九晚五”。面向高薪白领阶层，销售高质量快餐菜品和健康食品，从而让丽岛再次呈现了昔日的辉煌。

因此，企业制定发展型战略的同时，一定要制定良好的发展计划，然后正确地实施，有效地执行，并考虑自身的发展优势与不足，不断地适应社会发展动态，认识战略管理的地位和作用，重视企业的战略管理，才能解决企业生死存亡、前途命运的重大战略问题，从而获得更大的发展。

第五，采用紧缩型战略，实现平稳过渡。紧缩型战略文化主要是在企业出现风险时的一种补救方法。当企业面临高风险，或者经营状况不良时，企业不得不面对现实，采取一定的措施，减少财务开支，缩小营业范围，裁剪闲置人员。紧缩型战略是企业遭遇风险时用来补救保证生存的最有效的方法。主要特点如下：

一是缩小产品的市场。当企业的发展面临一定风险时，减少副业的开支，放弃某些市场份额较低的产品，专注于主业务产品，增加最大收益额。

二是调整战略。全面调整企业经营管理的文化模式，将业绩差的经营单位和能力低下的员工进行裁减，对资产进行清理核算，进行资产统筹，清除经济累赘，降低费用，改善财务紧张局势，从而使企业渡过危机。企业也可以调整整个行业的战略模式，改变行业发展方向，及时高效地进行市场转型，从而让企业获得新的发展机会。

紧缩型战略是任何一个企业管理者都不愿意看到的，是一种无奈的补救措施，往往让员工人心惶惶、情绪低落，让技术管理者对战略实施产生抵触心理，反而阻碍了企业的发展，导致企业陷入恶性循环。当企业真正遇到危机实行紧缩型战略模式时，一定要把握分寸，注意细节，进行人性化的改革，把企业损失降到最低，安抚员工情绪，增加士气，团结一致，渡过难关。

波音公司就曾通过“五招”紧缩战略顺利渡过危机。波音公司是世界民航飞机制造业中的“大哥大”，垄断了全球商用飞机市场的65%。然而，波音公司不仅创造了举世瞩目的业绩，同样也历经过披荆斩棘的挫折。20世纪60年代末，波音公司因为机构庞大而出现了运转失灵的状况，公司面临严峻的市场考验，受命于危难之际的董事长威尔森发起了企业的危机改革，被称作“威尔森五招”的五项措施在波音的变革中成效显著，使波音公司顺利地渡过难关，摆脱了窘境。

第一招：精兵简政。威尔森上任后从庞大的公司办事机构中调出1800名技术管理人员，将他们安排到生产第一线，大规模裁减雇员，此招立即见效，大大提高了办事效率和劳动生产率。

第二招：以新取胜。不断研制和更新产品，缩短研发时间和生产的周期，抢占先机，争取市场，坚持走在同行业的前面。

第三招：创一流质量。对于飞机制造业来说，质量意味着生命。公司一位副总裁说：“完全杜绝人为的错误实际上是难以办到的。制定清楚的操作管理秩序，发现错误马上改正，这是波音的传统。”

第四招：采取灵活应变的制胜营销策略。1984年，波音公司和西欧空中客车为了非洲的订单争得不亦乐乎。然而，波音公司及时抓住空中客车经营程序手续复杂、时间长的弱点，弥补了其不足，从而赢得了市场。

第五招：售后服务完善。只要顾客需要，维修人员便会以最快速度到世界任何地方。波音的不少买主感叹道：“我们在星期一下午对波音公司说需要一个零件，那么，星期二上午我们准能得到它。这就是波音取胜的关键。”因此，紧缩型战略只要应用得当，也一样可以扭转企业局势，让企业重新焕发生机。

毋庸置疑，波音公司的企业文化管理与企业战略文化值得所有企业学习，任何处在挫折转型期的企业，都一定要认真地分析企业战略文化，讲究时效性和准确性，让文化意识深入到人心，增强员工的执行力，从而渡过危机。

三、企业文化管理与企业战略文化管控

企业文化管理与企业战略管理有何联系？企业文化管理是一门新兴的学科，随着中国市场经济的发展，越来越需要文化管理的交叉与融合。为了企业的持续发展，企业文化管理与战略文化越来越显示出独特的重要性。一直以来，人类从未停止对文化管理的研究，但真正地将文化管理战略运用到企业中的时间并不很长，因此，我们可以说文化管理是企业文化的衍生，战略管理是企业发展的动力。随着企业管理学、组织行为学与文化学的不断发展，管理专家提出了“企业管理”的概念。企业文化管理在企业的运营中发挥着调节功能，而作为派生物的企业战略文化在一定程度上为实现企业的目标起到了推动优化的作用。战略文化管理在一定程度上拓展了企业管理，两者相辅相成，共同为企业的可持续性发展发挥重要的指导性作用。

目前，很多企业对企业文化管理与企业战略管理的关系缺乏明确的认识，认为这两者在企业的发展过程中没有起到多大的实质性作用，很多企业甚至认为企业的发展跟企业文化的管理之间没有多大的内在联系。其实不然，任何一个企业的发展都离不开深厚的文化底蕴，把企业文化管理与企业战略管理巧妙地结合起来，共同发挥作用，才能真正显示企业独特的内涵，创造持续发展的传奇。

那么，企业文化如何引领企业战略呢？战略文化管理的成功主要取决于组织能量的发挥。企业团队的整体目标的建立，直接取决于企业员工与管理者在企业发展前景上是否达成一致目标，共同规划好企业愿景，为实现企业目标勾勒好蓝图。

企业未来的目标方向将指示我们该做什么，在什么时候达成什么样的具体目标。一个明确的目标的建立，是对企业的一次庄严的承诺，是实现企业目标的重要保障。因此，目标的建立应该具备以下特征：

（1）鼓励员工保持高昂的激情，调动员工的工作积极性，让员工为实现目标而不懈努力。索尼在 20 世纪 50 年代还是一家很小的企业，但却有

坚定的信念及宏伟的愿景，立志“成为最知名的企业，改变日本产品在世界上的劣质形象”。这一目标得到企业股东和员工的一致赞同。企业需要建立不同阶段的战略目标，规划不同时期的战略方案，如果一个企业没有长期或者短期的规划目标，那么，战略文化管理很容易在企业杂乱的项目里被忽视，甚至被取消。文化战略目标的建立足以让员工充满了兴奋感和幸福感。然而，在实施的过程中由于困难的不断出现，这种幸福感被一点一点地消磨殆尽，甚至最终让员工失望。因此，企业的发展需要持之以恒的耐力和坚强的意志力，树立坚实的目标，发挥团队精神，逐步实现企业战略文化。

（2）塑造企业核心价值观。价值观是企业战略文化的基本准则，是一个企业对内部和外部的各种事情的价值取向，更是一个企业进行决策和确定方向的指导方针。核心价值观是一个企业的灵魂，也是一个企业真正的价值所在。因此，企业应该建设战略文化，塑造企业核心价值观，真正实现企业与员工的价值。

一个成功的企业一定有其独特的文化创意和战略文化。因此，有价值的管理文化对企业的发展起着决定性的作用，能引导企业走向成功。然而，企业文化的建立并不是一朝一夕的事情，而需要一个漫长的过程。不仅需要企业员工的价值导向、智力支持、精神动力，还需要舆论引导和文化支撑，更需要人力资源管理与员工之间的相互协调。因此，创新企业战略文化，并相应地制定缜密的战略框架，才能帮助企业体现价值。

（3）体现员工业绩价值。想要在短期内建设卓有成效的战略文化，就需要每个人去实践和努力，共同体现价值观，因此，团队的协助尤为重要，领导者也是企业的引领者，必须具有敏锐的洞察力，观察每个员工的特长和缺点，努力让员工各司其职，真正地把特长用在企业发展上，最终体现员工的价值，形成优势文化和强势力量。最终体现员工价值的还是业绩，所以，企业一定要有意识地向全体员工表明战略管理文化是如何体现自我价值的，真正让员工心悦诚服。

（4）应对企业发展的潜在风险。无论企业处于开拓期还是转型期，战略文化的实行都具有一定潜在的风险，因此，需要对企业战略文化做好各方面的评估，为变革可能带来的风险做好应对方案。

（5）树立正确的企业战略文化思想。一个企业的共同价值和精神内涵体现在其文化上，有着强烈的向心力和持久力，并对员工有着无形的凝聚力和约束力，因此，正确乐观、积极向上的企业文化战略思想对企业文化的形成具有重要的指导意义。随着现代经济的发展，树立企业目标，振奋团队意识，将会成为中国企业文化战略思想的主旋律。

（6）企业文化战略模式的建立。由于企业所处的环境、发展阶段以及企业员工的文化素质都各不相同，因此，企业文化的战略模式也有所差别。战略文化模式四种类型：先导型，即全力以赴追求企业文化的革新和发展，如抢先型、改革型、风险型的战略模式；探索型，即企业团队敢于开拓、创新，建立独树一帜的意志力；稳定型，即按照企业的发展模式，有条不紊地发展经济；多元型，即建立多元化的战略模式。

提升企业战略对企业文化发展的作用有哪些？战略发展是衡量一个企业效益的重要标志，企业战略目标的确立，需要管理者与员工共同参与，但在实现企业战略目标过程中出现各种技术问题和管理问题时，就需要精神动力和文化的熏陶，这就是企业文化战略模式。确立这一模式即在企业的发展过程中逐渐形成独特的文化氛围，为企业持续发展提供重要保障。一个优秀的企业一定要建立一个有目标的企业文化战略，随着企业的发展，逐渐形成一种文化现象，一种良好的文化风气。因此，对企业战略的研究，必须把塑造企业文化和提升企业战略全面结合起来，使二者相辅相成。世界500强企业的发展也同样受到多种因素的影响，但关键都在于以文化力取得胜利。这是中国乃至整个世界不可否认的事实。在当今激烈的市场环境下，企业想要持续发展，必须重视企业文化的发展建设，发挥企业文化的重要作用。企业战略在企业文化管理中的作用主要表现在以下几个方面。

（1）对企业文化的形成起着决定性作用。任何一个企业的企业文化都是由企业自身的独特魅力发展而来的，而企业战略主要由企业本身的性质所决定，所以，企业战略的制定在一定程度上决定了企业文化的发展方向。换句话说，就是一个企业的文化战略模式，决定了其企业文化的发展方向。因此，企业战略对企业文化的形成有着决定性的作用。

（2）对企业文化的形成起着推进作用。企业战略在企业文化战略中发挥着重要作用，决定了企业文化能否成功实施。企业战略能引导全体员工正确认识企业文化；企业文化有助于减少员工对企业的不良情绪；能激发员工的工作积极性和主动性等，企业战略对企业文化的发展起到一定的积极作用。

（3）对企业文化的变革起着突破作用。为了更好地提升企业的文化氛围，提高企业的社会竞争力保证其持续发展，企业战略往往会对企业原有的文化进行变革，并对企业战略文化的制定起着推进作用。因此，在企业文化的发展中，企业战略对企业的发展发挥着积极的影响力。换言之，企业文化战略与企业文化管理相辅相成、相互影响，两者各自发挥独特的优势，互利互惠，对企业未来的发展产生巨大的突破作用，从而实现企业的可持续发展。

总之，企业需要文化的支撑，文化引导企业未来的发展方向，而企业战略是企业文化发展的核心。因此，企业发展成败的关键是企业战略的制定和实行，用文化来管理企业，真正实现企业的绿色发展。

四、企业的文化管理与企业战略文化之案例评析

联想集团成立于 1984 年，当时仅有 20 万元运营经费、11 名科技人员，发展到今天成为一家多元化的大型信息化企业集团。2002 年第二季度，联想台式电脑销售量首次进入全球前五名，创造了销售奇迹。

联想的区域发展平台覆盖中国各大城市，包括北京、香港、上海、深圳、惠阳、沈阳、武汉、西安、成都等；办事处分布在哈尔滨、济南、南京、杭州、广州、郑州、重庆、昆明、乌鲁木齐、长春、兰州、南昌和南宁等地；在国外设有欧洲区、美洲区，包括美国、英国、荷兰、法国、德国、西班牙、奥地利、墨西哥等多家子公司。联想已经在中国各地建立市场，在北上广建立现代化的生产基地，生产台式电脑、服务器、笔记本电脑、打印机、掌上电脑、主机板、移动存储设备、外设等产品。在 2002 年《财富》杂志公布的中国上市企业百强中排名，联想集团位列第六。

联想强大的电脑市场，让联想的发展取得了巨大进步。2009 年联想开拓手机市场，在国产手机销售榜上稳居前三。联想的成功在国内外掀起了“联想效应”。一时间，联想成为国内电子产业的佼佼者，成为国人的脸面象征，大家抢着买国货，国外有 iPhone，国内有联想的乐 Phone。不知不觉，联想从一个不为人知晓的品牌，变成了民族的象征品牌。在各大商

场、各大互联网电子产品市场中，联想的销量一直居于前列。不仅成就了联想的辉煌，也成就了消费者，成就了一个民族品牌。

那么，联想集团为什么能取得如此成绩？联想的哪些战略让它居于同行前列？联想的运营模式又有哪些？联想的成功绝非偶然，IBM 的 PC 业务被联想收购后，二者很快融为一体。柳传志曾说："一个企业的战略强不强，关键在企业文化。"而联想一直这样要求自己。不管是在收购 IBM 之前，还是收购融合之后，联想一直保持着其独特的企业文化，这种企业文化的动力来源主要是联想创始人柳传志给联想制定的宏大愿景：联想在未来一定要成为一家真正的世界级企业，成为一家伟大的企业。这个愿景的确定让员工充满了斗志，并一直激励着联想的中国员工们。

其实，联想在创业之初并不没有形成企业文化，而只有"生存文化"。随着收购 IBM 的 PC 业务，企业运营不断发展壮大，并成立 PC 事业部，该部门的主要人员是以杨元庆为首的一批年轻人，从此，联想文化从"生存文化"过渡到"严格文化"，主要理念强调"认真、严格、主动、高效"这四个词。2000 年，联想公司又提出"亲情文化"的战略模式，提倡"平等、信任、欣赏、亲情"等文化理念。用柳传志的话说，联想需要制造"湿润"的空气。

联想在新员工与老员工的交接和组织过程中，提出亲情文化对企业建设的重要性，用亲情文化来提高员工的满意度，这种文化模式非常适合联想的战略转型。企业的发展不仅需要经济效益，还需要企业的文化氛围，需要"微笑"的轻松环境。联想通过文化引导企业员工的思维，提倡员工的自主性，以企业的影响力来服务客户，让客户满意。联想在 20 多年的发展过程中，逐渐摸索创新，从而形成了自己的品牌文化。

联想文化的发展并不是单一的文化战略，而是多元文化的融合，集合了中西方文化的精髓，制定了自己的文化策划方案和品牌运营模式。联想很重视企业文化战略的策划，制定企业目标并为之奋斗，企业文化战略策划给员工以明确的量化目标，作为一种激励模式，培育了浓厚的企业文化，加强了团队的协作和团结力，这种文化战略策划被称作"斯巴达克斯方阵"模式。

当年众多的信息技术企业，由于缺乏文化管理而成为联想的手下败将。联想从成立之初，就一直以东方爱的家庭文化来管理企业，把经销商当成家庭中的一员，注重对员工德行的培养，强调“事为先，人为重”的理念；并购前，所有的新员工都接受了这一文化的熏陶。以柳传志为首的联想高层都非常注重与基层员工的文化交流，企业不断营造家的温暖感觉，联想的每个员工都以热情的心态投入每天的工作。联想也从未停止文化学习，这种不断创新、不断发展、不断给企业建立策划战略方案并一步步努力实施，最终形成无坚不摧、根深蒂固的战略模式。文化改变了联想的命运，铸造了联想的金字塔，也让其他的企业越来越重视企业文化。

联想的成功让企业感受到文化管理在企业发展中的重要性，这种亲情化、制度化、体系化的文化战略，让文化第一次被企业所重视。从联想的发展历史看，用文化管理企业是企业持续发展的动力，是一个企业通往成功的关键。

一个人要想成功，需要给自己制定详细的方案和长远的目标，并为实现目标而努力奋斗，才能取得成功。一个企业要想成功也同样需要制定长远的目标，需要制定科学的策划方案，才能让企业为世界所瞩目。

无论是企业收购还是自主发展，当企业文化与战略冲突时，必然会造成企业的混乱。企业在发展的过程中一定要策划正确的企业文化，并不断调整战略，让策划与战略高度匹配。联想在收购前的文化模式一直处于激励和发展状态。联想收购后的企业战略就与原有的企业文化不一致，如果不能建立适合新战略的文化，企业的战略实施就会遭遇困难，甚至是走错方向，最终不能实现企业的战略目标。

第二节　企业的文化管理与决策管理

文化管理指在“以人为本”的基础上，通过培养共同的价值观、行为规范以形成具有特定形式的企业文化，在系统内部营造特定的文化氛围，从而使全体成员成为“企业人”，并能够自动融入系统，打造鼓励积极创造的工作环境，变被动管理为自我约束，最大程度地共享价值观念，进而实现全面发展并提升文化管理模式。文化管理最核心的价值追求是塑造人的角色。

企业的决策管理是对企业生产经营的决策过程进行管理的活动，包括确立决策目标、准备多项决策方案以及执行最优决策的方案。

一、企业的文化管理与决策思维

世界管理大师彼德·德鲁克指出："每当你看见一个成功的企业，必定是有人做出过勇敢的决策。"这句话告诉我们，企业经营的关键不仅是价值观念问题，更是人的积极性问题。可见，文化管理与决策管理的重要性。

企业文化从管理学的角度产生，在特定的条件下形成。从1769年英国的阿克赖特在诺丁汉创办全球第一家企业以来，企业文化就应运而生。但企业文化的概念产生于20世纪80年代。1980年企业文化管理理论在美国诞生，从此进入企业文化管理阶段。企业文化是企业群体共有的行为哲学，以社会文化、地方文化、民族文化为基础，在企业创造企业文化的过程中，文化也同时在塑造着企业。

企业的文化管理指在企业文化的引领下，对企业这一经济组织的战略、人力资源、文化内涵以及生产、经营、营销等经营意识、管理线条和模块进行梳理、无形管理和提升的一种模式。企业文化管理包括企业文化建设，重点在"管理"上，基于管理学、组织行为学，重执行轻宣传，是更高层次的系统管理和核心管理。企业文化管理的本质是企业个性的管理。

企业文化是企业特有的文化，它孕育了企业。优秀的企业文化的内容是不断积累、更新的。它能为员工营造积极良好的工作氛围，把企业目标与个人奋斗目标很好地结合在一起，最大程度地实现员工的社会价值和个人价值，从而提高企业的绩效和文化特性。

企业文化管理的特点如下：

一是企业的文化管理具有导向性。企业文化是不断发展变化的。在发展过程中，企业的文化管理要结合企业的根本宗旨和目标，使企业员工的行为方向与管理者希望的发展方向尽可能一致，树立员工奋斗的共同理想，从而使企业的文化管理能充分实施。

二是企业的文化管理具有群体性。企业在全世界范围内的文化管理具有群体性。同一地域的企业，其文化具有共同性。由于政治、经济、文化（包括宗教信仰、传统、生活习俗）方面的不同，不同的国家、地区、社区具有不同的群体性特征。

三是企业的文化管理具有个体性。不同的企业可能在地域、法律形式、产业、组织机构、行业、组织形式上具有共同性，但每个企业都有与众不同的文化，不同的企业以不同的方式创造着不同的文化。因此，企业文化也是一种个性文化。

四是企业的文化管理具有动态性。由于企业不断前进，不断创新，因此在文化管理上具有动态性。企业间的竞争不仅是质量、价格、业绩、技术和服务方面的竞争，更是文化的竞争。企业文化存在动态性因素的必然性，对企业文化进行动态性管理，可以促成员工价值观念的转变。

五是企业的文化管理具有凝聚性。企业在文化管理的过程中，除了追求利润，还要具备超越利益得失的价值观，这样的企业才能够凝聚、团结员工的心，使全体员工通过文化的感情诉求实现自身价值，时刻感受到企业如家和企业文化的存在，感受到这项事业的价值和意义。

六是企业的文化管理具有激励性。人是企业最核心的资源，对员工进行有效激励至关重要。企业文化管理主要是从人的自我实现需求（包括感情和事业）、精神需求、自尊需求等方面对员工进行激励，这是现在很多企业能留住人才的绝招。

企业的文化管理的功能如下：

一是企业的文化管理能使资源得到很好的整合。企业的文化管理在形成经营理念的同时也形成一种企业哲学，资源整合是企业的日常经营管理和企业战略调整的手段。优化资源配置、整合企业的物质资源和精神资源的过程是极其重要的。

二是企业的文化管理能使团队精神得到很好的塑造。良好的企业文化管理能使员工的精神风貌、作风、敬业精神都得到很好的影响和塑造。这就加强了员工之间的一致性和互相协作能力，从而增强团队精神，进而增强企业的竞争力。

三是企业的文化管理能使品牌战略得到很好的延伸。企业品牌战略是市场经济竞争的产物，是企业为获取价值和差别利润的经营战略。优秀的企业把品牌作为核心竞争力，打造企业的核心专长。在文化的支撑下，发挥出品牌的威力。

那么，企业文化管理的重要性又是什么？现在的诸多企业还未真正重视以组织变革为核心的文化管理，而是一直热衷于企业文化的“面子工程”。很多企业把企业文化管理与企业文化建设混淆，给企业文化的有效管理带来了诸多不便。

调查显示，从2005年到2007年，在中国企业中，仅有不到1/4的企业的员工能够在日常工作中经常以企业文化管理的理念来指导和规范自己的行为，大部分企业的员工认为“工作这么忙，大家根本不管文化的事情，工作听领导的就是了”。

更多人对企业文化管理的态度依然是“说起来重要，做起来次要，忙起来不要”。还有部分企业文化的工作依然是“认认真真搞形式，扎扎实实走过场”，这种“换汤不换药”走过场的形式主义否定了企业和企业文化部门、企业文化工作者的工作价值。

由此可见，把企业宗旨所体现的原则应用于每天的日常工作和生活中，使行为和相互影响的文化模式能够得以发展。在企业文化管理中，企业的文化宗旨真正成为管理制度的中心，从而提高劳动生产率。

企业文化究竟要实行怎样的管理模式才能促进企业的有序发展呢？一种是一元型文化管理模式。这种文化管理模式不需要企业成员在行为方式和品牌管理上达到高度一致，而是依据不同区域文化和项目的要求灵活掌握，达到文化管理内容和方式的统一。其特点是业务较为单一，适用于母子公司；另一种是多元型文化管理模式。这种文化管理模式注重共同价值观的管理，以规范的文化传播渠道和固定的方式，严格遵守文化要求，强调对文化的认同。一般适用于多元化战略的集团公司，尤其是跨行业或产业组成的集团公司。

又有哪些企业管理方法能适应企业文化的改革？

一是企业管理者要加深对企业文化的理解与认识。企业文化不仅指对企业的外在形象的设计，还指企业内在的影响力。要将表层活动、企业文化核心等企业精神渗透到企业员工的思维里、生活工作和行为习惯中，使其真正深入到企业的经营活动中。

二是积极开展企业文体活动。在注重企业经济效益的同时，要积极开展企业文体活动，这样才能加强员工的相互了解，同时使员工在企业中找到归属感。这也为企业的持续发展提供了文化支持，使企业文化得以持续协调发展。

三是引进新的管理理念和管理模式。在企业管理中，不要一味模仿其他企业的文化，要把外来先进的文化吸收进来，予以选择、淘汰、消化，加强创新精神，真正做到有机结合，形成自己的文化特色，从而引导员工的行为朝着有利于实现企业目标的方向发展。

企业文化管理有很多种方式、方法，对于一个完善的文化企业而言，管理的具体措施主要是权威宣讲，使企业文化的标语深入人心。用若干时间宣讲公司的价值观念，而不必把企业文化的核心观念写成标语张贴于显要位置，就能巧妙地使公司的核心价值观念渗透到经营管理中去。

此外，还可以挑选先进典型以树立形象化规范。从员工中选出“优秀员工”或“典型员工”，用他们的敬业精神树立一种形象化的观念标志和行为规范。把难以描述的精神转化为具体形象，使员工充分理解公司的价值观念，从而树立积极心态。

还可以外出参观学习以引进新文化。外出参观是向别人学习的过程，通过发现企业自身的不足以改进工作。引进新的技术势必会带来些新的文化，新文化与旧文化融合就形成全新的独特的文化形式，从而成为企业制度及企业文化的一部分。

不定期地让员工做互评和思想总结；使员工按照企业文化的内容和要求审视自己的行为，进行自我评判和思想总结，并当众评价同事的工作状态，以找出弊端，达到优化工作状态、不断总结自身不足并努力地把企业文化的核心价值理念贯穿于工作的方方面面的目的。

总之，通过企业文化的导向，恰当处理文化管理和经济效益的关系。把企业的价值观深入渗透到企业的生产、经营、管理中去，在员工之间形成体现企业价值观的行为准则和规范，最终提高企业的经济效益，为企业在市场竞争中的发展提供动力源，从而增强企业的实力。

决策思维要能让企业灵活运营。优秀的企业能长期在市场竞争中取得成功，不仅要凭借高质量的产品和服务，还要依靠高质量的管理决策。如何变革决策管理，如何提高决策效率，如何做出有效的决策，成为领导效率、管理效率乃至业务成功的核心。因此，对于提升决策和总体效率，高质量的管理决策尤为重要，企业的决策思维在商业战略战术中决不容小觑。管理就是决策。曾任 IBM 副总裁的华人王嘉陵女士认为“决策就是资源的分配”。她认为决策是具有长远影响力的决定，是向着同一个目标迈进的一系列的决定，一系列的资源分配。企业的决策思维是思维主体（包括个人或集团）分析、综合、判断、预见和决策的思维过程，是为了达到企业长远良性发展的目标，采用的科学方法、工具和手段，通过分析比较从若干可供选择的方案中选择令人满意的最优方案来分配人力、物力、财力的过程。

企业的决策思维决定着企业的发展方向和发展策略。企业的决策思维是管理者识别并解决问题的过程，或者说利用机会的过程，是设定企业发展计策和办法的途径，目的是达到知识技术密集、物质资源消耗少、成长潜力大、综合效益好的效果。企业的决策思维具有如下特点：

一是系统性。企业的决策思维作为一个由诸多要素结合而成的有机整体，由全局性的共同因素引起，具有其部分在孤立状态下所没有的整体特性。这种有机整体以同样的方式对各部分发挥作用和产生影响。

二是预见性。企业的决策思维能对企业的未来走向和发展进行预测，可谓“抓当前，想长远，见事早，反应快，走一步，看两步”。企业决策思维的预见性的强弱往往能决定企业的成功与否。预见性的认知对企业的发展是极其重要的。

三是战略性。企业的决策思维是总的制胜概念，谋划的是关系企业全局的、根本性的、长远的重大问题。对企业的全局和长远发展具有重大引领带动作用，在总体上能够起到重要作用。

四是创造性。企业的决策思维能产生新奇独特的、有社会价值、实用价值和审美价值的产品。富于创造性是企业文化管理创新的必然要求，创造性地进行新的实践和探索，别出心裁地做出其他企业未曾做过的决策。

企业的决策思维由以上四个特点构成，这些特点一般也遵循以下四种原则来辅助企业管理：

一是企业的决策思维应遵循整体性原则。整体性原则要求把决策对象视为一个系统，以整体系统的总目标来协调各个分系统的相互关系，以达到系统整体的完整、优化和平衡。需要注意的是，在决策时要将各个分系统的特性放到大系统的整体中去权衡。

二是企业的决策思维应遵循时代性原则。企业的决策思维要想始终保持生命力，就要随着时代而发展，不断优化以反映时代的特征。时代是一个客观的历史进程，是一定时期经济、政治、文化等状况的总和。任何思想理论都必须与时代发展的进程相一致。

三是企业的决策思维应遵循科学性原则。企业的决策思维要以事实和规律为根据和基础，进行价值判断，全面、客观地把握信息，这样才能增强企业的吸引力和感染力，激发员工的心理期望和动机，使其充实思想，规范行为，从而达到发展自我、壮大企业的目的。

四是企业的决策思维应遵循辩证性原则。企业的决策思维要求企业管理者以动态发展的眼光观察和分析问题以及做决策。

管理者要以变化发展的视角，通过概念、判断、推理等思维形式对企业的客观辩证发展过程进行正确理解，从变化的各个方面的相互联系中进行思考和考察。

企业的决策思维过程是一个复杂的分析、逻辑和抉择的过程，只有将思维的各个阶段进行具体分工和相互联系，才能保证决策的有效性。决策思维过程具体包括三个阶段：

一是分析阶段——确认企业在决策思维中需要解决的问题。在企业的决策思维过程中，分析阶段决定了对问题的了解程度。问题不仅限于表面的，更有潜伏在深处的。决策群体应该有全局意识，对问题进行原因分析，放开思维，透过现象看本质，找到其本质根源，以便系统性地解决实质性问题。这是企业的生存战略。

二是逻辑阶段——收集整理企业决策思维所需要的信息。决策关系着企业的生存与发展，要使决策做到深刻有效，收集企业在决策思维中需要的信息便必不可少。信息是决策的基本依据。把前期分析的要素收集整理后做轻重缓急的标记，理清各要素之间的逻辑关系。准确、充分、及时地掌握相关信息和相关情况能提高决策分析的质量。这是企业的发展战略。

三是抉择阶段——制定企业在决策思维中的解决方案。企业的决策群体要在好的方法的指引下，开动脑筋分析、研究已有资料，发掘问题存在的根源，综合分析后提出和甄选可以预测未来的若干方案。快速有效地找到深度解决问题的办法，选择实施解决问题的行动计划和步骤。尽快行动，分析其可行性，选出最佳方案，进行最终决策。这是企业的机遇战略。

由于西方和中国在传统思想、历史文化、宗教信仰、地理环境、价值观念、文化特征、生活方式、精神文化、意识结构等方面存在差异，因而在企业的战略管理决策目标、决策手段、决策者作用、决策结果的权变程度上存在两种不同的思维模式。

西式企业的决策思维模式的文化特征是人文主义、个人本位，是个别到整体的合成关系。在人与自然的关系上，西方文化认为天人处于对立的斗争状态，即人应该征服、控制自然，由此衍生出理智、抽象思维和科技。西方管理哲学将人视为理性人，因此，西方企业比较重理性、思辩，理性思维方式较为系统、连贯。西方企业的决策思维注重观察、实践和细节分析，他们以自我利益为动机，趋利避害，注重个人能力的发挥，关注主客体关系及事物的发展变化。尊重个人尊严和价值，尊重“优胜劣汰”的规律，承认个人的努力和成就，使决策思维模式呈多元化，讲功利、时效、科学、有效，善于算经济账，具有巨大的行动力和优势。

中式企业的决策思维模式具有东方民族典型的文化特征，讲伦理、道德，家庭本位，是整体到个别的析出关系。中华文化注重协调人与人、人与物乃至人与自然之间的关系，决策目标强调达到“天人合一”的和谐境界，认为决策效果与决策者个人的素质有很大的关系，是人与自然共呼吸的和谐状态。中式的管理哲学的各种范畴是通过向内思维得到的。重经验、直觉和整体综合，从整体出发的综合观占突出地位。善于将各种现有经验和现象融会贯通，而这种整体综合观在考察事物时，通常忽略细节和成分分析，往往提供的是关于对象整体的模糊图景。

我国企业传统的决策思维模式是谁的职位高，就由谁做决策，重视政治影响。这种家族意识过强的文化模式，忽略了个人自由的发展，以个人对群体负责为主。然而，任何决策都有其弊端，那么，在企业决策思维中又可能存在哪些问题呢？

现在，很多企业在管理决策时会出现一种现象：一拍脑袋决定了，一拍胸脯保证了，一拍屁股完蛋了。大部分企业管理者在决策过程中忙于找政策，找贷款，找关系。以吃饭、洗桑拿、送红包的思维模式去办事。长久来看，要想成长为国际知名的大企业，与其他优秀企业抗衡，就必须努力提高决策群体的自身素质和企业的技术创新能力、管理能力，将企业的核心业务转向品牌经营、资产重组、产权经营等领域。

二、企业的文化管理与微观决策

在市场经济条件下，企业时时刻刻面临着激烈的市场竞争。市场对企业产品的需求决定了企业发展的规模和成长性。企业每天都要做重要的经营决策，任何新的、不正确的资本运营都有可能给企业带来变动。

因此，不仅要聚焦于企业高级主管们关于企业重组、并购和战略制定的重大决策，从微观视角研究企业决策对企业文化管理行为的影响因素也是很有必要的。通过认识这些微观影响因素的双向作用机理，方便构建企业文化管理中微观决策的框架体系。这样才能使企业的经济效益在市场竞争中得到稳定提高。

企业的微观决策指企业决策群体从微观角度对局部的某一具体问题的决策，涉及的是比较具体的企业事务。例如，一线员工在与客户打交道的过程中所做出的细小决策，会对业务产生重大影响。企业的生产决策过程、产出目标影响能力与资源控制能力在很大程度上会受到微观决策的影响。

企业的微观决策主要以实现战略决策为既定目标，是宏观决策的延续、具体化和定量化。企业从微观角度进行决策能加深对宏观经济现象的理解。这些微观决策的作出方式，会决定执行力的强弱以及业务亏盈的情况。

企业微观决策的具体体现有哪些呢？微观决策具有哪些特点？企业的微观决策具有现实性。企业的微观决策是合乎客观必然的存在，综合联系着客观事物、现象及发展纵横的整体性质。它总是处于不断发展的过程中，是企业过去的“现实”变化发展的结果，又是决定企业未来走向的“现实”的原因。企业的微观决策具有具体性，具有明确规定的目标、措施以及很强的可操作性。没有容易引起误解的问题，不存在模棱两可的内容。这类决策易于执行、考核及控制，但缺少灵活性，它要求的明确标准和可预见性条件往往很难满足。企业的微观决策具有灵活性，能结合实际情况，找到最容易实现企业目标的具体形式、方法和步骤。企业的微观决策能把未来意外事件可能造成的不确定性损失降到最低，最大程度地考虑企业未来可能面临的问题。

企业在构建和实施微观决策时，要建立与决策流程的目标相一致的关键性衡量标准，从而对企业的未来发展趋势作出最基本的预测。在此过程中，要注意构成了宏观经济的重要微观基础，根据市场变化改进一些关键的微观决策，才能及时开发、研制新产品，进而大幅提高企业的业绩水平。

由于现代企业所处的体制环境不同，主流经济学中有关企业的微观决策不能完全适用于当下实际。因此，在与同类企业产生示范效应和攀比效应时，要迅速弥补并掌握资本营运的知识，有必要根据实际情况进行合适的调整。企业机制灵活才能适应市场变化，进而使企业资产保值、增值，从而提高企业的经济效益。

此外，要确立具有经济杠杆作用的资本营运微观决策并加以改进。由于企业家的智慧决定性地影响着企业的各项决策，从小处着手，对企业行为进行考察，从企业行为来评判个人决策者与企业之间的关系，评估决策者的表现，以控制企业的变量因素。企业在微观决策过程中，要注意提醒决策者不要遗漏任何关键的步骤或问题，要事无巨细地提出自己对问题的看法。

企业的文化管理与微观决策的关系是什么呢？

企业的微观决策与文化管理的关系用“一个钉子决定一个国家的存亡”来描述颇为贴切。西方有一则广为流传的民谣：“丢失一个钉子，坏了一只蹄铁；坏了一只蹄铁，折了一匹战马；折了一匹战马，伤了一位骑士；伤了一位骑士，输了一场战斗；输了一场战斗，亡了一个帝国。”很多看似微观的因素之间都存在着彼此关联的直接或间接的因果关系，很多看似风马牛不相及的事情恰恰是问题的根源所在、成败的真正原因。

在经济竞争、企业竞争中要独具慧眼，洞察出很多不易觉察甚至无法觉察的正在悄悄扇动着翅膀的“小蝴蝶”，这些企业内部的微小动作会在不同程度、不同水平上改变或影响企业的经济形势、产业格局和命运，应该及时被企业所洞察、所关注，从而发现外部机会，达到企业的文化管理期望值。

企业的微观决策看似只能决定企业的局部活动，但这些局部活动是作为总体活动的有机组成部分在企业的文化管理中出现的。企业战略的微观决策重视心理因素和微观因素，不具有很强的原则性，不会一经确定，就不能轻易更改。能够明确企业发展的具体方向，这样就可以避免高层之间由于意见向左而产生的相互抵触，大幅度降低企业的高层沟通成本，提高企业的文化管理水平。

三、企业的文化管理与宏观决策

诸葛亮曾说过："不谋万世者，不足谋一时；不谋全局者，不足谋一域。"他运用宏观决策，对当时错综复杂的政治、经济、军事形势进行分析，最终确立了"三分天下"的战略构想，后来成为刘备的立国之本。企业的文化管理亦如此，需要很好地掌握和运用宏观决策。

全球信息网络的建立，世界经济全球化、一体化进程的加快，对所有企业都产生了深刻的影响。消费方式和消费需求的多样化，使企业所处的环境更加充满不确定性，企业的文化管理要整体把握政治、经济、社会、文化、科技等方面的迅速发展状况，才能更好地做出宏观决策。

企业的宏观决策，指决策群体立足于未来，站在企业的整体视角，来判断行业的整体走向、竞争态势变化以及消费需求演变规律，以制定企业的发展定位、目标、竞争策略，结合自身资源做出具有前瞻性和战略性的思考及调整。企业的宏观决策需要把握和分析国内外政治、经济、军事、文化、社会、科技、贸易等方面的发展趋势。此外，还需要管理者具有战略头脑和战略思维，对企业自身的情况进行全面深入的缜密思考和洞察分析，进而对企业的发展趋势、远景和路径进行系统规划。

企业宏观决策要有全局性。企业的宏观决策根据社会发展的导向来确定企业的基本发展方向。以企业全局为对象，根据企业的总体发展状况决定企业的主体层面、基础层面以及企业发展态势的基本形式，从而实现企业自身的使命、战略和目标。

企业的宏观决策要有前瞻性。企业的宏观决策具有往远看、往前看的特性。以实际操作为准，挖掘企业的潜在可能性，注重把握决策对企业的影响和可发展性。通过加强对企业动态的理解，做出适合企业的预见性决策并用于企业体系。

企业的宏观决策要有系统性。企业的宏观决策把企业视为一个系统体系，以系统整体总目标的优化为准绳来协调各个分系统的目标，将分系统的特性放到总系统中去权衡，进而协调系统中各分系统的相互关系，使系统循序、连贯地达到完整和平衡。

企业的宏观决策要有指导性。企业的宏观决策能超前预见和清晰洞察企业的未来发展趋势，规定某些一般的方针和行动原则，指出重点，给予行动者以较大的自由处置权，但不把行动者限定在具体的目标上或特定的行动方案上。

在企业的宏观决策中，要综合概括企业内外部各方面的因素以及企业自身实力，锁定目标竞争对手的优劣势。根据企业总体发展目标，按轻重缓急的顺序分析企业的优劣势、机遇、威胁及影响程度。

管理大师福莱特说过："伟大的领导者需要伟大的素质——最精确、最敏锐的领悟力、想象力和洞察力，同时还有勇气和忠诚。"企业的领导者要有预测能力，着眼于未来。在宏观决策时要重点考虑优势因素，将思考与调查得出的各种因素具体化，努力抓住和放大机会，发挥企业优势。在宏观决策的过程中，防止局部、割裂、表面的决策，要重视企业的整体性、动态性、发展性。

企业在宏观决策分析过程中要将注意力放在外部环境的变化及对品牌差异性、运营模式、人力资源、创新能力、企业文化等具体化的软性因素对企业的可能影响上，而不是单纯地与竞争对手比较。只有企业具备超越竞争对手的能力，才能提高企业的盈利率和市场占有率，进而实现企业的持续发展。

关于企业的文化管理与宏观决策的关系，管理大师福莱特曾说过："我们所要面对的是一个时刻处于变化之中的环境，所以，做决策时必须对未来的发展做出预期。做出的决策如果仅仅适用于当前环境，一般都是二流人物的标志，领导者的任务正是对从眼前到未来的过渡能够做出卓越超凡的理解。"

20世纪70年代，美国气象学家洛伦兹提出了著名的蝴蝶效应理论。南美洲亚马孙河流域的热带雨林中的一只蝴蝶，偶尔扇动几下翅膀所引起的微弱气流，经过对地球大气环流系统的复杂作用和影响，可能两周后会在美国得克萨斯州引起一场龙卷风。这里用"蝴蝶效应"来说明企业的宏观决策与文化管理的关系。

随着当今全球互联网科技的迅猛发展，无论在政治、经济，还是文化上，都要提前制订具有潜力的管理方案和决策。在宏观决策上要时刻把握国家关系、政策变动、法律调整等显而易见的"大蝴蝶"，兼顾过去，立足当前，着眼未来。文化管理涉及企业的总体文化活动，所追求的是企业的总体效果。而宏观决策是掌握全局，进而做出具有优先战略发展地位的战略决策。

具体地说，企业的文化管理不是只注重企业某一事业部门或职能部门哪些事情不能干，哪些事情能干，而是通过对企业的综合分析，把对企业发展有直接、重要、紧急和长远影响的因素优先排列出来。

企业的宏观决策须深入剖析整个企业所处的行业环境、外部动态、内部资源、人力、财力资源等诸多方面，最终确定企业的发展方向和行动战略，从而做出关于企业未来发展的最理想、最积极的可选对策，通过制定企业的使命、目标和战略来协调企业各部门的表现，通过审视企业自身条件来解决企业的产品研发、宣传推广、资源安排等一系列的具体问题，进而提高企业的文化管理能力。

四、企业的文化管理与决策之案例评析

原香港特首董建华的父亲董浩云曾经是比包玉刚出道更早、名气更大的世界级华人船王。对经济趋势不同的判断和应对策略，使两个人的船王地位及家族命运发生了戏剧性的大变化。

20世纪80年代初，世界航运业盛极而衰，董浩云没有看清这一形势，他被繁荣的假象所迷惑，逆流而上，增加投资，大肆扩张船队，并向日本订造了世界上最大的超级油轮，以巩固他的世界船王的地位。而包玉刚则早在70年代便决定激流勇退，上岸分散经营，从而避免了灭顶之灾。1980年和1985年，包玉刚两次由女婿吴光正成功收购老牌英资“九龙仓”和英资“四大行”之一的“会德丰”，不仅创造了世界经济史上的商战经典，而且完成了战略性的大转移。

20世纪80年代以后，航运业出现了全球性的不景气，董氏家族陷入了几乎是全军覆没的困境，此时，董建华临危赴任，卧薪尝胆，经过长达八年的大手笔债务重组，在汇丰银行38亿港元贷款和霍英东11亿港币的援助下，董氏集团才起死回生，董建华也因此在香港商界名声大振。但是，经此重挫，董氏家族已元气大伤，董浩云与包玉刚的经济地位出现了极大的差距：包玉刚连年位居香港十大富豪之列，而董建华的身家“东方

海外”的总市值约24亿港元，只有包玉刚的一个零头了。

不同的决策思维带来不同的经济效益，企业是将自己的主要精力集中到附加价值高、自己拥有垄断优势的核心业务领域，还是在拓宽业务领域方面下工夫，将为企业发展带来巨大的差异和不同程度的影响。

第三章

文化管理在企业组织管理中的运用

第一节　企业的文化管理与人力资源管理

随着知识经济和全球经济一体化时代的到来，企业的文化管理理念深入人心，整合企业的文化管理与人力资源管理对提升企业竞争力，促进其长远发展起着重要的作用。通过人力资源管理制度的执行，使企业的文化管理得到有效贯彻；同时，通过企业文化管理的有效贯彻执行，极大地激发员工工作的积极性和创造性，有效提升人力资源运行效率，从而促进人力资源管理建设及企业的持续发展。企业的文化管理与人力资源管理既相互促进，又存在一些冲突。企业管理者要充分认识到这点，并在整合过程中发挥二者的相互促进作用，最终实现二者的协调发展。

一、企业的文化管理与人力资源整合

企业的竞争，归根结底是人力资源综合素质的竞争，管理者只有掌握并灵活运用人力资源，做到事得其人、人尽其才、人事相宜，企业才能获得长远发展。

那么，人力资源与人力资源管理的概念又是什么呢？

人力资源（Human Resource，简称 HR）又称为“劳动力资源”“劳动资源”，指在一定范围内能够推动社会和经济发展的、能够创造物质和精神财富的、具有劳动能力的人口总和。

人力资源管理（Human Resource Management，简称 HRM）是指将经济学与以人为本的理念相结合，充分利用科学管理的制度、法令、程序和方法，满足企业当前及未来发展的需求，并通过恰当诱导来控制和协调内部人际关系，充分发挥人的主观能动性，提高其积极性，以实现企业目标。人力资源管理在企业管理中发挥着重要作用，因为在企业中，人才是一切生产活动的载体和前提，企业想要快速发展，首先必须要拥有高素质的人才，同时更要会合理使用这些人才。

企业的文化管理与人力资源管理同为企业管理的重要内容，二者是相互渗透、互相促进的。在企业管理体系中，文化管理就是从文化的高度来管理企业，以文化为基础，管理的重点在于人的思想和观念。而人力资源管理的出发点和终极目标是以人本管理为基础的。通过文化管理，在企业内部营造一种健康和谐的文化氛围，整合企业的精神资源和物质资源，特别是人力资源，以促进企业目标的实现。以文化为基础的人力资源管理系统体系，其本质是一种以人为本的管理模式，通过对员工素质的培养，为企业发展提供重要的人力资源支持，使员工的身心能够融入系统，由被动管理变为自我约束，最大限度地激发员工的主观能动性、积极性和创造性，全面提高企业整体运营水平和核心竞争力。

企业的文化管理与人力资源管理在战略、制度、人力资本运营等方面都有契合之处，在实现企业发展过程中，二者有机地结合是企业提升管理水平和实现可持续发展的关键。二者的关系具体体现在以下几个方面：

其一，文化管理的“人性化”能够为人力资源管理起到良好的导向作用。众所周知，企业在长期的生产经营活动中受其成长历程、价值观念、管理者的个人魅力以及员工的个人素质等诸多因素影响，不断积累形成了具有自身特色的企业文化。而每个企业的人力资源管理也是企业所独有的，由于不同企业面对的环境差异巨大，因此，在工作的全过程中，企业制定的人力资源战略是不同的，员工的招募、录取、培训、使用、绩效、薪酬、升迁、调动、退休等管理活动均不相同。一个企业进行人力资源管理时，要立足于本企业的文化，且只有在该文化环境中制定人力资源管理的总体思路和规划，才能为企业创造价值，给企业带来效益。

其二，企业人力资源管理体系的不断完善，可以开发人的潜能，提升人的质量，为企业提供各类合格人才，这在一定程度上可以有效完善企业的文化管理体系，促进企业文化在各个环境的落实与完善。在此过程中，人力资源管理作为企业文化贯彻落实的中心环节，强调以人为本，力求管理方法的科学化、人性化，最大限度地激发人才的创造力，从而实现提升经营业绩的效果。众所周知，人力资源管理是以人为中心，即对人的管理。因此，在管理实践过程中，将企业的文化核心内容有效融入人力资源管理过程，使全体成员的身心能够融入系统，通过企业文化的熏陶，将组织的价值灌输到员工的思想意识中，增加其对企业价值观的认同，建设符合企业发展需求的团队。

其三，企业的文化管理与人力资源管理是相互依赖、相互促进、相辅相成的关系。文化管理的目的是提高员工的文化素质，使全体员工之间形成共同的价值观念、思维方式和行为方式，而完善的人力资源管理体系则通过科学管理的制度、法令、程序和方法等对企业员工的行为进行影响和约束。二者相互补充，在执行过程中相互辅助。企业的文化管理以人为本，尊重人才，爱护人才，激发人的热情和干劲，其有效执行有利于提高企业员工的创造力，进而提升人力资源管理的效率，而人力资源管理的有效贯彻执行也能够促进企业文化的创新。因此，只有将二者有效结合，协调发展，基于企业文化构建人力资源管理体系，实现员工价值观与思维方式和企业文化的协调发展，才能实现企业的长远、健康、可持续发展。

在企业管理实践中，企业的文化管理与企业人力资源管理之间也存在着一些冲突：

人员招聘标准与企业价值观之间的冲突。人员招聘即寻求人才，是企业进行人力资源管理的第一步，也是非常重要的一步。招聘的标准是企业在选聘人员时的主要依据，目前企业主要侧重学习经历、工作经历、工作经验、个人能力以及特别成就等方面的考核，却对应聘者的自身素质、人生观、价值观以及职业道德等方面缺乏重视，同时与企业文化相关的宣传亦非常少。因此，目前企业的人员招聘标准在一定程度上与企业的价值观不协调。

员工培训主要是为了让员工掌握最新的知识和技能，涉及企业文化的相关知识很少。企业传统的人力资源培训大多注重技能，即根据企业的实际需要组织培训，让员工掌握必要的知识技能，使其提高工作效率，最终提高企业的整体经济效益。这种培训方式往往只注重某项工作所需要的技能，而很少涉及企业自身的文化形态、相关的价值观念、思维模式和精神境界。因此，逐渐形成重技能技巧、轻文化学习的倾向。

这样很难将企业的文化要求融入绩效考核与绩效管理。企业的绩效考核就是运用科学合理的方法和考评标准，收集、分析、评价和传递企业员工在企业中的工作行为表现和工作结果方面的信息情况，并对其进行科学合理的评判和量值评判。绩效管理是建立在绩效考核的基础上的人力资源管理实践的最新发展。目前一些企业将员工的工作业绩作为考核的主要指标，而忽略了对员工的人生观、价值观、思维模式等方面的考核。因此，这种绩效管理无法围绕人本身的特性以及人所处的环境特性来进行，很难实现企业的“人性化”管理，难以发挥企业文化在人力资源管理中的重要作用。

企业的文化管理难以与人力资源激励机制有效结合。很多企业的文化管理与人力资源激励机制脱节，在实行激励机制时只是片面地强调与员工的雇佣与被雇佣的劳动关系，并不了解员工的真正需要。这些企业侧重物质激励，以此激发员工的工作热情和积极性，将员工视为获取经济利益的工具，认为金钱是人的能动性的源泉和动力，是激励员工的最佳途径。物质激励直接导致员工越来越依赖物质激励，对薪酬和绩效的公平公正性越来越重视，而企业则要在相关管理上投入更多精力，这样的恶性循环导致物质奖励成了维系企业与员工的唯一纽带，员工对企业缺乏情感，加大了员工流失的可能性。因此，企业在重视物质激励的同时不要忽视情感激励，将企业文化与人力资源激励机制相结合，对员工的各种需求予以不同程度的满足或限制，有效地激励员工，增加员工的认同感，增强企业的凝聚力。

企业的文化管理与人力资源管理是相辅相成的关系。企业文化直接影响甚至决定人力资源管理的理念、模式和制度的选择，而人力资源管理能体现企业文化的要求，同时又反作用于企业文化的形成、维持和发展，从而有利于企业文化的创新。

企业文化是企业管理者的经营理念，其本质是以人的全面发展为目标，管理人的思想，通过培养员工的共同价值观，增强其对企业价值观的认同。但是，要真正做到让企业文化体现员工的价值观并深入人心并不容易。企业的文化管理应该与人力资源管理密切结合，使企业文化所提供的企业价值标准、道德规范和行为准则渗透和贯穿于人力资源管理的始终，而人力资源管理也需要在特定的企业环境和文化环境氛围中实施，这也为企业培养高素质员工队伍创造了一个良好的环境和氛围。企业的文化管理与人力资源管理的融合可以从以下几方面出发：

第一，实现企业价值观念与人力资源管理人员招聘标准的有机结合。人力资源部门在发布招聘信息或在招聘过程中，要向应聘者传递本企业的文化，根据应聘者的个人特点及价值观念从中选择对本企业文化认同度较高的人员。这样可以筛选出符合本企业文化的员工，使他们可以尽快地融入企业团队。

第二，将企业的文化全面贯穿于企业培训之中。企业对员工除了进行传统的职业培训，还要进行企业文化方面的培训，让新员工了解本企业的文化，从而影响和改变员工的思想和行为，让员工在不经意间接受企业的价值观念，并逐渐地运用于具体工作行为。

第三，将企业文化融入员工绩效考核与绩效管理。企业在对员工进行绩效考核与绩效管理时，改变传统的单纯以业绩为主要考核指标的考核方法，建立健全考核体系，将企业价值观念内容作为考核指标的一部分，采取多元化考核标准。通过长期的量化考核，员工就会受到企业文化的熏陶并对其作出反应，不断地修正自己原有的价值观与思维方式，以此形成对员工行为的新规范。

第四，实现企业文化与沟通机制的有机结合，使员工在心中真正形成认同感。人力资源管理不但要处理技术性工作，还要把抽象的企业文化核心价值观融入管理活动的实践，特别要让“以人为本”的理念深入员工的内心，使员工真正认为自己属于该企业，增强员工对企业的认同感。企业只有不断完善企业文化与沟通机制的融合，才能挖掘员工的内在潜能，提升企业凝聚力，从而增强企业的整体竞争力，保持企业的优势地位和综合竞争力。

二、企业的文化管理与人才管理

随着社会主义市场经济体制的不断完善，企业逐渐认识到市场竞争的激烈和增强企业竞争力的重要性。人才兴则事业兴，人才强则企业强。激烈的市场竞争实际上是人才管理能力的竞争，需要管理者创造良好的内外部条件，充分开发人才的潜能，做到“人尽其才，才尽其用”。人才决定实力，决定事业的成败。一个企业要取得成功，一定要管理好人、用好人，只有这样才能在未来竞争的主战场上常胜不败。

在企业的人才管理中，既需要调动人才的内在因素，促进人才素质的不断提高和人才的可持续发展，也需要任用具有较高素质和实用技能的人才，把品德、知识、能力和业绩作为衡量人才的主要标准。人才管理是人才实力、人才效能、人才战略的重要影响因素，是人才开发的必要条件。那么，什么是人才和人才管理呢？

人才（Talent），指具有一定的专业知识或专业技能，能够胜任岗位能力要求，并对企业发展做出贡献的人，是人力资源中能力和素质较高的员工。

人才管理（Talent Management），指对影响人才发挥作用的内外部因素进行计划、组织、协调和控制的一系列活动。企业通过“人才配置”“激励”“培养”三个部分，来招募、发展和保留人才，实现企业人才管理，进而提高公司的业绩。人才配置就是将合适的人放到合适的岗位上；激励指为每个员工提供一种追求与达到目标的手段；培养指对人才进行教育、培训的过程。

企业的文化管理与人才管理同为企业管理的重要内容，二者是相互渗透、互相促进的。在企业管理体系中，文化管理是一种以人为本的文化，强调人的思想、道德、价值、行为规范在企业管理中的核心作用。简单来说，就是一个企业在长期经营过程中逐渐形成的带有本企业特征的经营哲学，生成企业全体员工共同认可和遵守的价值标准和行为准则。而人才管理的出发点和终极目标是充分发挥员工的价值，关注的核心是“人才”。通过文化管理，为企业创造良好的外部条件，调动人才的内在因素，提高人才的素质、能力，促进企业目标的实现。建设以文化为基础的人才管理系统体系，其本质是一种以人为本的管理模式，通过对人才的预测、规划、选拔、任用、考核、奖惩、流动等，为企业发展提供连续的人才供应。这是一项综合性的活动，也是一种高层次的活动。

企业的文化管理与人才管理在人事制度、人力战略等方面都有契合之处，在实现企业发展的过程中，二者有机的结合是企业提升管理水平和实现可持续发展的关键。二者的关系具体体现在以下几个方面：

其一，企业的文化管理在企业内部营造一种健康和谐的文化氛围，为人才管理创造了良好的外部条件。人才管理的重点在于充分开发人才的潜在能力，为企业持续提供人才。通过文化管理，在企业内部营造一个吸纳、留住和激励人才的良好环境，为企业人才搭建一个施展才能的舞台。一个企业进行人才管理时，要立足于本企业的文化，且只有在该文化环境中制定人才管理的总体思路和规划，才能为企业创造价值，给企业带来效益。

其二，企业的人才管理对企业文化的形成甚至转型起到了重要的推动作用。企业的人才管理，即对人才的利用，特别是对优秀人才的利用，对企业文化的形成至关重要。一个和谐的、优秀的、有战斗力的团队，自然会培育一种良好的、有目标导向功能的、有凝聚力的、有激励作用的团队精神，而以这种精神为主要内容的企业文化必定会是科学的、有利于企业可持续发展的。企业持续不断发展的动力来源于企业的不断转型，而科学的、优秀的企业文化是推动企业转型发展的重要动力。

除此之外，企业的文化管理与人才管理之间还存在着一定的冲突。人才管理强调的是对人才的关注，即为企业选择适合的人，从而保障企业战略实施过程中的人才供应的连续性。在吸引、聘用、安置、发展和保留人才过程中，管理者往往忽视企业文化的重要性，没有将企业的核心价值和商业理念整合到人才管理流程的各个环节中。一些企业在选拔人才的时候通常看重与岗位相关的技能和经验，但实际上专业资质并不能完全决定一个人的绩效和他在该岗位上能够做多久。只有将二者结合起来，在实践过程中不断总结和提高，不断完善和发展，最终才能实现组织目标。

对企业而言，与培养一个人的人格特性、价值观和行为准则相比，培养他的工作技能会较为容易，这就导致了企业的员工人数众多却绩效不高。而现有的教育体系不能有效解决人才供应的问题，企业必须从战略上做好长期应对人才短缺的准备。因此，企业要将企业文化视为可持续发展之源，将企业的文化整合到人才管理流程之中，从而保障高素质人才的可持续供应。

企业的文化管理应该与人才管理密切结合，以“人”和“人才”为出发点，培养优良的企业文化，促进企业员工施展才能，以有效管理保证人才的可持续供应。企业的文化管理与人才管理的融合可以从以下两个方面出发：

其一，以企业文化为基础建立良好的人事制度。企业的人事制度一定要公开化、程序化。这不仅能使员工明确前进方向，激发员工的积极性，更保证了人事决策民主，防止出现任人唯亲的现象。成功的企业要将企业文化整合到人事管理的各个环节中，将与本企业文化的匹配度纳入人才选择的标准，分析应聘者的个性和价值观，以判断应聘者能否与企业文化相融，从而为企业选出优秀的人才。在筛选应聘者时通常使用一些测评工具考察应聘者的价值观和信仰，以此作为筛选、面试、培训和培养员工的基础，来保障人才管理的实施。

其二，以企业文化为基础营造尊重人才、利于人才发展的环境。企业的人才管理要以企业文化为基础，以引进人才、培养人才、留住人才为目的，创建以人为本的人文环境，着力营造有利于人才成长和发展的企业环境。大力优化人才发展环境，尊重劳动、尊重人才、尊重创造，构建宽松、自由、民主、平等、公开、公正的人文环境，把优化人才发展环境与加强员工道德建设有机结合起来。

三、企业的文化管理与绩效管理

在当今这个竞争激烈的社会环境下，建立科学有效的绩效管理系统会大大提升企业的核心能力。每个企业的管理者都知道，对员工进行绩效考核，可以让员工充分了解自己的工作情况，对自己有一个正确的认识，从而促进员工做出有利于企业的行为，最终达成组织目标。

绩效（performance），是人们在管理活动中常用的概念之一，指员工在一定时期内所取得的工作成绩与成效，包括与组织目标相关的工作行为和可测量的工作结果，以及员工在未来可能取得的工作成效，体现了员工履行工作职责的程度，也反映了员工的工作能力。

绩效管理（corporate performance management，简称 CPM），指各级管理者和员工为了达到组织目标，通过持续开放的沟通、共同参与，就组织目标实现方式达成共识的过程，并促进员工做出有利于目标实现的一系列活动。它是由绩效计划制定、绩效考核评价、绩效反馈、绩效改进、绩效结果应用以及绩效目标提升等环节构成的持续不断的循环过程，其主要目的是持续提升组织和个人的绩效，实现组织与个人绩效的紧密融合。与绩效考核相比，绩效管理更侧重于信息交流与绩效提高，注重对员工能力的培养。

企业的文化管理与绩效管理同为企业管理的重要内容，二者之间是一种相辅相成的关系。企业的文化管理实质就是对企业的价值观的有效管理，是一种无形的管理方式，同时，又以文化为基础，以观念的形式，调控员工的行为，强调人的能动作用，管理的重点在于人的思想和观念。企业的文化管理是对企业的资源、能力和知识的有机整合，形成只符合企业自身特点的行为和心智系统，对绩效管理体系的实施运行起着一种无形的指导、影响作用。在实践中，企业的文化管理最终要通过绩效管理实现企业管理的绩效目标，实现从企业价值观到全体员工的集体观念的转变过程。企业需要把文化管理和绩效管理结合起来，确保个人的工作进展与企业目标方向保持长久的一致性，以增加实现目标的可能性，使企业的整体绩效不断地进步。

企业的文化内容较抽象，难以具体化，而绩效管理正好可以弥补这点，将企业的文化管理和绩效管理有机结合起来，能够使企业文化真正深入人心，强化企业的价值观，提高企业的核心竞争力，使企业在激烈的市场竞争中立于不败之地，最终实现可持续发展。二者的关系具体体现在以下几个方面：

其一，企业的文化是开展绩效考核的基础，是实施绩效管理的平台。企业的文化作为企业的软实力，可以增强企业的凝聚力和号召力，能够起到激励、协调和提升绩效的作用。所以，企业的文化贯穿于企业的绩效考核的整个过程，直接影响着员工的绩效。同时，由于企业的文化管理和绩效管理的目标都是为了实现组织的目标，这也使二者有着密不可分的关系。良好的企业绩效从根本上来说来源于企业的文化，企业的文化管理越好，企业的绩效就越高。将与企业相适应的文化和员工素质作为实施绩效管理的前提，建立高绩效的企业文化，实现企业和个人的优秀业绩。结合企业的内外部环境，基于员工导向的激励体制，从价值观、理念等方面塑造符合本企业特色的企业文化。

其二，绩效考核是实现企业的文化管理的助力，绩效管理是塑造企业文化的途径和手段。企业的文化管理作为一种无形的管理方式，是一种软性的投入，其实质是企业价值观的具体表现形式，是企业管理的灵魂所在，很难单从企业的文化管理的投入和产出上进行量化考评。在实际工作中，对员工的积极性、价值观等因素的考评只是一些模糊的描述，不易量化。在绩效管理中，绩效考核的原则是将不能量化的工作行为化，正好弥补文化管理的不足。管理者可以通过有效的考核方法，检验企业的文化是否适合本企业。绩效管理是一种以绩效为导向的管理思想，有效的绩效管理可加强管理者与员工的沟通，增强企业凝聚力。企业绩效管理体系的建立需要具有激励作用的工作气氛，以企业的文化为支持，提高员工素质和企业的经营业绩。绩效管理可以塑造符合自身实际的企业文化，并且，良好的企业文化氛围有利于绩效管理的顺利实施。

企业的文化管理具有长期性，基于企业的长远发展方向和愿景，运用文化力量完善企业的管理方法。而绩效管理相对企业的文化管理的整个过程而言，具有变化性和阶段性，根据本企业所处的不同发展阶段，做出适当的调整，以利于企业的发展，从而快速形成良好的企业文化。将二者结合起来，在实践过程中不断总结和提高，不断完善和发展，创建一种适合本企业发展的文化，将这种企业文化建设统一到员工的绩效上，最终实现组织目标。

企业的文化管理通过培养员工的价值观，使其身心能够融入企业，在实现企业价值最大化的同时，实现个人价值的最大化，而绩效管理则是对员工在工作中设定目标、跟踪目标和完成目标过程中表现出的个人能力进行衡量。在绩效管理过程中很难将企业的文化融入其中。一些企业往往重资历，轻能力，在绩效考核时不能对员工的素质、能力进行综合评价。这种做法不仅会使企业多数员工认为考核不公平，还忽略了企业文化在绩效管理中的重要作用，很难实现企业的“人性化”管理。

企业要构建以文化为基础的绩效管理体系。企业文化是一个企业的灵魂，一个企业如果没有指引方向的明灯，就无法获得牵引企业不断向前发展的动力。而绩效管理作为一种先进的管理手段，则是企业取胜的法宝。企业通过良好、合理、具有可执行性的绩效管理，可以加速企业的发展。

绩效管理的技术和制度是可以移植的，但这不能保证企业实施的绩效管理是成功的。当一个企业发现绩效管理存在问题时，首先要检讨自身是否具备了相应的企业文化。建立适合企业的企业文化，以此为基础，构建高效的绩效管理系统，这对企业提升竞争力起着关键作用。当企业形成独特的绩效文化后，管理方式会产生根本性的变化，即由传统的被动管理模式转变为员工自主管理的模式，这将有效地提高管理效益，降低管理成本。

企业的文化管理应该与绩效管理密切结合，使企业与员工之间形成一个有关工作目标和标准的契约，企业中每个部门、每个员工的绩效目标统一在企业的战略目标之下，共同遵守企业的管理理念、核心价值观、行为准则和行为模式。企业的文化管理与绩效管理的融合可以从以下几方面出发：

其一，制定以人为本的绩效考核方法。在考核标准的制定过程中，尽可能征求员工的意见，提高员工对考核的认知度，让考核真正深入人心。

这不仅保证了考核指标的明确、可行，还极大地调动了员工的积极性，增强了企业的向心力和凝聚力，有利于企业目标的实现。在考核实施的过程中，要贯彻以人为本的企业文化，使每一位员工能够得到公平的绩效考核，这可以起到很好的刺激作用，使得企业的业绩得到更好的提升。

其二，建立以绩效为导向的企业文化。一个企业的绩效管理体系要得到顺利实施和有效运行，必须建立符合本企业的绩效导向的企业文化。针对企业业绩管理制定可衡量指标和激励机制，让员工了解企业的真正需求，深刻理解和认同企业文化中的价值观、行为模式，将被动的管理模式变为“自我管理”的模式。这是一个漫长且艰辛的过程，管理者要坚持不懈地塑造以绩效为导向的企业文化，只有这样才能保证企业取得良好的经营绩效。

其三，建立无缝沟通的企业文化。沟通是绩效管理的灵魂，是整个绩效管理过程中的重要环节，包括绩效目标沟通、绩效辅导沟通、绩效反馈沟通和绩效改进沟通。在设定绩效目标时，管理者要与员工沟通，双方的目标才能达成一致；目标制定以后，管理者需要及时了解员工工作绩效目标执行情况，通过沟通帮助员工改进业绩，提升水平；考核结束后，管理者要把结果反馈给员工，与员工一起分析成功的原因和失败的教训；制定绩效改进方案，提出绩效改进目标，管理者与员工做好绩效改进沟通。

四、企业的文化管理与员工培训

随着经济的迅速发展，企业之间的竞争日趋激烈，要想在市场竞争中占一席之地并在未来市场竞争中保持长盛不衰，除了注重企业的文化管理外，还必须重视企业的员工培训。人是企业资源的核心，人才是企业的黄金资源，是企业的活力所在。现代企业之间的竞争已经变成人才之争。企业通过培训，培养优秀的人才，就能在未来的竞争中获得优势。企业利用各种培训手段提高员工的素质，不仅能够增强企业的凝聚力，还能更好地发挥企业文化在市场竞争中的作用。

培训（training），指组织为达到既定目标，提高员工的学习和工作能力，针对新员工或现有员工开展的有组织、有计划、有目的的培养和训练活动，向其传授完成本职工作或未来工作所必需的知识、技能以及态度。

从组织方面看，员工培训是最大限度地使员工个人素质与工作需求相匹配；从员工个人方面看，学习、训练可以提高员工自身的工作能力、知识水平和潜能的发挥，以达到员工自我实现的目标。

员工培训的目的有两个方面：一方面，通过培训使员工快速适应岗位要求，提高各方面的效率和效果；另一方面，通过培训使员工增长知识、提高能力、更新观念，促使其不断成长，为其取得个人职业生涯的成功创造条件。

企业的文化管理与员工培训同为企业管理的重要内容，二者相互作用、相互影响、密不可分。企业的生存与发展离不开企业的文化管理。而企业文化的传承和发展，有赖于员工素质的提高。企业通过培训来提高员工的工作技能与工作热情，从而对企业文化起到支撑作用。企业文化是凝聚力、向心力和创造力的来源，是员工的精神支柱，为员工培训提供了丰富的内容，创造了良好的学习环境，同时，企业的文化建设要以员工培训为基础和依托。二者之间的关系具体体现在以下几个方面：

其一，企业的员工素质决定企业文化的状况。企业文化的核心是用企业精神塑造高素质的员工团队，激发员工的潜能和精神，使企业能够得到可持续的发展。企业文化属于意识形态领域的东西，体现着企业的主流价值，来源于员工生产经营活动的实践，因此受到员工思想道德素质、科学文化素质、身体心理素质、业务技术素质的制约和影响。而员工素质与其受教育的程度有着密切的关系，员工的受教育程度直接影响着员工的素质，也影响着企业的文化状况。当今，为了跟上变化的形势，适应变化的环境，企业必须通过培训使员工增加知识、提高工作能力，挖掘其潜能，否则，不但企业目标无法实现，组织也难逃被淘汰的命运。

其二，员工培训是文化管理的基础。企业的文化管理是在生产经营活动中运用文化力量完善企业管理。管理者将企业的经营思想、行为规范、价值取向等渗透到员工的工作和生活之中，从而形成一个被所有员工所共同遵循的基本信念和认知。在员工的广泛认同和接受下，这种企业文化成为指导其行动的一种行为准则。而高层次的员工培训是将企业文化渗透到员工内心深处的重要途径，可以培养员工的团队精神以及价值观，增强其作为企业一员的归属感和荣誉感。员工培训是企业文化管理的前提和保证，建立有效的员工培训体系能够为企业的文化管理奠定坚实的基础。

其三，企业的文化管理对员工培训具有促进作用。当今，随着全球经济一体化进程的不断加快，企业之间的竞争越来越激烈，在这种环境下，对员工也提出了新的要求。成功的企业文化管理，能使员工快速地适应形势，满足市场竞争的要求，促使员工去学习新知识，积极提高自身技能。企业的文化管理在于物质环境和精神环境的建设和管理，将企业精神渗透到企业的各个领域，使员工了解企业、认识企业，培养员工的主人翁精神，从态度等方面改进员工的行为方式，促使员工不断更新观念、更新知识、更新技术，这对员工培训具有促进作用。

在现代企业中，员工培训模式一般包括基本知识和技能、专业知识和技能、个人知识和技能三个方面，涉及企业文化的相关知识却很少。目前人才培养没有简单划一的模式，都是根据企业的实际需要组织培训，让员工掌握必要的知识技能，使其提高工作效率，最终实现企业的既定目标。但是，这种培训方式缺少态度培训，即培养员工的团队精神以及应具备的价值观，建立企业与员工之间的信任感，增强其作为企业一员的归属感和荣誉感。

企业对员工的培训，主要是为了丰富员工个人的知识，增强个人的素质，提高个人的技能。这种传统的职业培训，注重员工现在和将来工作绩效的提高，常常忽略对其进行企业人事政策、历史及文化、组织机构和部门之间的联系、团队精神和公司期望、质量和用户满意等方面的培训。

企业的文化管理要以员工培训为基础和前提，而员工培训事业要想得到长足发展，需要企业的文化管理为其创造良好的外部条件，为其提供丰富的培训内容。企业的有效培训体系应该建立在企业文化的指导之下。企业精神文化层为员工培训提供内容；企业物质文化层为员工培训系统提供环境基础；行为文化层指导员工的主要行为模式；制度文化层为员工培训体系提供制度环境保障。在构建员工培训体系时，要将其置于企业的文化环境下，这样的体系才具有生命力。将二者有效整合，让企业与员工拥有共同的价值目标，这不仅为企业的市场竞争制定了战略和政策，还为员工提供了发展方向，有助于员工实现自我价值。

企业的文化管理应该与员工培训密切结合，通过各种形式的培训将企业的理念嵌入员工的内心，潜移默化地影响员工的行为方式和工作准则。在实际工作中，这不仅带动了企业的发展，也保证了员工的稳定性，提高了工作效率。企业的文化管理与员工培训的有效整合可以从以下几方面出发：

第一，将企业文化作为员工培训的内容。企业文化培训包括企业精神文化、物质文化、行为文化、制度文化等内容。在员工培训的过程中，谈企业精神和理念时要与企业的经营活动联系起来，不然就脱离了实际，只是空谈。用企业文化教育员工，可以增进员工对企业的了解，接受和认同群体意识，树立与企业同呼吸、共命运的价值观，从而提高员工的归属感，保证其执行力。

第二，以企业文化为基础建立完善的员工培训制度。员工培训之前应该确定培训政策，即帮助员工丰富个人知识，增强个人素质，提高个人能力，激发潜能和精神，塑造高素质的员工队伍，使企业在市场中立于不败之地。以企业文化为基础，通过培训促使员工爱企敬业，树立竞争意识、危机意识，使员工产生忠诚之心，增强价值认同度，从而增强企业的凝聚力和竞争力。

第三，以企业物质文化为环境基础构建培训体系。企业物质文化，即企业的产品和服务、企业的生产经营和生活环境等，是由员工创造的产品和各种物质设施等构成的物质形态的文化，是企业的表层文化。企业物质文化为员工培训提供了物质环境基础，是构建培训体系的基础环境。

五、企业的文化管理与人力资源之案例评析

日本索尼公司，无论从理论还是实践的角度看，都是一家“以技术求生存”的企业，索尼认为，只要掌握了技术，一切问题都能迎刃而解。因此，索尼拥有一批超强的技术创新队伍，而这支队伍的形成，体现了索尼独特的用人制度。

索尼的技术创新队伍是通过“三怪”方针形成的。即招聘大学毕业生不要成绩最好的；招进公司以后只使用，不培训；把新任务分配给最忙的员工。末富达人是索尼公司的技术人才，通过他的经历我们一探索尼的用人之道。末富达人是1989年东京理科大学的毕业生，他回忆当年索尼招聘的场景时说：“是什么时候开始，就流传着这样一个不公开的说法，在索尼就职考试中成绩最好的往往落选，我那年也是如此，我的成绩倒数起来还快些，当时有一个成绩非常好的同学要考索尼，但是，我们一起参加考

试，他落选了。”末富达人进公司后发现，公司几乎没有时间给新职员做认真的培训，就突然让新进员工干某件非常费力的事情。他去自己部门的第一天，直属上司就对他说：“今天是第一天就算了，从明天开始，每天给我干到晚上10点。”末富达人还以为是开玩笑，事实上第二天他就证明了这句话的真实性。上司给了他一个困难的课题，需要在有限的时间内得出结论，他开始忙得不可开交，由于大学时基本没学到什么东西，现在要自学的东西就堆积如山了，果真，从这天开始，他每天晚上都忙到了10点。索尼的最后“一怪”，末富达人在进公司一阵后就感觉出来了。在索尼，看上去空闲的人，谁也不会把新工作交给他，分配任务的领导似乎有一个共识——认为越空闲的员工完成工作的速度越慢。因此，那些没有任务的员工就自然被公司淘汰了。为了适应这个怪招，那就是即使不是做什么了不起的工作，也要装出忙碌的样子，而真正很忙的时候又接到新任务，也是异常痛苦的，这个平衡很难把握。

其实，用人“三怪”也有其合理性。首先，真正具备创造性思维能力的人才，不是通过日本教育体制的分数体现出来的。一个毕业生的文凭和成绩只能说明他对熟悉现有知识和传统技术规范的掌握程度，并不能反映其创造性思维能力。所以，索尼的招聘官要花心思避免把高分低能的毕业生招进公司。其次，真正的创新是要去做前人所没做过的事，既然是未曾做过，当然也就不会有培训教员。相反，如果既有人来给员工下达任务，又有人来培训，告诉员工如何创新，那这种创新的内容就很让人怀疑了。最后，真正创新是有难度的，真正的创新也是没有终点的，无论何时何地有待创新的事业总是无限多。因此，真正从事创新的人一定很忙。忙碌者未必是创新的人，但创新者必定是忙碌的人，空闲的人也必定不是创新的人。因此，将工作派给忙碌的人这第三怪招也就有理有据了。

不招聘成绩最好的，新手不给培训，任务交给忙碌的人，这都是从负面来描述的。倘若转个180度，就可以描述为选用“兴趣浓、肯空手、热情高、干到底”的人才。这一聪慧的用人制度更体现了索尼这一创新企业的形象。

索尼公司的用人制度堪称“新奇”，其最突出特点却全部落在了“创新性”上，也就是说，公司需要什么样的人才替它打天下，就会运用什么方法找到适合的人选，并将其培养成才，这个过程必然经过严格的淘汰和筛选。也就是说，索尼需要的这部分人才是会创新的人，那么，他们就通过一定技巧找到会创新的人并加以培养。而如果另外的部门需要的是勤恳认真的人，做重复性工作还能保证热情度的人。那么，他们的选人方法必然有所不同了。因此，这种用人制度体现的是“目标明确”的特征。当然，就索尼的这第二怪和第三怪的“技术创新型人才队伍”的培养，是充分结合了日本企业文化的一个特性——拼命三郎的精神，如果将其用在欧美国家未必合适，甚至可能会导致员工严重不满。所以，每个企业的用人制度和企业文化甚至地域文化都不可分，索尼的国际化战略使它的子公司遍及全球，那么，其在世界各地选拔的高科技人才的方式也就带有各地区的特点，用人制度也必然会相应地调整。

另外，索尼大胆用人的作风靠的是强大的品牌后盾，它有自己“怪”的资本，再怪也有人买账，且相信它有自己的道理，因为它已经以雄厚的研发实力证明了自己员工的素质。每个员工，即使没有受过培训，也相信公司正在通过其他途径把他们培养成最优秀的创新技术人才。所以，我们会看到名声响当当的企业往往有比较奇特的用人制度或者人事作风。

以德治国，治的是人心，得的是人心。同理，在企业管理方面，我们需要保证人力资源的稳固，并发挥他们最大的创造力。如何做到这一点，就要考验负责人的领导才能和企业人事制度了。而这第一步的用人之道起了关键作用，挑选出适合企业、适合岗位的人才，才能使他们发挥最大的效用。不论是案例中的技术创新性岗位，还是较为中规中矩的传统企业，其用人机制的总体精神是一致的，即要给“特定的岗位”配置“合适的人”，而不是给“特定的人”安置“合适的岗位”，这是企业人事管理的基本要求。

因此，企业在招聘人才的时候，最好学会合理搭配不同员工的地域、专业、生长背景等，因为一个企业的发展需要员工的集思广益。企业需要各种特征的人才，同一个员工很难兼具思维活跃和吃苦耐劳两种才能，而这两种类型的人其实都是企业所需要的，人事主管和领导者需要做的就是把他们放在适合的岗位上。来自同一个地区或同一所学校的人员，长期接受同一文化的熏陶，往往具有相同的思维习惯与类似的行为，这也不利于促进团队的多元化，创造性的火花必然减少。但同样要注意的是，无论哪种性格的人都会有一定的缺点。因此，在组建团队配置时要使团队成员性格互补，取长补短，提高整体业绩。同时也要注意团队的性别构成问题，除了某些岗位对性别有要求，对大多数团队而言，性别比例应合理，比例的变动应依行业内的习惯和最佳绩效习惯。男人与女人在工作上都有自己的优缺点，只有搭配适度才能让他们自己的能力凸显出来。此番道理也可以用到人员的年龄上，年轻和年长人员的合理搭配是企业成长和进步的动力。

用人制度之所以有效是因为人员有变动性，虽然“二八理论”在某些行业中被奉为经典，即企业中20%的最优秀人才为企业带来了80%的盈利，但如果企业太过于依赖这20%的精英人才，在变动期可能会受到巨大的打击。因此，一套人才标准化的制度能最有效地保证变动期企业的照常运行。这套制度还包括人才的培训计划。牛根生的用人之道是“有德有才，破格重用；有德无才，培养使用；有才无德，限制录用；无德无才，坚决不用”。可见，明智的企业选取人才时不是把人员的技术水平放在第一位，而是认为那些相信企业文化且愿意为企业奉献才能的人才是最优秀的人选。这些在一定程度上就要依赖企业内部的文化培训了。当然，索尼的无培训方法也有其独特之处，是一种在强大的品牌支持下的效果，如果索尼是一个默默无闻的小企业，恐怕很少有人能够信任企业的发展前景而留在企业中自学向上。

企业的用人制度包含招聘、培训、绩效、薪酬几个部分。上文的重点在企业选择人才方面，而其他几个方面更需要经营者们根据企业属性和岗位属性的不同做适合自身的部署了。不可以忽略的是，企业虽然以盈利为最终目标，但只把眼光放在赢利上却往往难以赢利。

下文从反面来讨论失败的用人制度。

用人制度中负面影响最大的要算朝三暮四的薪酬制度。薪酬和福利在某种程度上体现了对人才的尊重，而优秀的公司会用最有吸引力的薪酬、福利来网罗最优秀的人才。有的公司每季必改一套薪酬制度，改的也都是员工的福利待遇。往往销售业绩上去了，工资待遇却下来了；员工提成多了，制度立马就紧跟着要改；新的一年经济形势好了，员工要求涨工资时管理层只字不提；原有的福利说改就改，当初的公司合同真成了一张白纸。这样的企业，连员工基本的经济安全需求都不能满足，更不用说其他方面的待遇了，个人发展更是无从谈起。一个公司如果连起码的经济信誉都没有，发展潜力不说自明。

第二种用人制度的失败就在于不公平性。其实，全世界都存在着这种情况，只是在中国尤为严重，即靠裙带关系直接进入企业的上层。在多数情况下，这些“关系户”没有与职位相称的能力，尸位素餐，无所作为。这种裙带关系会给企业带来非常严重的影响。首先这种不公平性会直接打击员工的进取心和积极性，导致公司人心涣散，企业发展前景当然一片黑暗。此外，多头管理是用人制度的另一种失败，管理混乱，决策者左右摇摆，观念不统一，拿不定主意，会造成效率低下，延误时机。员工对此也会很无奈，如果多个领导意见相左，即使员工花了精力和时间，因为多头管理，结果事情办完了还落得两头落埋怨。

最后一个错误的做法，就是不尊重和体恤员工。一个加班到深夜的员工，其需要的是鼓励和嘉奖，但是，如果面对一个只知道效益的领导、只关心结果的上级，再无私忘我的员工，也会怀疑这些付出是否值得。所以，员工在心理上需要的是关心和尊重。只有这样，员工才会把企业当成自己的归属，愿意一心一意地为公司卖力，才甘愿付出。只有这样才能减少团队管理成本，提升团队战斗力。

第二节　企业的文化管理与团队管理

管理学大师彼德·德鲁克在1988年的《哈佛企业管理学报》写道：“工作团队”势必逐渐取代传统组织形态的部门，成为完成工作的中心。企业营运的成败依赖于团队运行的绩效。而团队管理指在一个企业中，根据成员的工作性质、能力，将他们分成各种小组，参与企业的各项事务，通过相互合作、共同努力以达成企业的既定目标。团队和我们平常所见的工作群体是有很大差别的，一起工作的一群人构成工作群体，但并非所有的工作群体都是团队。同样，团队也并不是任何在一起工作的工作群体。工作群体强调各人完成各自的工作任务，没有共同的责任，成员之间的工作替换性较强。而团队是指一些才能互补、密切合作并为实现共同目标而奉献的企业。如今，优秀的企业一般是由若干的团队共同组成。本节将具体论述企业的文化管理与团队管理。

一、企业的文化管理与团队建设

团队建设是团队管理的重要组成部分，而团队管理则可以看作企业的文化管理的体现与细化。企业的文化管理是其团队建设的中心思想和指导方针。在现代企业文化管理中，团队建设是十分重要的，代表着企业管理方式的发展与进步。

什么是团队建设？团队建设是企业在管理中有计划、有目的地组织团队，并对团队成员进行训练、总结、提高的活动。团队建设要求有意识地在组织中努力开发高效的工作小组。每个小组由一组员工组成，以自我管理的形式，负责一个完整的工作过程或其中一部分工作。团队建设是这样一个过程，在该过程中，参与者和推进者都会彼此增进信任，坦诚相对，愿意探索工作小组能创造不凡业绩的原因。

团队建设包含三个层面：

第一，团队的凝聚力。团队的凝聚力是针对团队和成员之间的关系而言的。团队精神表现为团队成员强烈的归属感和一体性，每个团队成员都能感受到自己是团队的一分子，把个人工作和团队目标联系在一起，对团队忠诚，为团队的成功感到自豪，为团队的困境感到忧虑。所以，国有企事业单位在改革发展过程中，要不断增强员工和团队的凝聚力。一是要求团队的领导要采取民主的方式，让团队的成员敢于表达自己的意见，积极参与组织的决策。二是建立良好的信息沟通渠道。让员工有地方、有时间、有机会向领导反映问题，互通信息，化解矛盾。三是建立健全奖励及激励机制。个人奖励和集体奖励具有不同的作用，集体奖励可以增强团队的凝聚力，会使成员意识到个人的利益和荣誉与所在团队不可分割；个人奖励可能会增强团队成员之间的竞争力，但这种奖励方式会导致各人顾各人，在团队内部形成一种压力，协作力、凝聚力可能会弱化。所以，在我们公司，奖励职工时综合考虑，既承认个人的贡献，又承认团队的成绩，在奖励个人的同时，对员工所在的团队给予精神文明奖励。

第二，团队的合作意识。团队的合作意识，指团队和团队成员表现的协作和共为一体的特点。团队成员相互依存，同舟共济，互相敬重，彼此宽容，尊重个性的差异，彼此间形成信任的关系，待人真诚，遵守承诺，相互帮助，共同提高，共享利益和成就，共担责任。良好的合作氛围是高团队绩效的基础，没有合作就无法取得优秀的业绩。所以，我们在工作中，要努力培养团队成员的合作意识。一是要在团队内部积极营造融洽的合作气氛。团队的精髓就在于“合作”二字。团队合作受到团队目标和团队所处环境的影响，只有团队成员都具有实现目标的知识技能以及与他人合作的意愿，团队合作才有可能取得成功。二是团队领导者首先要带头鼓励合作而不是竞争。美国总统肯尼迪曾说：“前进的最佳方式是与别人一道前进。”成功的领导者总是力求通过合作消除分歧、达成共识，建立一种互融互信的领导模式。很多的管理者热衷于竞争，嫉妒他人的业绩和才能，恐惧下属的成就超过自己，而事实上没有一个领导者会因为自己下属优秀而吃尽苦头。三是制定合理的规章制度及合作的规范。一个团队中如果出现能者多劳而不多得的现象，就会使成员产生不公平感，在这种情况下也很难通力合作。要想有效促成合作，管理者必须制定一个大家普遍认同的合作规范，采取公平的管理原则。四是要强调大家的长远利益，管理者要使团队成员树立共同的愿景，使大家相信团队可以实现目标，这样团队成员就不会计较眼前的一些得失，积极开展合作。五是要建立长久的互动关系。团队的管理者要积极创造机会使团队成员增进相互间的了解，融为一体。如组织大家集中接受培训、开展各种有益的文体娱乐活动、开展比赛、组织激励活动等。

第三，团队士气。团队士气是团队精神的一个重要方面。拿破仑曾说过：“一支军队的实力四分之三靠的是士气。”将这句话的含义延伸到现代企业管理中，即为团队目标而奋斗的精神状态对团队的业绩非常重要。所以，我们在管理中，要始终关注员工士气的高低，以提高工作效率。一是要采取措施让员工的行为与团队的目标保持一致。如果团队成员赞同、拥护团队目标，并认为自己的要求和愿望在目标中有所体现，员工的士气就会高涨。二是利益分配要合理。每位员工努力工作都有利益动机——无论是物质的还是精神的，只有在公平、合理、同工同酬和论功行赏的情形下人们的积极性才会提高，士气才会高昂。三是要充分发挥员工的特长，让员工对工作产生兴趣。员工热爱工作、充满兴趣，士气就高。因此，团队的管理者应该根据员工的智力、能力、才能、兴趣以及技术特长来安排工作，把适当的人员安排在适当的位置上。四是实行民主管理。团队内部的管理方式，特别是团队管理层的领导方式对员工积极性影响很大。管理层作风民主，广开言路，乐于接纳意见，办事公道，遇事能与大家商量，善于体谅和关怀下属，团队士气就会非常高昂。而独断专行、压抑成员想法和意见的管理者就会降低团队成员的士气。五是营造和谐的内部环境。团队内人际关系和谐，互相赞许，认同，信任，体谅，团队凝聚力就会很强。六是要进行良好的沟通。管理层和下属之间、同事之间的沟通如果受阻，就会使团队成员出现不满的情绪。

文化管理对团队建设的作用主要体现在以下几个方面：

第一，树立共同愿景。共同的愿景就是团队成员共同愿望的前景，在团体活动中，愿景可以激发出团队成员强大的力量。共同愿景能够为团队成员指引方向和提供动力，提高个体绩效水平，使群体充满活力。而企业的文化管理也强调共同的愿景，与团队的共同愿景不同的是，文化管理的愿景是企业的整体愿景，即企业愿景，是企业内部各团队愿景的高度概括，团队愿景是企业愿景的具体体现。

第二，明确团队成员的分工。中国有句谚语“尺有所短，寸有所长”。因此，要对团队成员进行分工，确定每位成员扮演什么样的角色，职责是什么，要怎样履行职责，在其职，谋其事，尽其责。要真正做到每位团队成员职责清晰、分工明确、资源共享、没有壁垒，从而使团队实现高效运作。文化管理是人本管理的最高层次，团队成员分工便是人本管理的组成部分。

第三，提高团队成员的技能。团队如果要实现有效的运作，需要具备各种技能的团队成员，如具备领导决策能力的成员，有技术专长的成员，善于倾听和反馈、解决冲突的成员等。决定一个团队竞争力强弱的关键因素就是团队成员能力的高下。只有具备不断提升的学习力，才有不断提升的发现力、思想力、执行力和创新力，才能为企业的文化管理提供支持。

第四，建立有效的激励体制。对团队进行激励可以促进团队凝聚力的形成。从制度建设的过程看，团队激励制度的建立需要从企业的发展战略的梳理和沟通出发，这能提升人力资源管理效果，符合企业发展战略的需要。

第五，培养团队成员之间的相互信任感。高绩效团队的一个特点是团队成员之间有高度的信任感。也就是说，团队成员彼此相信各自的正直、个性特点、工作能力等。

二、企业的文化管理与团队精神

在现代企业管理中，团队建设已经被看作一个典型的不可替代的管理模式，它象征着一种工作方式的转变，是旧经济时代的线性分级制向新经济时代的环节结构转变的结果。但是，不能认为团队建设仅仅是管理者的职责，也不能机械地进行组织。一个没有目标、盲目建设的团队，只能是浪费精力和时间，对企业的发展也毫无用处。因此，一个团队要有一个有利于企业及员工发展的主题思想，这个主题思想就是团队精神。团队精神体现了团队作为一个整体的群体意识，讲究团队的整体作用，追求团体的贡献；提倡团队成员能力的互补性。企业员工的群体意识能够形成一种精神力量，需要企业文化的引导。因此，团队精神的培养需要以文化管理为支撑，可以说文化管理是团队精神的基石，而团队精神本身也被认为是一个重要的文化管理因素。

团队精神是团队所有成员都认可的一种集体意识。团队精神是高绩效团队的灵魂。简单来说，团队精神就是大局意识、服务意识和协调意识的综合体。团队成员的士气，是团队所有成员价值观、理想、信念的基石，是凝聚团队、促进团队进步的内在力量。形成团队精神并不要求团队成员牺牲自我，相反，挥洒个性、表现特长也能保证成员共同完成任务目标，而明确的协作意愿和协作方式则让成员产生了更大的内驱力。

树立团队精神时也要尊重每个成员的特点和成就，要求团队的每一个成员都以提高自身素质和实现团队目标为首要目标。团队精神的核心是合作协同，目的是最大程度地发挥团队的潜在能量。团队精神是企业文化的一部分，良好的文化管理可以通过合适的组织形态将每个人安排至合适的岗位，充分发挥团队的潜能。如果没有正确的文化管理，没有良好的从业心态和奉献精神，团队精神便无从谈起。

团队精神在企业的文化管理中起着重要的作用。人是生产力中最活跃的因素。因此，重视人的价值、激发人的潜能是文化管理的首要任务。而培养团队意识、增强企业的竞争力则是文化管理所追求的目标。

1. 目标导向功能

团队精神的培养，使企业员工齐心协力，拧成一股绳，朝着一个目标努力。对单个员工来说，团队要达到的目标即是自己所努力的方向，团队整体的目标顺势分解成各个小目标，在每个员工身上得到落实。

2. 凝聚功能

任何组织群体都需要凝聚力，传统的管理方法是通过组织系统自上而下的行政指令，淡化了个人感情和社会心理等方面的需求，而团队精神则通过对群体意识的培养，通过员工在长期的实践中形成的习惯、信仰、动机、兴趣等文化心理，来沟通人们的思想，引导人们产生共同的使命感、归属感和认同感，反过来逐渐强化团队精神，产生一种强大的凝聚力。

3. 激励功能

团队精神要靠员工自觉地要求进步，力争与团队中最优秀的员工看齐。通过员工之间正常的竞争实现激励功能，而且这种激励不是单纯停留在物质的层面上，还包括得到团队的认可、获得团队中其他员工的尊敬，等等。

4. 控制功能

员工的个体行为需要得到控制，群体行为也需要协调。团队精神所产生的控制功能，指通过团队内部形成的观念的力量、氛围的影响，去约束、规范、控制职工的个体行为。这种控制不是自上而下的硬性强制力量，而是一种软性内化控制：由控制职工行为，转向控制职工的意识；由控制职工的短期行为，转向对其价值观和长期目标的控制。因此，这种控制更为持久有意义，而且容易深入人心。

企业的文化管理是团队精神的有力体现和保障。企业管理就是运用先进手段，对企业物资生产的信息流、物质流的梳理、监督和调节，规范生产要素，使其达到最优化组合状态的系统。企业管理必须以“严”字当头，无“严”就不要谈管理。规章制度是约束员工的行为准则，是需要人去遵守和执行的，“没有规矩，不成方圆”。管理是随着人的世界观、人生观、价值观、思想道德、文化素质的提高而不断完善和提高的。企业内部员工的思想道德、文化素质参差不齐。因此，我们必须通过严格管理来督促、促进员工学习，举办各种培训班来提高员工思想道德、文化素质，引导员工认清企业所处的形势，增强其危机感、紧迫感、责任感，重新审视奖惩制度、分配制度是否真正做到了责、权、利相统一。例如，自律精神是团队精神的精髓之一，企业规章制度明文规定，工作期间不允许喝酒、酒后不允许上岗。然而，在我们的商务应酬活动中，有的领导和业务员仍然不顾规章制度，喝得面红耳赤，自然影响下午的工作，影响企业形象，影响员工的自我形象。而很多外资企业之所以取得成功，同其严格的管理是分不开的，没有严格的管理就没有企业持续发展的保障。

在知识经济时代，企业管理的着眼点是“以人为中心”。这种以人为本的权变思想正是现代企业管理理论的立足点，也是与企业团队精神建设的理论相符的，所以，企业文化与团队精神的培养，在理论上是一脉相承的。企业团队是由人组成的，人是有思想、有感情、有意识的独立体，每个人都有其独立性。因此，马斯洛的需求理论告诉我们，人的高层次需求包括受到他人尊重、能够实现自我价值等。

三、企业的文化管理与团队管理

在当今的企业的优化与重组过程中，人们越来越关注团队管理这个重大课题，因为它是企业进行员工合理组合和企业优化重组取得成功的关键。

何谓团队管理？这个问题在本节开头已经提出，指在一个企业中，根据团队成员的工作性质、能力分成各种小组，参与企业的各项事务，以提高企业综合实力，最终达成企业目标。团队管理的基础在于团队，团队建立得适当与否，直接影响团队管理成效。在《管理学》一书中，史东和弗里曼提出团队建立有两种形式：一是团队管理者和团队成员组成永久性团队，也被称为“家庭式小组”（family group）；二是专门为解决某一特定问题而组成的团队，问题解决后团队便解散，也称为“特定式小组”（special group）。

团队管理就是利用团队成员的专长，鼓励成员参与和相互合作，致力于组织发展，所以，团队管理可说是合作式管理，也是一种参与式管理。企业的工作大都较为复杂，很多工作个人很难独立完成，必须依赖团队合作才能发挥力量。因此，企业若能善用团队管理，便能激发成员潜能、协助问题解决、增进成员对组织的认同、提升组织效率与效能，对企业的发展起到强大的推力作用。

为最大程度发挥团队管理的效果，每位团队成员首先要了解小组目标与使命、个人角色和责任；其次，还要了解如何完成小组任务；最后，要能积极实现小组目标。由于沟通在团队管理中扮演着相当重要的角色，所以，建立成员之间有效的沟通，更可使团队管理产生良好效果。

企业的文化管理与团队管理之间有着紧密的联系。20 世纪 20 年代末，美国的管理学家梅奥提出了著名的“人际关系理论”，该理论以“社会人”的人性本体论修正泰罗“经济人”的人性本体论。“社会人”理论企图纠正“经济人”只顾及经济利益的一元论行为价值观，提出了在满足了人的经济要求之后必须满足人的心理要求和精神需要的价值观，以便把被雇佣者的命运和企业的前途联系起来，形成真正科学的企业文化价值观。梅奥从“经济人”本体论否定了的“非正式组织”观念中看到了文化行为方式的真正价值，认为将“非正式组织”中人的“默契合谐”“积极主动”的工作态度移植到企业的文化方式中，使之成为劳资双方共同的行为准则，无疑有助于企业产生巨大的经济效益，并能满足企业员工全面发展的基本需求。

梅奥的理论诞生于美国，却在日本得到了很好的运用，并且取得了真正的经济效果。战后的日本企业特别是大企业普遍实行终身雇佣制度，这在一定程度上为梅奥理论的生长与实践创造了合适的土壤。在日本企业的终生雇佣制下，职员虽有等级的差别却没有被解雇的危险。这样，企业与员工的命运紧密地联系在一起，企业在，员工便有工作；反之，则需另谋出路，而普遍的雇佣制使再就业变得非常困难。企业的效益好坏也影响着员工的工薪高低，因而，企业的前途与利益也就是每个员工的前途与利益。尽管这种利益因等级差别导致在员工收入分配上存在着差别，但员工的归属感仍能使员工与企业结成“命运共同体”，从而与之风雨同舟、荣辱与共。于是，员工都能主动地千方百计地为企业创造利益，而他们自己也都有了一定的自由权利和活动空间。为了求得企业利益，企业员工在激烈的市场竞争中自觉自愿地组合成“质量管理小组（QC 小组）”，以对自己产品的质量进行严格的自检与把关，从而确保自己企业产品的质量与信誉。这种组织是自愿的、自觉的，具有非正式组织的性质。这样的组织没有等级制，始终贯彻着信任和自主性原则，可以自由、充分地发挥每个成员的积极性、主动性，实现个人在企业中的价值，并产生极大的工作热情和凝聚力，还可化解或转移一部分对企业的不满，提高劳动生产率。20 世纪 60 年代，这种 QC 小组在日本大约发展到 100 万个，成员达 1000 万人。

由于他们的努力，日本的某些企业的产品不但在这个年代一举跃入世界质量之首，而且其产品的数量也大幅度增加，进而在世界市场上获得重要份额。美国的管理学界在惊叹之余发现这种自觉自愿的“QC 小组”，正是梅奥人际关系理论所寻找的符合企业利益的“非正式组织”，也正是现代管理界极力推崇的团队文化的最初起源。

日本企业的业绩得到了全世界管理学界的认可，团队文化也因而成为企业优化重构的重要内容和基本特征。从管理学的角度考察团队文化，可以对其意义和特点做如下概括：

其一，从管理实践上证明了“非正式组织”对企业发展的积极作用和功能，进而找到了一种把正式组织与非正式组织相结合、个人目标与企业目标相结合、效益与文化、传统与新观念相结合的企业组织方式，同时突破了“经济人”的人性本体论的历史局限性，为“社会人”的人性本体论在管理学上的地位奠定了客观基础。

其二，在管理实践上找到了员工和企业同呼吸、共命运的关系纽带。既从客观现实性上为管理者根据市场动向对生产过程进行控制提供了可能，又从现实中找到了摒弃家族式企业等级观念，提供企业团队成员默契配合、共同发展的自由空间，从而为整个企业适应市场经济，能动、自主地向前发展培育出鲜活的细胞。

其三，极大地调动了员工的工作能量和积极性、创造性、能动性，营造了为团队、为集体争得荣誉就值得自豪，为企业发展尽过心、出过力就值得骄傲的生动活泼的企业文化氛围。

其四，团队的组建以及企业优化与重构既符合企业的利益，又符合员工的利益。利益的共同性和方向的一致性，使员工能顾全大局，根据自己的能力和特长自愿组合团队，以实现自己的人生价值；也能在企业出现危机时挺身而出，捍卫员工的荣誉和尊严，从而也维护着企业的生存与发展。

可以看出，团队文化的实质是：在社会经济发展到一定水平时，作为处于一定组织体系中的人根据自己的能力或技能有限度地实现人生价值的合伙组织，是企业发展到较高阶段的产物。这里的“一定组织体系”，既指的是一定的企业制度、工作环境及人际关系，又指的是企业所在区域的社会环境和文化氛围。这里的“有限度”是指在社会、区域文化以及企业制度诸因素耦合的空间中，员工自由权利和工作的范围。这里要着重说明的是，凡是能真正体现“社会人”人性本体论的组织，其团队的作用和功能始终是存在的；凡是有团队作用的地方，员工始终是有自由权利和工作自主性的；而且，员工的利益和自我价值的实现始终与企业的整体利益以及企业整体价值的实现是一致的。员工在组织中不是被动地听命于上级管理者，而是服从于企业生存与发展的整体需要；不是向某个人、某些人负责，而是向企业负责。

四、企业的文化管理与团队管理之案例评析

通用的企业成就和其人力资源管理的成就不可分割。由于在人才选用和培养过程中，通用都有一整套理念，使得公司在高素质人才的配合下打下了江山。

选人理念——通用公司非常重视人才招聘，并且在人才招聘中有自己独到的策略。首先，公司不过分重视工作经验，而是直接锁定那些刚刚毕业且极其聪明的学生。在一次通用公司市场人员的招聘过程中，面试官不谈技术、不谈专业，而是谈面试者过去的经历，提出一些自己也没有答案的问题，以此观察面试者的思维能力、创新能力，分析面试者对通用公司文化价值观的认同度，最终选择了一位没有任何市场工作经验的年轻人。通用中国公司在这次招聘中，聘请了熟悉中国大陆文化、了解中国国情的当地人才，而没有任用候选者中来自美国本土的一位能力相当的人，这种选择说明了通用公司的人力资源管理工作充分考虑了开拓市场中的本土化作用。在通用的招聘过程中，考核人员的方式也不是独断的个人决策，而是采用群组方式，由很多人组成一个招聘组，决定人才的选用。面试委员会中总是有一个具有强烈的使命感的人，他专门就文化价值符合度的标准来进行筛选，他具有一票否决权。这种不让直线主管做最后决定的选人方式，保证了所招聘的人才符合公司长期发展的战略需要，避免了直线主管因考虑短期绩效问题、业绩问题而产生的心理侧重对人才选择的不良影响。这样，选择人才的短期目的性并不强，因此，能有效保证选择的客观性，且留用人才随着在公司积累的经验越来越多，所取得的成果也越来越大。

育人理念——也就是指通用公司对员工的培养内容。通用公司在选人过程中已经十分注重员工和公司文化的契合程度，同时他们还通过公司内部的培养不断加强人才与公司价值理念的契合度。公司将所需培养的企业管理人员分为两大类型：一种是针对目前未担任领导的公司职员设置的初级班；另一种是针对包括公司董事在内的在职管理人员而设的高级班。初级班与高级班又根据培养对象及教学内容的不同再细分为初级 2 类、高级 3 类共 5 种不同层次的班级，形成金字塔型的长期培养计划。通用公司通过独特而卓有成效的人才培训和开发之道，使公司员工上下一心，各司其职，各尽其责，并逐渐了解自己未来的目标和所需要提高的素质，因此，在激烈的市场竞争中，通用仍能不断发展壮大。公司培训除了适合每个员工的具体工作，还能挖掘和拓展员工的学习能力与开发能力。韦尔奇认为，一个企业真正的“核心实力”不是生产制造或售后服务，而是企业的学习能力。他担任通用公司的 CEO 后，一直致力于在公司内培育、创造一种学习的氛围。他要求每名员工都要重视新知识和新技能。公司不限制知识的来源，只要是能有效运用于工作的内容，即使是别的公司的特色也是值得学习的。例如，他们学习了本田的资产管理法，借鉴了沃尔玛的市场情报搜集法，学习了联信和摩托罗拉的“六个西格玛”。

除培训外，通用公司的文化和工作风格也独具特色，每个员工都能在强大压力下发挥高涨的士气，每个员工的潜能都不断被挖掘出来。当然，通用公司这种高压力的企业文化并不适合所有的企业，但是，其中所包含的重视建立员工的自信心，重视员工之间互相比较、合作竞争、共同进步的精神却是对每一个企业都是有百利而无一害的。高昂的士气和积极进取的心态，不但是公司提高经济效益的最佳动力，还帮助员工营造了一个实现自我价值的良好的公司文化氛围，有利于留住人才。

留人——通用公司在人才的任用、岗位的分配、员工的绩效考核制度、员工的自我价值认定方面都有自己的独到之处。通用公司敢用人，他们喜欢用敢变革、敢竞争的人。他们创造了一种称为“阶段 C”的管理方法，主要内容包括行动、决策和严格的跟踪机制。按照“阶段 C”的管理方法，在每个新的业务年度，所有的业务部门都会为部门各个阶段的雇员制定个人职业发展和业绩指标计划。随后，部门主管将依据各项指标对下属的工作表现进行评估和全方位的考察，从而做出是否提职、提薪的建议。另外，公司还采取一种正反双向的激励模式，根据员工在岗位上的表现和贡献予以提升，发放奖金。除了正向激励外，公司也会对10%的最差员工做出解雇的反向激励。看似严酷的优胜劣汰方法，吸引了一批极具挑战力、敢于拼搏的员工。最终，公司拥有并培养出的一批批优秀人才，他们和公司共同成长，在这里他们不断实现自我价值，找到生活的意义，他们愿意为工作付出自己的所有精力。

通用公司并不太注重员工的经历，而更倾向于聘用那些有潜力的年轻人，这与其企业理念是相符的，在一个压力与动力并存的企业环境中，通用重视的是年轻人的创造力，他们有改变世界的勇气、卓越的思考能力以及勇于追求完美的拼搏精神。只要有这些理念，有坚定的意志，即使没有丰富的经验，公司也相信他们能做出一番成就。同时，经验是公司可以给予的，在通用，每个人都会面对许多压力和机遇，只要具备上述精神，那么，在短期内可以获得的工作经验比在其他地方更长时间所掌握的还多。因此，在通用看来，选用人员的素质比经验更重要。目前很多国内的公司在用人的时候片面偏重相关的工作经验，却忽视了年轻人的特质和资本，这样也许可以为公司节省一些培训费用，但是，无法为公司文化增添新鲜的血液，缺乏创新和变革，也就很难为公司增添新的利润空间。因此，企业在招聘的时候应当更重视个人特质，而不是经验，要看到别人看不到的东西。

同时，通用公司在选拔人才时也并不把聪明才智放在第一位，最重要的是选拔适合公司的人才，在最适合的基础上，挑选最优秀的人。在人力资源管理中，所招聘人才年龄的大小、经验的缺乏和丰富，没有绝对的好与不好之分，只有合适的，才是最好的。只有站在战略的高度确定选择人才的标准，才能够保证所组成的团队朝着共同的目标前进。同时，公司对这批人才的分配也是打造人才的第一步，只有把合适的人放在合适的岗位上，才能发挥一个人的才能，给公司带来最大效益。

通用公司有自己选择人才的标准，但并不恪守教条。例如，20世纪80年代后期，由于通用公司的快速成长，只招聘刚刚毕业的人才已经不能够满足公司扩张的需要。在公司7000个空缺职位中，75%的人员是从业界招募的有经验的人才。当听说某著名公司在硅谷的营运中心正在缩减时，公司立即组成猎才小组，列出主要的目标人才，主动上门联系。通用公司甚至为了得到某个有经验的人才，不惜买下他所在的公司。这种根据实际情况，发现人才、珍惜人才的做法，为通用公司的人力资本增添了不小的实力，也为通用公司实现自己的战略计划打下了坚实的才智基础。要做到这一点，必须进行职位分析，从企业战略发展的角度进行职位预测、储备人才。很多企业只有到了人手紧缺的时候，才会匆匆忙忙地进行招聘，但是合适的人才并不是很快就能够找到的，结果在业务开展急需人手的情况下，不得不选择并不适合的人。这样的行为容易导致员工士气低下、缺乏团队精神、员工流动率过高等弊端，严重影响工作绩效。

通用在中国的人才选拔体现了其在发展中的本土化策略。从公司战略的高度来做人力资源管理工作，不但要考虑公司的文化是什么，还要考虑公司业务所在的当地文化。经济全球化也意味着资源的全球化，但比较技术与资金两种资源，人才资源的全球化是一个崭新的课题。外企到中国投资十几年，看重和使用的就是中国本土的低成本劳动力，同时辅以国外相对便宜的资本和技术资源等，形成了他们独特的竞争优势。为了在中国生产出世界市场上有持续竞争力的产品，很多外企从一开始就努力实施高级管理和技术人员本土化（中国化）的人才发展战略。他们知道，无论是技术上的发明、设计、创新，替代材料的生产，还是管理理念的建立、管理体制的中国化、管理方案的实施等，都需要中国本土人员的深层次参与。

与通用的留人制度相比，我们国内的很多企业很少给予雇主品牌以足够的重视，众多求职者对于企业的雇主品牌的定位不了解，不知道雇主能够为自己提供的整体利益是什么，甚至很多新员工入职后，也无法很快弄清楚公司所能提供的功能性、经济性和心理性利益。这样不但容易误招不合适的人，也不能发挥雇主品牌这个低成本工具的高效用。

第三节　企业的文化管理与素质管理

企业要实现一个明确的发展目标，而且得到社会和市场的认可，就必须要求企业的每一个员工站在同一起跑线，目标一致、价值观一致、规则一致，把对企业的责任和义务以及个人价值置于社会、企业价值之中，以对社会、企业的贡献大小来衡量与评判个人价值的高低，实现个人成功与企业发展的高度和谐统一，从而促进企业健康、快速、稳定发展。

企业要生存、要发展，必须依靠员工。只有员工的素质提高了，企业的绩效才能提高；只有员工的素质提高了，企业的管理水平和执行能力才能提高；只有员工的素质提高了，企业的综合效益才能提高。员工素质已经成为企业的核心竞争力，谁拥有了一流的员工，谁就可能成为一流的企业。因此，在市场经济条件下，企业素质管理已是一项十分重要的工作，它涉及企业的各个方面。员工素质的高低直接影响到企业参与市场竞争的成败，加强素质管理，提高员工的思想、业务技术、作风素质，是提升企业竞争力，促进企业发展的重要途径。

一、企业的文化管理与员工个体素质

什么是员工个体素质？员工个体素质主要指员工的基本素质、专业素质和政治素质所构成的员工综合素质。其中，基本素质指员工自身所具备的文化知识、语言、思想、判断能力、心理承受能力、自我约束能力和健康的身体；专业素质指员工在所从事的专业岗位上，具备的专业理论、专业技术、专业技能以及创新意识、创新能力；政治素质指员工的思想政治品质和职业道德品质。三者是相辅相成的关系，提高员工的基本素质，是推动企业发展的根本保证；提高员工的专业素质，是推动企业发展的动力；提高员工的政治素质，是企业树立良好形象的关键。

提高员工个人素质对于企业的发展至关重要。要依靠科技振兴企业，必须提高员工的素质。

随着科学技术的飞速发展，科学技术已成为第一生产力。从这个意义上讲，企业素质的提高取决于企业科技的进步程度。如果一个企业没有强烈的技术进步意识，缺乏不断追求技术进步的机制，这个企业终将走向衰败，进而在剧烈的市场竞争中被淘汰。改革开放以来，很多的企业充分认识到这一点，它们积极进行技术改造，引进国内外先进的科学技术和设备，但有的企业对许多先进的科学技术和设备缺乏管理和应用，致使其没有发挥应有的作用，原因就在于忽视了企业人员的素质问题。所以，企业要发展，依靠科技振兴，就必须提高人员素质。

产品要更新，就必须提高人员素质。科学技术是不断向前发展的，人们对产品的需求也会越来越多，对质量的要求也会越来越高。所以，企业必须不断更新产品，不断提高产品质量，只有这样，企业才有旺盛的生命力。产品更新和质量的提高，要求员工有较高的文化知识与技术更新能力，如果企业人员素质太差，必然会拖企业发展的后腿。只有提高人员素质，企业产品更新和质量的提高才能成为企业员工的自觉行为并得以顺利进行。

要更新管理方法，必须提高企业人员的素质。现代化企业是技术现代化与管理现代化的综合体。没有第一流的管理，就没有第一流的企业和第一流的效益。新中国成立初期，经验管理和传统管理的弊端并不突出，但发展到今天，企业规模宏大，结构复杂，信息量大，设备先进。如果单靠经验管理和传统管理就不能适应现代化企业的需求，企业很难创造应有的效益。所以，更新管理，是企业客观发展的要求。现代科学的管理方法也要靠人去实施，如果人员的素质和水平不高，先进的管理方法员工掌握不了，适应不了，也就不可能把先进的管理方法用于企业的实际工作。所以，管理更新，也要求提高人员素质。

那么，如何提高员工的素质呢？一个优秀的企业的员工必须具有扎实的业务技术、专业知识或企业管理专业知识，具有丰富的现代企业管理经验，注重管理知识的更新，始终站在现代企业管理的最前沿。因此，必须转变观念，增强改革意识、创新意识、竞争意识，着力提升员工的素质。企业要想提高员工的个人素质，在实际工作中应突出抓好三个环节：

一是要抓根本，在思想理论武装上下功夫。思想理论素质是员工综合素质的核心和基础。提高基层员工的思想理论素质，最根本的就是要通过加强基层党建工作和思想政治工作，下功夫抓好企业文化建设，使员工真正认识到“企兴我荣，企衰我辱”，真正从主人翁的角度参与企业的建设和管理。

二是要抓重点，在科学文化学习上下功夫。信息技术的飞速发展和设备器材的更新换代，对基层员工的科学文化素质提出了新的更高要求。管理者要从基层员工的实际出发，按照“创建学习型企业，培育知识型员工”的要求，研究制定加强基层员工科学文化学习的规划和措施。要教育和引导广大员工巩固确立科学技术是第一生产力的观念，自觉克服工作任务繁重、没时间学习，设备器材落后、学了也用不上，学习可多可少、对个人成长进步作用不大等消极认识，进一步激发他们学习科学文化的热情。这样，就能不断增强基层员工的现代意识、科技意识和创新意识，夯实和确立他们的科学世界观、方法论的基础，提高他们掌握现代设备器材的能力。

三是要抓关键，在加强一线基层领导能力建设上下功夫。一线的基层领导既是基层建设的对象和内容，也是建设基层的组织者和实施者。提高员工的综合素质，关键是建设一支高素质的一线基层领导队伍。要选优配强一线基层领导，按照政治强、专业高、懂技术、会管理的要求，真正把那些政治思想强、专业素质高、表率作用好、发展潜力大的骨干选配到一线基层领导队伍中来，从源头上提高一线基层领导的素质和水平。要加大对员工的培训力度，采取岗位自学、短期集训、专题研究、换位训练、领导帮带等多种形式对他们进行培训。

关于企业文化管理的产生与发展，我们应该明确一种观点，就是任何企业都有文化和文化管理，企业诞生之日就是企业文化启动之时。在长期的经营管理实践中，每个企业都形成了特定的文化管理，只不过这些文化有优质文化和劣质文化之分。因此，我们所谓建设企业文化，实践上是在建设优秀企业文化的同时，摒弃和消除那些劣质的文化。关于企业文化建设的路径，我们需要明确的是，企业文化并不是“建设”起来的，而是在企业长期的实践活动中产生的，企业经营管理的任何一项活动，既受特定的价值观指导，又会附着甚至形成一种新的文化。也就是说，真正意义上的企业文化的形成与企业的经营管理实践活动是同步进行的。

员工素质和企业的文化管理之间并不存在逻辑上的相互决定与派生关系。员工素质高的企业，未必就一定会形成好的组织文化，员工素质较低的企业，也未必没有良好的文化。员工素质只是建设企业文化的基础，却不是企业的文化管理是否导入和能否成功的先决条件。那么，为什么会有“员工素质低的企业不合适进行企业的文化管理”这样的说法呢？原因可能有两个方面，一是没有弄清楚员工素质是在经营管理活动中形成的；二是认为企业的文化管理是一个比较宽泛而不确定、不好理解的概念，素质较低的员工不太容易理解、接受和执行。第二个原因可能是现实中企业的文化管理的一个阻碍，却绝不能成为不建设企业文化的借口。因为众所周知，绝大部分企业在文化管理目标中都提出了“提高员工整体素质”这样一条——正是由于员工素质存在问题，所以，才要加强企业的文化管理。企业的文化管理，就是在员工现有的素质基础上进行的；文化管理理念体系的规划和设计，也应与员工目前的素质水平和接受能力相匹配。文化管理的思想体系和建设实践，是指导企业在经营管理中逐步提高员工素质的必要前提。

当前，许多企业都提出了关于提高员工素质的问题，但是，对于员工素质这一概念的界定，又存在许多语焉不详的地方。有一个调侃文人的故事，讲的是一个文人坐船过河，为了显摆自己的知识，文人问船夫："你懂哲学吗?""不懂。"船夫回答。"哎呀，那你就失去了一半的生命了。那么，你懂历史吗?"文人接着问。船夫老实地回答不懂。"那你就失去三分之二的生命了。"文人说。话音刚落，河面起了风浪，船晃得厉害，文人感到很害怕。船夫问文人："你懂得游泳吗?""不懂。"文人惊慌地回答。"哎呀，那你马上将失去全部的生命了。"船夫说。这里，我们想用这个故事，来映射企业在员工素质培育方面的误区，就是只重视对员工进行技能性操作等工具理性的培养，而缺乏对员工价值理性的培养。

从企业管理实践角度和员工工作价值观角度出发，员工素质包含三个方面的内容：一是组织意识，二是市场意识，三是技能养成。所谓组织意识，就是要强化员工对组织的存在与性质、组织目标与个人目标的关系、集体主义与个人主义的关系、制度约束与个体成长、团队合作与个体努力等基本问题的认识，真正从本源上启动员工通过组织成长实现个人成长的愿望，使员工在认清上述问题之后，逐渐降低对组织管理的依赖，而逐步提高自我管理、自我驱动的能力。所谓市场意识，也可以称为职业意识，即强化员工对自身"职业市场价值"的认识和定位，包括对能力的理解，企业报酬与自身工作的对比，自身知识、资源的运用，工作的努力程度，与先进分子的比较，等等。因此，我们习惯理解的员工素质，只表述了知识、技能等事实，是不全面的。或者说，只是说明了其自身素质，而未说明其职业素质。

毋庸讳言，上述两个方面的许多问题都需要通过企业的文化管理来解决，但这并不意味着就是通过简单的企业文化活动及教育来解决，而要与企业的有效管理结合起来。

因此，从组织文化角度看，员工素质的高低并不简单取决于员工知识水平和技能水平的高低，而是取决于员工的组织意识、职业意识的高低。有了良好的组织意识和职业意识，素质再“低”的员工也能产生巨大的工作能量。

二、企业的文化管理与团队素质

团队的素质对于整个团队乃至企业是至关重要的，它关乎团队与企业的生存与发展，也制约着企业的文化管理的成效。团队的素质在本质上无外乎分为品行素质、文化素质和技术素质。

素质，即一个人在社会生活中的思想与行为的具体体现。《辞海》中，对“素质”一词的定义为：①人的生理上的原来的特点。②事物本来的性质。③完成某种活动所必需的基本条件。本章所涉及的“团队素质”中的“素质”应是第三个定义，即从事社会实践活动所具备的能力。

一个具有良好素质的团队，通常具备三个基本特征：相同或近似的态度和价值取向，善于协调和默契协作，互补互助。那么，作为良好团队中的一个个体，对其在素质方面的要求应该有哪些呢？

首先，要诚信守诺，忠于团队。团队一般不具有正规组织的职责、纪律规定和制约机制，但却对个体的情操、信誉要求更高，需要大家心悦诚服地遵守团队成文或不成文的约定和习惯方式。而个体作为团队的一分子，必须要忠于团队。

其次，要善于学习自己不具备或欠缺的知识、能力，以便使自己在工作上得到必须的补充、帮助和支援，进一步以局部的提升带动团队整体的提升。

再次，创新能力。创新力是团队活动的基础，也是团队凝聚力的粘合剂，更是团队成员想在团队实践中获得学习、提高的机会和条件。

最后，勇于进取，进退得当，不争强好胜，不抢功委过，勇于承担责任。一个不思进取的人不仅对团队没有价值，对任何一个合作者都没有价值，甚至起到反作用。一个不懂进退的人，怎么能与他人友好协作、和谐共处？一个争强好胜、抢功委过又不敢于承担责任的人，势必给团队和自己带来伤害。

提高团队素质主要表现在以下几个方面：

第一，要通过选聘着力解决团队的文化层次提升和团队领导的配备的问题。

选聘员工要有针对性，结合岗位需求，选用知识水平、专业技能较高的人员。

团队领导的配备同样至关重要。一方面，企业要稳步发展，与之相适应的岗位、人员也要进行稳定、有效的调整，所以，选聘团队领导要强调稳定的因素，侧重考虑内部提升；另一方面，领导者应具有锐意进取、求异思变的精神，所以，配备团队领导时要强调创新、变革和开拓精神，适当向外招募选聘，给企业注入新鲜血液。此外，还要综合考虑，选择具有敬业精神、大局意识、领导能力、执行力较强的人员担当团队领导。

第二，通过系统地培训与开发，着力提高员工技能水平。

团队培训向来被看作是提升团队核心竞争力和综合素质的重要手段。通过科学有效的培训，鼓励员工学习更多、更深、更广的知识和技能，可以提高团队整体业务技能水平，也是发现团队自身潜力、促成员工自身发展并最终促成企业全面发展的重要技术保障。同时，培训也逐渐被视为一种能够激励员工进取向上的福利待遇。除了注重培训，还要充分结合职业资格认证体系，广泛开展职业技能鉴定，通过系统的学习与考核，促使员工达到一定技能标准，从而促进团队综合素质和综合实力的提高。

第三，通过团队精神和文化培育，着力解决员工的归属感、团队的沟通问题。

用人即育人，育人不仅指对人本身的培育，还指对人的团队精神和团队文化进行培育。企业要重视团队文化的建设，要本着以人为本的宗旨，充分尊重人、爱护人、支持人的发展，宣传培育弘扬“团结、沟通、理解、合作”的团队精神，营造宽松、和谐、竞争、相互尊重、相互信任的文化氛围，以此感召人心，使成员时时刻刻感到自己在团队中的重要性，能担负起团队所赋予的责任和义务。同时还要在打造团队文化的基础上建设畅达的沟通渠道。一个高素质的团队必定能够使每个成员都敢于表达自己心中的真实想法，对团队的发展提出建设性意见和建议，提高团队整体素质和综合实力。

第四，要通过灵活、高效的激励奖惩手段，完善团队内部的竞争机制。

用人就要充分运用竞争机制，懂得激励，厉行奖惩。薪酬是最好的激励手段之一，要彻底改变传统的薪资设计理念，确保薪资与工作绩效挂钩。当然，薪酬激励要本着稳定、务实、高效的原则，要在现行机制的基础上充分结合团队自身的实际情况，针对不同岗位、不同人员、不同业绩，灵活制定相关考核标准和激励措施，最大限度调动员工的积极性，增强团队综合素质和整体实力；要给予团队每个成员向上发展、综合发展的空间，通过晋升机制，合理促进竞争，并依靠行之有效的奖惩办法推动竞争，对好的进行褒奖，对不好的要有惩罚，使团队成员在竞争中因感到压力而不断追求上进，因感到自信而激情澎湃。

一个企业的成功离不开良好的团队，文化管理在企业的日常运营过程中起着非常重要的作用。而在文化管理的过程中，团队成员的素质也是非常重要的。

文化管理中最根本的因素是人，对团队的管理即是对人的管理。因而团队管理是文化管理最重要的部分之一，团队的素质对文化管理至关重要。尽管成功的团队管理不一定能保证项目的成功，但失败的团队管理必然导致项目的失败。

在文化管理中，人是最具创造力和灵活性的因素，文化管理和人的关系形同舟水，水能载舟，亦可覆舟。团队能产生大于个人的力量，能获得大于个人所产生的效益，充分发挥既有资源的效益与潜力。文化管理要求充分利用团队成员的知识和开发他们的潜能，培养高素质、具有责任感的成员。在实际的文化管理中，没有完美的个人，只有完美的团队。可见，团队的素质在企业的文化管理中的作用是非常大的。具备良好的团队素质已经成为实行有效文化管理的必备条件，团队管理在文化管理中显得越来越重要。因此，我们需要一个有能力的项目经理来管理好这个团队。当然，一个好的项目团队除了靠项目经理的才能外，其团队的整体素质也是不可缺少的。只有项目经理和项目团队相互配合、共同努力，才能形成一支高素质、高效的项目团队。

三、企业的文化管理与企业素质

企业素质是个“质”的概念，而不是“量”的概念。企业素质是个“整体”概念，我们考察企业素质时不仅要看它的各个要素的质量，更重要的是要看各要素之间的内在联系和相互结合、相互制约的整体功能。企业素质是个“动态”的概念，企业素质的好坏不仅与其“先天”的因素（即企业创建初期的各因素）有关，也与其“后天”的因素有关，即企业创建以后科学技术的发展、社会消费结构的变化都对企业素质提出新的要求，企业应不断改善和提高自己的素质。提高企业素质本身不是目的，它是为实现提高企业经济效益这一目标服务的。

企业素质指的是企业各要素的质量及其相互结合的本质特征，它是企业生产经营活动所必须具备的基本要素的有机结合所产生的整体功能。从这个定义可以看出，企业素质是一个“质”的概念而不是“量”的概念。因此，看企业不能只看其规模，更要注重其内在质量。同时，企业素质也是一个整体的概念，在分析企业素质时，不仅要分析企业各个要素的质量，更要注重各个要素之间的内在联系和相互整合。

企业素质要素亦即构成企业素质的企业内部的生产要素，可分为有形要素、无形要素和人三大类。

第一类，有形要素。有形要素大体相当于俗称的“硬件”，即表现为实物形态的要素，包括生产场地、建筑物、设备、设施、工具、仪表、资金、有价证券等。

有形要素是企业素质的物质载体，是一个企业赖以生存的基本条件。其禀赋高低及其对企业素质的影响，主要取决于以下四个指标：

一是适用程度。指企业的所有有形要素都必须适用于企业的经营范围、经营方式和经营目标。

二是先进程度。指企业的有形要素的技术含量、性能指标在当时同类企业中所处的位置。

三是充足程度。指企业有形要素在适用、先进的前提下，在量的方面满足经营目标需要的程度。

四是经济程度。指在适用的前提下，企业有形要素的功能成本比值。

一般来说，企业有形要素禀赋的高低与上述四个指标成正相关。企业素质则不然。它与有形要素的适用程度和经济程度成正相关，而与先进程度和充足程度，只有在合理的有机构成限度内才呈正相关。

第二类，无形要素。无形要素大体相当于俗称的“软件”，表现为非实物形态的要素，包括技术、信息、管理、制度、机制、企业文化、企业道德等。

不同类型的无形要素，其禀赋的衡量标准也不尽相同。像技术、信息这类无形要素，其禀赋体现在适用程度、先进程度、充足程度和经济程度上；管理、制度、机制这类无形要素，其禀赋则体现在适用程度、先进程度和充足程度上；而企业文化、企业道德这类无形要素，其禀赋则主要体现在它的先进程度上。

各种无形要素对企业素质的影响也各不相同，下面我们简单分析一下。

技术是人类为了实现自身的需要而创造的手段和方法的总称。它对企业素质的影响主要是通过强化、提高其他要素的禀赋来实现的。它可以拓展和强化有形要素的性能、功用，提高其技术含量和质量，可以改进、创新工艺流程、产品配方、方法诀窍、管理技巧等无形要素，还可以增强人的技术素质，提高其技能等。它对企业素质的影响不但与企业相伴始终，甚至在企业的孕育期就已开始。

信息是现代科学技术中对情报、资料、知识的总称，是企业的设立、要素的配置以及企业一切决策、运作和经营活动的依据。如果根据错误的信息去建立企业，进行要素配置，企业必然先天不足；如果根据错误的信息去做经营决策，指挥经营活动，企业必然后天不良。因此，衡量信息的禀赋，不仅要看它的充足程度和经济程度，关键是要看它的适用程度和先进程度，即看它是否准确，是否及时、全面和有价值。

管理，这里指企业管理，它是配置、整合与利用所有企业要素以求获得最高效率和最大效益的一系列行为和过程的统称。它在企业素质要素中好比大脑。它对企业素质的影响，取决于管理的各个方面和各个环节的水平和质量。

制度和机制，这里指的是企业制度和企业机制，这是两个有着密切联系且易被混淆的概念。企业制度是企业内所有行为规则的总和。企业机制则指企业各种制度运作的机理、功能及彼此间的关系。俗话说，“无规矩不成方圆”，企业制度就是企业运作的规矩，企业机制则指这些规矩是如何发挥效能的。企业制度是企业管理的依据，企业机制则是管理效能的体现，因而广义的管理也包括制度和机制。在所有的企业制度中，产权制度也就是常说的“所有制”居于首要地位，它对其他制度起着决定性作用；在所有的企业机制中，利益机制是至关重要的，它是一切制度和机制的归宿，对制度和其他机制有着重要的反作用，影响着制度的安排、变迁和其他机制的功效。我们平常所说的激励机制和约束机制，实质就是利益机制的两端。制度和机制对企业素质的影响，取决于它的适用程度、先进程度和充足程度。这里讲的先进程度，主要指合理性、科学性和严密性。

企业文化，广义的企业文化是企业长期形成的、具有本企业特色的、对企业员工具有感召力和凝聚力的共同理想、基本价值观、企业精神、群体意识、行为方式、道德规范、企业作风、文化积累等的总称。企业文化是企业素质的灵魂。它一旦形成，就会通过它对企业成员的思想行为和企业制度的影响而对企业素质发挥巨大的影响和制约作用。其作用的效果，主要取决于企业文化的先进程度和被企业成员认知和接受的程度。所谓先进程度，就是看它是否继承了人类文明的积极成果，是否体现先进文化的内涵和发展方向。

企业道德，本来也属于广义企业文化的范畴，针对企业的现状，有必要特别加以强调。企业道德指调整企业同企业内外的自然人和法人的关系的企业行为规范。它的核心是“诚”和“信”，它的根本要求是对一切利益相关者负责。

第三类，人。不少学者把人列入有形要素的范畴，这当然自有道理，因为人本来就是有形的。但这样一来，就把人降到一般的物的地位上了。笔者认为，应该把人从一般的有形要素中独立出来，并突出其核心要素的地位。人的核心要素的地位是由两个方面决定的：一方面，企业的一切要素都离不开人。设备工具靠人去配置、去操作，技术靠人去创造、去掌握，信息靠人去收集、去处理，制度靠人去制定、去执行，管理靠人去实施，企业文化靠人去体现。即使在信息时代，电脑的程序还得靠人设计，电脑也得靠人操纵。离开人，这一切都不过死物一摊，无法形成现实生产力。另一方面，企业的一切都是为了人。为了满足人的需要，为了实现人的利益，其中自然包括企业中的人，在一定程度上甚至可以说，首先是为了企业中的人。因为，如果投资者得不到预期的利益，就绝对不会设立这个企业；如果企业员工长期得不到预期的利益，企业也绝对不可能正常有效地运作。一句话，人、人的需要、人的利益，是企业的出发点和归宿。既然企业的一切都离不开人，企业的一切又都是为了人，企业中人的核心要素地位就毫无疑义了。

人是企业的核心要素，人的要素禀赋对企业素质自然起着决定性的作用。企业中人的要素禀赋的高低及其对企业素质的影响，也主要取决于以下四个指标：

适用程度。具有两层含义，一是人的要素的配置要同企业的经营和发展的需要相适应，二是人在企业中可以各得其所、各尽其才。

优良程度。指企业中人的综合素质的高低和结构的合理性。综合素质包括思想素质、文化素质、技术业务素质、身体素质等。结构则包括专业结构、特长结构、学历结构、年龄结构、性别结构、性格结构等。

充足程度。指人的要素在量的方面满足企业经营和发展的要求的程度。

经济程度。与人力资源成本呈反比。成本越高，经济程度则越低。

同企业有形要素相似，企业中人的要素禀赋一般与上述四个指标呈正相关。而企业素质与其适用程度和经济程度呈正相关，至于优良程度和充足程度，只有在适用的前提下才呈正相关。这就告诉我们，控制企业中人的要素的量和质的合理十分重要。不然就会造成冗员和人才的浪费，增加企业的负担。

这里，特别需要强调的是，人是企业素质的核心要素，而企业的首脑，尤其是决策班子和经营班子的首脑，更是核心中的核心。他们的禀赋如何，直接决定着企业的素质，决定着企业的前途和命运。

提高企业素质的主要途径如下：

就目前的研究来说，最具有说服力和有效的措施就是要在提高企业领导层和员工的素质上下功夫，上文已经谈到，人的因素是决定企业素质的一种至关重要的因素。我们应该从这两个方面入手，提高企业素质。对于企业领导来说，就是要培养韬光养晦的大局精神，要树立宏观的国际视野，在具体的管理和决策过程中讲诚信，勤学习，在工作上团结同志，发扬民主，锐意进取。对于科技的进步、市场的需求、资源的供给、国家的政策法令等企业发展的重要外因要时时关注，了解其变动。要在第一时间确立起应变的措施和相应的责任机制。

企业不仅要提升领导层的素质，更应该坚持以人为本，确立科学发展观的核心价值理念，不断发挥企业员工的主体地位，尊重其首创精神，使广大员工对企业有归属感，这也是我们下面探讨企业文化提升企业素质话题时需要着重说明的问题。那么，如何尊重并发挥企业员工的首创精神和提升其自身能力呢？我们认为首先要为员工提供舒适的生活和工作条件。为员工创造一个较为舒适的工作环境，能够让其一心一意为企业的发展贡献自己的全部力量。具体来说，要为员工提供更多的学习、进修、提高的机会。同时，我们还需要指出，作为企业的管理人员，还要注重提高员工的专业技能素质。

通过技术创新提升技术素质。企业技术包括技术装备和技术方法。技术装备是企业生产的硬件，技术方法是企业生产的软件。我们知道，先进的技术装备能为企业带来更大的利益。然而，物极必反，也要注意供求情况，合理配置资源，而不能因一味盲目地增加软、硬方面的投入而造成资金和人力的浪费。

加强组织管理，培育企业文化，提升企业综合素质，整合各方面资源，最大程度实现企业素质的优势和能量。有效的企业的管理包括组织、生产、经营和人事等各个管理方面，物尽其用，通过各种有形或者无形的物质或者精神资源砥砺培育。这里特别需要强调指出的，就是要培育良好的企业文化，企业文化作为企业的灵魂，在企业素质提升过程中有不可替代的重要作用，在一定程度上是企业成败的关键，也是企业以人为本的重要方面。良好的企业文化的塑造，关系着企业素质的整体发挥。因此，要加强各方面资源的整合发展，有效利用，不可偏废。这样，才能让企业在竞争中立于不败之地，获得更大的企业利润，不断扩大企业规模，创造更多的社会效益。

用企业的文化管理提升企业素质。企业文化是企业在长期的生产经营实践中创造和逐步形成为全体职工所认同、遵循的具有本企业特色的精神和理念。其核心内容是企业价值观、企业精神、企业道德规范和行为准则。

企业文化本质上是一种产生于企业之中的文化现象。从管理的角度看，企业文化是为达到管理目标而采取的管理手段。企业文化是以企业管理主体意识为主导，追求和实现一定企业目的的文化形态，其在企业发展中起了巨大的作用，是企业的灵魂。

企业文化对增强企业竞争力的作用具体体现在以下几个方面：①凝聚功能。企业文化具有黏合剂和强力磁场的作用，通过共同的价值观、企业精神、群体意识和思想信念等的作用，形成强大的向心力和凝聚力，把企业全体成员凝结成一个有机体，共同为企业目标的实现而拼搏。②导向功能。由于企业文化体现了企业整体及其成员的共同价值观、理念和共同利益，因而能使人们自觉地把个人目标与企业目标结合起来，为实现企业目标而努力奋斗。③激励功能。企业文化能够将员工的积极性、主动性和创造性调动与激发出来，把人们的潜在智慧激发出来，使员工的能力得到充分发挥，提高各部门和员工的自主管理能力和自主经营能力。④约束功能。企业文化能够使成员在企业文化的影响下自我约束和自我控制，使得企业团队产生巨大的合力。因此，软约束比起硬约束有着更强大而持久的影响力，是企业文化精髓的真正体现。

企业管理说到底就是企业管理者对企业的人、财、物的管理，最根本的管理还是对人的管理。人是企业中最积极、最活跃、最具创造性的因素。因此，如何调动人的积极性，提高人的素质，充分发挥人的作用，才是企业管理的关键。优秀的企业文化是改进管理者的领导艺术、优化企业组织结构和管理的有效手段，能够有效地激发人的智慧，调动人的积极性，增强员工的认同感，促使员工与企业同呼吸、共命运，并把企业的目标转化为个人的自觉行动，实现个人发展与企业目标的高度一致。优秀的企业文化能够培养出高素质的员工。面对新技术革命的浪潮和激烈的市场竞争，人们越来越认识到企业的成功不仅取决于先进的装备、充足的资金、精湛的技术、科学的管理，更依靠高觉悟、高智能、高追求的人才。实践证明，随着员工文化层次的不断提高，现代企业的员工越来越不满足于传统的管理模式，越来越追求智能与情感相结合的充满人情味的管理方式和具有创造性的工作岗位，在工作中实现自我价值和劳动价值。企业文化建设则是现代企业提高员工素质和企业素质的根本途径。

文化管理是企业发展的永恒主题。随着经济的全球化进程，我国企业面临着日趋激烈的国际竞争，如果不在管理上用高标准、严要求，就难以提高我国经济的竞争力和抗风险能力。企业的文化管理必须建立在全方位、全过程、全员性的严格管理之上，文化管理是实现高质量、高效益目标的基本保证。一个成功的企业，必定有一套符合企业实际情况、行之有效，并能得到切实落实的规章制度。企业文化能够通过企业理念、价值观、道德规范、目标的长期熏陶、教育、约束转化为员工的自觉行动，把企业严格有效的管理潜移默化地融入员工的日常行为，最大限度地发挥管理效能。从我国企业的现状来看，大多数企业在管理硬要素与软要素的协调上存在不少问题，如人力资源管理滞后于组织结构，管理方法、手段简单、生硬等，而建设优秀的企业文化，则可化解这些矛盾和问题。

建设优秀的企业文化，是现代企业管理的高层次追求，是提升企业核心竞争力、实现人本管理的必然要求，是实现文化管理的有效途径。

四、企业的文化管理与素质管理之案例评析

IBM 作为一个跨国 IT 巨头，在近百年的历史里一直在市场上呼风唤雨，经历了很多次的经济危机却依然蓬勃发展，在全球拥有几万员工，IBM 的人力资源管理经验可以说值得其他类似的企业借鉴，也引起了学界很多的研究。

那么，像 IBM 这样的超大型的跨国企业，到底是如何规划、开展和评估员工的素质培训的呢?

新员工培训。IBM 认为，对员工素质的培训本身就是一种投资，而不是例行公事。新员工进公司前三个月，主要进行介绍公司的组织部门、营销思路、经营理念、企业文化等培训，对管理人员和营销人员的工作流程进行分析，对质量管理、谈判技巧等进行深入训练。培训主要采用现场实习和课堂讲授相结合的教学方法。在新入职的人员的培训上，IBM 花如此多的心血是有其长远的计划的，员工的入职培训对于 IBM 的重要性不言而喻，而自从 IBM 转型为市场导向型的企业以后，这种新员工的入职培训更是被提升到了前所未有的高度。

IBM 学无止境。在美国纽约的 IBM 公司教育中心门口，写着这样一句话："There is no Limit to knowledge."（学无止境）这句本该写在校园、教室里的话却成为了全球最大的计算机公司的座右铭，从这里我们也可以看出 IBM 公司对于员工培训的态度，那就是学无止境。

在 IBM 公司，除了上文提到的入职培训以外，还有一系列的后续培训。事实上，入职培训只是漫长培训的开始，随着职务的升迁，新的培训马上接踵而至：一线的基层经理一年内要接受 80 小时的课堂培训，培训内容包括公司的历史、信念、政策、习惯做法以及激励、赞扬、劝告等管理

技巧；对部门经理则设立专门的中层管理学校，内容以公关外交、人员管理、经营思想以及战略为主。公司的2300名高层部门经理则要参加为期两周的跨国公司经理培训，内容五花八门，只要与本公司有关，从南美到中东，从贸易逆差到联邦预算，无所不包，甚至连前美国国务卿基辛格都被邀请参加讨论。如此一个完备的、详细的员工培训系统，如此专业的、对口的员工培训课程，IBM可以说真正做到了，只要你是一名IBM的员工，那就得真的做到学无止境了。而对于员工来说，IBM的这个体系将一直要求他们不停地去学习、研究，企业内部将会充满活力。

员工素质培训课程。IBM公司在培训的资金的投入、计划的严密性和结构的合理性方面，在众多企业中是处于领先地位的。IBM的每名员工都要接受为期12个月的初步培训，主要采取实习加讲课的方式。他们有75%的时间是在各地分公司度过的，25%的时间是在公司的教育中心学习。学员们也会最大程度地利用一切可以利用的时间与市场销售人员一起访问客户，以求从实际工作中有所收获。

现场实习过后，学员们会有一段长时间的理论学习，这段长达14到15个小时的学习时间，常常压得学员们喘不过气来。然而，很少有人抱怨，几乎每个人都能完成学业。因为IBM公司会针对每一个学员的不满情绪去教育他们。

在IBM公司，市场营销培训的一个基本内容是模拟销售角色。公司第一年的培训课程几乎每一天都涉及这种训练。在课堂上，学员们常常扮演用户，向其他学员们提出各种问题，以检查他们回答问题的能力。这种方法其实也是一种测验，可以对每个学员的优点和缺点进行两方面的测试。教员们更像是一个裁判，对学员在一些关键领域的学习状况，如联络技巧、学习技能、与用户的交流能力以及一般企业经营知识等方面，都会给出一个合理的评判。在这些销售课程的角色扮演中，IBM最具特色的也最复杂的课程之一，就是一个叫做“阿姆斯特朗”案例的联系，它设计了一种假设由制造业、零售批发、海洋运输、饭店网络和体育用品等部门组成的复杂的国际间业务联系。IBM的学员就在这样复杂的环境中扮演各种角色，通过这样的联系，他们可以对工程师、经营管理人员、财务人员、市场营销人员和总部执行人员的个人特点、工作态度、决策能力等进行详尽的剖析。同时，这个案例会使学员在一个很逼真的环境中去亲身体验一系列错综复杂的问题，去感受这个过程涉及的所有人物类型。

真知来自实践，而IBM的实践又是如此地别具一格，在一种毫无风险的虚拟环境里练就了无数的优秀人才，这也许就是IBM公司人员培训成功的最大奥秘。

在市场经济的大潮中，企业之间的竞争就是科技的竞争和知识的竞争，而科技与知识的竞争，在本质上归结于人才的竞争，谁赢得了人才，谁就赢得了市场，就赢得了机遇与希望。要想有效提高员工素质，获得众多的专业人才，员工培训是不二法门。

员工培训要讲究方法。如果把员工培训比作一项工程，那无疑是一项浩大的、持久的、艰巨的工程，必须有目的、有计划地系统进行，这其中，方式和技巧尤为重要。综观IBM的做法，有三点值得我们学习和效仿：

一是针对性。以为我所用为目标，有目的地进行培训。因此，员工培训方向明确，针对性强。以IBM为例，其员工培训中营销人员占了相当大比例，正是在这样培训的基础上，IBM建立了极为庞大、复杂的营销网络，年销售额达到了500亿美元。

二是延续性。以阶梯式培训为格局，因材施教进行培训。IBM的培训从普通员工、基层经理、部门经理到高级部门经理、跨国公司经理，针对各个阶层的不同工作需要，分门别类，因材施教，形成一个金字塔式的培训体系，不但增强了培训的针对性，也建立起了一个良好的激励机制，给员工灌输了一种学无止境的理念，而这样的一种金字塔式的培训体系，无异于一座庞大的人才宝库，极大地丰富了企业的人才储备。

三是实践性。以现场操作为主的培训，学习的目的是为了应用，以实习现场为第一课堂，以实践操作为考核成绩，让学员从书本中走出来，在实践中学习提高，增强其实战技能，提高其实战能力，游刃有余地应对即将面临的工作。

正是由于IBM在人员管理上有一整套独特而完善的体制，才保证了IBM在同行业中始终处于领先的地位并不断稳步发展。在人才流动频繁的IT企业，IBM却始终拥有着一批效力达10年以上的员工，这在很大程度上是得益于IBM良好的人员管理制度和文化。

值得一提的是，IBM公司的人员管理机制也是流动的，而非固定不变的，它会根据市场行情及时作出调整以优化其效果。就拿薪金来说，IBM公司专门委托咨询公司来为公司的薪金制定提供参考标准，以保证薪酬制度的可操作性。

不管怎么说，IBM 公司所有的措施包括管理体制在内，都是为了有效地发挥员工的能动性，形成团队协作精神。而 IBM 就是依靠这些高素质的员工在 IT 业创造了一个又一个的奇迹，也赢得了“蓝色巨人常胜不衰”的美誉。

要进行大范围的长时间的系统培训，资金投入必然不菲。那么，这么大的投入是不是与企业追求利润最大化的目标相悖呢？回答是否定的。员工培训是要花费很多资金，但就结果而言，企业从中获得的好处远远大于其先期投入。目前，发达国家的大多数企业从它们的实际中认识到培训员工的必要性和重要性。因此，它们不惜金钱，有计划、分期分批地以多种形式培训自己的员工，特别是经理和管理人才，使得企业的生命力越来越旺盛。

第四章

企业的文化管理与营销管理

营销管理指为了实现企业目标，创造或维持与目标市场之间的产品或价值的交换关系，而对设计项目的分析、规划、实施和控制。营销管理的实质是需求管理，即对需求的水平、时机和性质进行有效的调解。市场营销的主体是人，这与文化管理的“人本思想”不谋而合，都是强调人的重要性，需要人来发挥其主观能动性。营销管理是企业为了实现市场营销目标，对市场营销各项活动进行管理的过程。从这里不难理解营销管理实际上是企业的文化管理的一部分。

第一节 企业的文化管理与营销理念

营销理念是企业营销活动的指导思想，是有效实现市场营销功能的基本条件，是企业经营哲学和思维方法的体现。营销理念的正确与否，直接关系到企业营销活动的成效。

营销理念的核心问题是以什么为中心来开展企业的生产经营活动。营销理念也不是一成不变的，而是随着社会和商品经济的发展而发展的，在一定程度上能够反映经济发展规律的宏观要求。营销理念具有以下几个特征：

第一，营销理念具有历史性特征。

营销理念来源于长期的营销实践，一种营销理念在其形成过程中，有其历史的必然性。20 世纪 20 年代以前，由于社会生产力水平的限制，产品的供给不能完全满足社会的需求，社会经济生活处在卖方市场的境况下，企业只需要大规模地生产产品，降低成本，就能获取令人满意的利润。在这种情况下，只能形成“以我——企业利润为中心”的营销理念。自 20 世纪 20 年代以来，尤其是二战以来，由于科学技术的迅猛发展，生产条件有了极大的提升，产品种类越来越丰富，企业之间的竞争日趋激烈，许多企业逐渐意识到，顾客的需求乃是企业利润的源泉。因此，只有研究、发现顾客的需求，然后设法去满足这个需求，企业才能获得生存与发展，否则，企业将在残酷的竞争中被淘汰。于是，一种崭新的“以社会——顾客需求为中心”的营销理念产生了。

第二，营销理念具有时代性特征。

在当今的世界经济一体化与中国社会向市场经济迈进的时代，社会经济运行的各项因素必然导致“以社会——顾客需求为中心”的营销理念的产生。因而，我们认为，“以社会——顾客需求为中心”的营销理念是现代营销者应把握的根本营销理念。

第三，营销理念具有共存性特征。

现代企业的经营者应该把握“以社会——顾客需求为中心”的营销理念，这是历史的必然。但这并不等于每个企业就真的将此营销理念树立起来了。这有两方面的原因：其一是客观原因。如中国社会幅员辽阔，地理、人文条件差异很大，尤其是经济发展有着很大的不平衡性，在某些地区，产品仍然供不应求，因而有的企业仍然用“以我——企业利润为中心”的营销理念来指导营销。其二是主观原因。如某些垄断行业中的一些企业，还有一些完全处于买方市场的企业，仍然沿习“以我——企业利润为中心”的营销理念来进行营销，特别是某些国有企业更为典型。在同一时空中，两类不同的营销理念并存着，这就是营销的共存性。

根据营销理念发展的时间顺序，指导企业营销活动的理念有生产理念、推销理念、市场理念和社会营销理念。

生产理念：生产理念产生于19世纪末20世纪初。由于社会生产力水平还比较低，商品供不应求，市场经济呈卖方市场状态。表现为企业生产什么产品，市场上就销售什么产品。在这种营销观念的指导下，企业的经营重点是努力提高生产效率，增加产量，降低成本，生产出让消费者买得到和买得起的产品。因此，生产观念也称为“生产中心论”。生产观念是指导企业营销活动最古老的观念。曾经是美国汽车大王的亨利·福特为了千方百计地增加T型车的生产，采取流水线的作业方式，以扩大市场占有率，至于消费者对汽车款式、颜色等主观偏好，他全然不顾，车的颜色一律是黑色。这就形成了企业只关心生产而不关心市场的营销观念。

推销理念：第二次世界大战后，资本主义工业化大发展，使社会产品日益增多，市场上许多商品开始供过于求。企业为了在竞争中立于不败之地，纷纷重视推销工作，如组建推销组织，培训推销人员，研究推销术，大力进行广告宣传等，以诱导消费者购买产品。这种营销观念是“我们会做什么，就努力去推销什么”。由生产观念、产品观念转变为推销观念，这是企业经营指导思想史上的一大变化。但这种变化没有摆脱“以生产为中心”“以产定销”的范畴。前者强调生产产品，后者强调推销产品。有所不同的是，前两种观念是等顾客上门，而推销观念是加强对产品的宣传和推介。

市场理念：是一种以消费者为中心的理念，该观念认为企业的一切计划和策略都应该以顾客为中心，通过千方百计满足顾客的需要来获取利润。它的理论基础是“消费者主权论”，即消费者是企业生产何种产品的决定者。市场理念的出现被认为是企业营销观念史的一次革命，它完全摒弃了以前以企业为中心的指导思想。

社会营销理念：当前，企业社会形象、企业利益与社会利益、顾客利益的冲突等问题越来越引起政府、公众及社会舆论的关注。环境污染、价格大战、畸形消费等不良现象，导致人们对“理性的消费”“回归俭朴”的呼声越来越高。相应地，“绿色营销”“从关心顾客到关心人类，从关注企业到关注社会”等一系列新的营销观念，也为越来越多企业所接受。这说明，大多企业正从营销观念向社会营销观念转变。

企业的文化管理与营销理念具体有怎样的关系呢？美国市场营销协会将营销的过程定义为组织职能以及价值传递的过程。将营销视为组织职能，是因为营销的理念必须在企业、甚至是合作企业的整个价值链中被认可和认同，它不可避免地融入到企业的组织职能中，而融入企业的组织职能后也必将受文化管理影响。将该过程从产品的传递进化至客户价值的传递，体现了以客户为中心、企业价值产生于客户价值的思想。而为了追求永续的发展和可持续的竞争力，就必须将这种客户价值的传递有效化和持久化，即对客户关系进行有效的管理，而不仅是对需求水平的管理。与此相关的企业行为和职能将会有助于企业综合考虑其社会责任和自身利益，不但关注“小我”，也平衡关联企业、周边机构的利益，从生态和谐的角度达到一种共存。

完善的机制、合理的文化管理、有效的营销理念与渠道构成一个完整的企业，发挥企业的管理职能，在企业的市场营销中占有举足轻重的地位，有了文化管理，营销会变得井然有序，各个部门之间的配合也会非常默契，工作效率也会大幅提高。在企业中，如果文化管理与营销理念配合良好，将会产生强大的合力：

一是有利于人力资源的合理配置。企业营销中，管理者应该根据个人的能力，进行内部营销组织调整。人力资本在知识经济社会，已成为一种不可或缺的市场营销要素。

二是有利于企业的可持续发展。在企业营销的过程中，要不断总结，坚持进行文化管理，不断地做适应性调整。只有通过文化管理，企业才能适应市场的瞬息万变，实现自身的可持续发展。

三是有利于企业开拓新兴市场。知识经济时代的最大特点就是高科技成为市场的主宰力量，市场需求不仅潜力无限，而且逐步涉及各行各业，具有极大的市场拓展空间。

综上所述，企业要在新的经济形势下立于不败之地，必须将企业的文化管理与营销理念有机地结合起来，和市场的发展紧密联系起来。只有不断地实践，不断地总结，不断地创新，企业的发展才能稳定长久。

第二节　企业的文化管理与营销策略

既然有了营销，那么，如何做好营销呢？如何营销才能使企业实现既定的目标呢？由此，营销策略便应运而生了。

营销策略，顾名思义，指企业以顾客的需求为出发点，通过一定渠道获得顾客的相关信息、商业界的期望值，有计划地组织企业的各项经营活动，制定相应的策略，为顾客提供满意的商品和服务从而实现企业目标的过程。

一、企业营销策略的内容

企业营销策略一般包括策略理念、策略目标、策略行动、策略重点、策略阶段等。营销策略思想是指导企业制定与实施战略的观念和思维方式，是指导企业进行战略决策的行动准则。企业策略目标是企业营销策略和经营策略的基础，对于企业发展的方向至关重要。策略行动则以策略目标为准则，选择适当的策略重点、策略阶段和策略模式。而策略重点指事关策略目标能否实现的重大而又薄弱的项目和部门，是决定策略目标实现的关键因素。由于策略具有长期的相对稳定性，策略目标的实现需要经过若干个阶段，而每一个阶段又有其特定的策略任务，完成各个阶段的策略任务才能最终实现其总目标。

二、营销策略的重要性

市场营销的根本目的是提高企业营销资源的利用效率，使企业资源的利用效率最大化。由于营销在企业经营中的突出地位，使其连同产品策略一起，被称为企业的基本经营策略，对于保证企业总体策略的实施起着关键作用，尤其是对于当前处于激烈竞争中的企业，制定营销策略更是迫在眉睫。

三、营销策略的主要特征

一是预见性。市场营销策略是在充分思考与调查的基础上为营销活动制定的预先的、系统的与具体的可行性方略。

二是目的性。市场营销策略是围绕企业市场目标及营销绩效所制定的策略。

三是不确定性。尽管市场营销策略是建立在一定理论和实践的基础上，但企业所处环境的变化与不确定性使得策略也存在着一定风险。

四是系统性。成功的市场营销策略必须遵循经济与自然规律，强调多种营销手段在策划过程中的系统与综合运用，强调科学、周全、可行及有序。

五是创造性。策略是人们思维智慧的结晶，策略是一种思维的革新，是创意的集合。市场营销策略的创造性主要体现在敏锐的洞察力、不断的创造力、活跃的灵感力、创新的想象力与积极的挑战力等方面。

企业营销管理模式经历了从集中到分散再到集中的循环发展过程。当企业规模较小、市场区域比较集中时，企业通常采用高度集权的集中式营销策略管理模式。企业营销决策权集中于企业总部，营销高层人员采用人对人、点对点的方式直接介入营销团队的日常业务管理，企业营销资源集中，对市场变化的反应迅速，营销团队的执行力较强。20 世纪 90 年代以来，经济全球化和信息技术革命促使企业的规模正在理性地扩大，跨行业、跨区域市场运作逐步成为企业运营的常态。随着市场区域的扩张、管理层级的增加、管理幅度的增大，企业高层离一线市场的时空距离越来越大，市场信息传递不及时、失真，严重影响营销高层人员的分析、决策能力；再加上管理手段和技术的限制，也令企业高层无力继续有效执行营销团队的日常业务管理工作，使传统的集中式营销管理模式陷入了管不好也管不了的尴尬境地。企业开始寻求一种新的营销策略管理模式，此时，文化管理便展现其作用。

第三节　企业的文化管理与品牌营销

随着经济全球化程度的不断加深，企业之间的竞争也变得越来越激烈，曾经屡试不爽的价格战也逐渐失去了效力，如今企业之间的竞争已经从传统的价格战上升为品牌战，越来越多的企业意识到品牌的重要性，品牌意识已深入人心，那么，究竟什么是品牌呢？品牌，指消费者对产品及产品系列的认知程度。目前，企业对品牌营销的重视程度也相对以往有了很大提高，企业的产品需要品牌营销，要对产品进行宣传，在进行产品文化宣传的同时，也对企业文化进行宣传，达到迅速提升品牌影响力，以及提升客户信任度的目的。品牌营销的效力并不是在短时间内就能体现出来的，而需要长时间的积累，包括客户对企业品牌认知的积累、信任的积累。

作为一种经济现象，在社会生产力发展的不同阶段，品牌在内容、形式上有着不同的表现，它是市场竞争的必然结果。品牌是企业在营销或传播过程中形成的，它将企业产品与消费者紧密联系起来。品牌的背后是文化，优秀的品牌需要良好的文化底蕴，消费者购买产品，不仅只是选择了产品的功效和质量，同时也选择了产品的文化品位。品牌代表着企业对产品品质和服务的承诺，品牌营销的策略就是通过积极策划、参与各种具有文化内涵的活动，来聚集目标顾客，传递品牌的内涵与价值。

品牌营销，是通过市场营销使客户形成对企业品牌和产品的认知的过程。品牌营销既是一种组织职能，也是为了组织自身及利益相关者的利益而创造、传播、传递客户价值，管理客户关系的一系列过程。品牌营销不是独立的，可以通过传统营销和网络营销一起来实现，二者相辅相成，互相促进。

一般意义上，品牌竞争是产品竞争发展的高级阶段，产品竞争经历了产量竞争、质量竞争、价格竞争、服务竞争，最后到品牌竞争，前四个方面的竞争可以看作品牌营销的前期过程，当然，也是品牌竞争的基础。我们以医药界为例，说明要做好品牌营销，必须重视以下几个基本要素：

1. 质量第一

任何产品的恒久、旺盛的生命力无不来自稳定、可靠的质量。例如，药品作为治病救命的特殊产品，消费者对其质量（疗效）的期望值是相当高的，因此，消费者对品牌的忠诚度也相当高。消费者一旦认可一种药品，其购买和使用的行为将有可能是长期的，例如，众所周知的正红花油、保济丸等具有悠久历史的传统品牌。相反，哪怕只有一次失效的经历，消费者都有可能从此将其“打入另册，永不叙用”。

2. 诚信至上

人无信不立，同理，品牌失去诚信，终将行之不远。为什么同仁堂、胡庆余堂、九芝堂等的品牌形象能经久不衰？为什么曾经红极一时的三株、巨人、太阳神等都只各领风骚三五年？除了产品的市场属性和生命周期等因素外，更重要的原因就是前者脚踏实地、诚信为本，后者靠华而不实的广告吹嘘和虚拟概念炒作。时间是检验诚信与否的标尺。长期以来，我们能经常听到同仁堂、九芝堂等产品悬壶济世、妙手回春的美谈，而那些靠炒作出名的药品、保健品，除了其自吹自擂的“疗效”外，最后都免不了落个被消费者弃之如敝履的结局，有的甚至因为疗效不佳而吃官司，最后一败涂地。

3. 定位准确

著名的营销大师菲利普·科特勒曾经说过：“市场定位是整个市场营销的灵魂。”的确，成功的品牌都有一个特征，就是以始终如一的形式将品牌的功能与消费者的心理需求连接起来，并能将品牌定位的信息准确地传达给消费者。例如，同样是感冒药，由于市场定位不同，有较高收入的消费者首先想到的可能是白加黑，而经济状况较差的消费者则首先可能会想到速效感冒胶囊或感冒通片；同样，一个真正关爱妻子，并力求营造一点浪漫氛围的有钱的中年男士，除了首饰、服装之外一般是不会忘记买上几盒太太口服液的。这就是这些品牌以一贯之的定位和准确、贴切、适当的诉求表达的效应。

市场定位并不是对产品本身采取什么行动，而是针对现有产品的创造性思维活动，是对潜在消费者的心理采取行动。因此，提炼对目标人群最有吸引力的优势竞争点，并通过一定的方式传达给消费者，然后转化为消费者的心理认识，是品牌营销的一个关键环节。

4. 个性鲜明

一个真正的品牌药品绝不会包治百病、人人皆宜、疗效绝对。就像吉普车适用于越野、轿车适用于坦途、赛车适用于运动比赛一样，对于药品的功效诉求和目标靶向，一定要在充分体现独特个性的基础上力求单一和准确。单一可以赢得目标群体较稳定的忠诚度和专一偏爱，准确能提升产品的诚信指数，成为品牌营销的着力点。

我们经常看到的“味道好”“疗效佳”“高品质”等广告诉求语言，根本谈不上是有个性的语言，这样的广告语言自然就不可能准确描述品牌的个性。而像“白天吃白片，不瞌睡；晚上吃黑片，睡得香”“口腔溃疡，一贴 OK”“克咳，全家好心情”等个性十足、鲜明独特的诉求，就较容易得到消费者的认同，其品牌形象也随着这些琅琅上口的广告语而迅速建立。

5. 巧妙传播

有整合营销传播先驱之称的舒尔茨说：“在同质化的市场竞争中，唯有传播能够创造差异化的品牌竞争优势。”医药产品与其他产品相比，同质化现象尤为突出。在 20 世纪的 80 年代，简单的广告传播便足以树起一个品牌；到 20 世纪 90 年代，铺天盖地的广告投入也可以撑起一个品牌；时至今日，品牌的创立就远没有那么简单了，除了需上述四个方面为坚实的基础外，独特的产品设计、优秀的广告创意、合理的表现形式、恰当的传播媒体、最佳的投入时机、完美的促销组合等诸多方面都是不可或缺的。同时，医药产品的市场传播还必须考虑其持续性和全面性。为什么像飞龙、三株那样的企业尽管极尽传播之能事但最终却竹篮打水一场空？主要原因就是产品或者创意是虚弱的，无法支持其传播的持续性。为什么不少中小企业的一些产品确实不错，但却难以打动更多的消费者？主要原因就是营销策划缺乏周密的整合思路，自然也就无法收到全面的市场传播的效果。

第四节　企业的文化管理与文化营销

文化管理下的营销策略作为一种新型的营销手段，是在竞争日益激烈和消费者需求的不断变化中产生的，也是传统的市场营销理论发展的结果。在产品同质化现象日益严重的今天，文化管理已经逐渐成为企业区别于竞争对手、打造长期的差异化的营销优势、形成企业核心竞争力的重要措施。所以，企业在营销管理上必须完成一个重要的转变，即将文化管理与营销策略相融合的市场营销模式——文化营销。

众所周知，营销不只是经济层面的活动，更是文化层面的活动，有效的营销需要符合社会的总体发展目标。著名哈佛商学院教授认为“真正影响企业发展与走向的不是技术，也不是资金，而是文化”。随着社会的发展，人们逐渐认识到企业要想抓住发展机会，打造长期的差异化营销优势，就必须采用全新的市场营销方式——文化营销。文化营销充分体现了“21 世纪市场营销是关于‘人’的学科”这一新的市场营销理念，强化了企业核心竞争力的独特性、差异性和不可替代性。因为只有文化才是最独特、最有个性的，也是最具有冲击与震撼力的，也只有文化才是一个企业及其品牌所特有的，是其他任何企业所无法仿效的形象特质。未来竞争的焦点是文化，文化营销将成为未来营销的主旋律。

2007 年，在国际营销学术交流峰会上，著名学者、牛津大学赛德商学院教授库纳尔·巴苏教授发言称：“市场营销是一门关于‘人’的学科。21 世纪的市场营销要增强与心理学、社会学，甚至历史学等学科的合作与融合。”文化营销就是在这样的背景下产生的，它是消费文化、企业文化相互影响、相互作用的结果。

文化营销，简单地说就是利用文化进行营销，企业以分析、培育、满足、引领消费者的文化需求为出发点，以发掘和传播与之相适应的核心文化价值观念为手段，在营销全过程主动进行文化渗透，通过文化含量来提高产品附加值和差异化优势，以提升顾客价值和满意度，形成企业长期的竞争优势，充分体现“以人为本”的一种营销方式。

文化营销的核心就是必须坚持以客户需求为中心，发现并建立一种产品与客户在相应需求上和谐共鸣的契合点。要想真正地理解文化营销，必须深刻理解文化的内涵。广义上，文化是人类在与自然的斗争中所创造出来的复合物，其中既包含物质部分，又包含精神部分；而狭义的文化主要指精神层面的东西，如哲学、艺术、道德、宗教，以及部分物化的精神，如礼仪、制度、行为方式等。

文化营销具有以下几个特点：

一是时代性。在社会发展的每个阶段，都会有相应的有差异的社会精神。企业如果能将文化营销与时代精神有效结合，必然能够赢得市场。

二是区域性。由于地域的差异，必然会有民族、宗教、习俗、语言文字等文化差异造成的营销对象、营销方式等方面的差别。企业在营销活动中绝对不能忽略区域文化的特点，只有做好不同文化之间的沟通和交流，消除壁垒，才能实现文化的营销。

三是开放性。文化营销中的文化理念、文化资源等对处理关系营销中的亲缘关系、地缘关系、文化习俗关系、业缘关系等上述多种营销关系都有实际的指导意义，有助于在文化这个层次上建立更稳固的关系。

随着市场经济体制的日益巩固和完善，文化营销已成为企业发展不可或缺的部分，而企业的文化管理对企业营销起着引导、指导和控制作用。同时，企业营销也在各个方面与企业的文化管理相互影响、相互制约。

文化管理与文化营销都是一门关于“人”的学科，强调活动中人的因素，即人文性。

文化营销可以提高企业的经营管理水平。现阶段我国的企业虽然接受了一些市场营销的观念和方法，但更多的是按照经验来进行营销活动，缺乏科学的理论指导和系统的文化营销基础，而文化管理可以帮助企业有效地解决这一问题。企业文化管理是以文化和需求管理为核心的，把这两者作为市场经济条件下一切经营活动的起点和归宿。以文化营销为龙头，改造整个经营管理流程，按照市场需求配置企业资源，这无疑可以促进整个企业经营管理水平的提高。

文化营销可以增强企业的市场竞争力。文化管理要求人们以创造性的营销思维打破传统观念的禁锢，用富有创意的营销理念和经营哲学指导企业进行营销制度、营销方式、营销策略和产品等方面的创新，并依靠这种创新去适应需求、创造需求和满足需求。企业在正确的文化管理的指导下能够高效率地配置自身的有限资源，提高企业的盈利能力，增强企业的市场竞争力，从而提高企业的整体竞争实力。

文化营销可以进一步促进企业的文化管理建设。企业的文化管理是企业文化营销管理的前提和基础，如果企业没有良好的文化管理，文化营销也就成了无源之水、无本之木。同时，良好的企业文化营销管理也反作用于文化管理。制定完善的文化营销策略并卓有成效地去实施，有利于企业的文化管理建设的进一步开展，健全、良好的文化营销管理可以使企业在消费者心目中树立起良好的企业形象，给企业带来一笔无形的财富，无形中为企业的产品和服务做广告。

第五节 企业的文化管理与营销之案例评析

美国沃尔玛超市如今是世界上最大的零售连锁集团，现已拥有全世界四千多家连锁店。沃尔玛拥有庞大的全球消费群体，因为他们拥有最突出的零售服务模式，如今有人称沃尔玛为“世界上最大的零售王国”，凭着差异化的价格观、服务观、文化观以及科技观，沃尔玛对这一头衔可谓当之无愧。

在销售地点的选择上，沃尔玛首先采取了差异化策略。它绕开了与强大的西尔斯、凯马特等零售业巨头的冲突，不以全国大型城市为商业据点，因而才得以在全国零售业站稳了脚跟。沃尔玛创业之初，美国的中小城镇还没有零售企业，因此它采取了“农村包围城市”的战略，选定小城镇为市场。沃尔玛以州为单位，一县一县地建立“根据地”，直到整个州的市场饱和，再向另一个州扩展。当时，只要人口在5000 ~10000之间就建店，这是沃尔玛创始人山姆·沃尔顿的原则。这个大观念让沃尔玛在1970年时建立了第一家配送中心，走上了快速发展之路，两年之后，沃尔玛上市，其价值在10年间翻了100倍。

沃尔玛的差异营销模式还表现在4P模式中的Price（价格）上，即产品的零售价格。沃尔玛的目标客户与它的竞争对手家乐福不同，更加立足于中下阶层，因而对产品价格定位也就立足于“低”字之上，但是价格的优势并非靠降低产品质量为代代价，沃尔玛从不靠销售库存积压商品的方式实现商品的低价，而是首先确保产品质量，进而想尽一切办法从进货渠道、营销费用、行政开支等方面节省资金，实现“天天低价，始终如一”的企业承诺。沃尔玛每周六早上举行经理人会议，如果有分店报告某种商品在其他商店比沃尔玛的售价更低，就会立即决定降价。在低价的企业核心理念和原则上，沃尔玛始终保持了同类商品的价格定位比最大的竞争对手之一的凯马特低5%。沃尔玛的低价保证来之不易，他们采用的是一种“零库存”、直接商品代理方法，早在20世纪80年代，沃尔玛就开始跳过制造商的销售代理步骤，直接向制造商订货，并且以更低的订购价格完成采购，将商品直接运到配送中心重新筛选和包装，最后发放到各处的沃尔玛超市中去。不要代理，意味着“零库存”，也更意味着沃尔玛每年可以节省百万美元的仓库费用。企业将在产品源头上降低成本的优势回馈给消费者，使他们在超市中买到最为物美价廉的产品。

在商品配送方面，沃尔玛有自己的独特之处，与竞争对手相比，沃尔玛拥有将近高出30%的集中配送率，基本达到了85%的集中配送率。同时，沃尔玛公司的配送中心的数量也在不断增加，这样一来，产品运输成本就大大降低了。

为了实施天天低价，同时保证商品质量，沃尔玛还开发和运用自有品牌。这些自有品牌是基于顾客的需求，并重在体现品牌的可信度和低价格（低于国内品牌10%）的特点。

通过沃尔玛自有品牌，我们不仅看到了产品的低价格特点，还能体会到沃尔玛的日化产品生产能力和企业的全面管理特点，为了适应消费者需求，作为销售终端的沃尔玛超市最能收集消费者对生活品的需求信息，通过对信息的分析，沃尔玛有能力开辟出这样一片市场。

沃尔玛在信息系统方面不断提高自己的科技含量，进行技术创新，达到了差异化效果。在计算机刚开始发展不久的1966年，沃尔玛就率先运用计算机对公司销售存货进行管理，互联网发展之初，沃尔玛就能将高达4亿美元的资金用于商务卫星的发射，从而建立起了全美最大的私人卫星通信系统。依靠这套系统，沃尔玛每天都能接收从世界各地传来的数据，他们还对这些信息进行整理和研究，以便掌握市场需求、商品全方位数据和客户资料。沃尔玛凭借不断更新的最先进的电子信息手段，做到了商店配送与销售的同步，供应商与配送中心的业务一致。

沃尔玛的差异化模式还体现在品牌价值观、品牌服务之上，因此，整个企业给消费者以全新的形象，能很快在市场定位上轻而易举地抓住固定消费群体。进入20世纪90年代以后，沃尔玛开始走国际化发展的道路，并于1996年成功进军中国市场，销售额的年均增长率达到了22%，对于这一切成就，差异化模式定位功不可没。

迈克尔·波特在《竞争战略》一书中提出了三种通用的战略，差异化战略就是其中之一，他指出“实现差异化战略可以采取多种方式，如设计名牌形象、拥有独特的技术、具有独特的性能、提供特别的服务、拥有专门的业务网络等”。而我们可以理解为，竞争的实质就是寻求“差异”，如何能够做到与众不同，并且以这种方式提供独特的价值，为顾客提供更多的选择机会，为市场提供更多的创新，就能有效地提升企业的核心竞争力。

在做法上，企业不仅要在某个方面拥有“差异”，更应该在诸多方面都创造“差异”。沃尔玛的“差异”就是如此被打造出来的，山姆的一个“低价理念”运行起来着实不易，他们做了零售价格差异化、销售服务差异化、企业文化差异化和商业科技差异化等四个方面的努力，这样才成就了企业独特的个性，才能为消费者带来特殊效用，并保证企业的市场竞争力。

沃尔玛首先把目标客户定位在中下阶层上，这是一个广大的消费群体，只要他们愿意购买本企业的产品，哪怕是每件商品微薄的赢利，总和也是巨大的。山姆的价格哲学就是如此，“如果我们用单价80美分买进的东西，可以卖1.2美元，但是，如果以1美元出售，其销售量竟然是以1.2美元售货的3倍！因此，一件商品我们少赚了一半的钱，但我卖出了3倍的商品，总利润却大得多”。沃尔玛就是坚持不懈地采用基于“总成本最低”这一经营原则的商品营销模式，才一路壮大起来。配合着价格哲学，沃尔玛推出了“折价销售”策略，他们提倡低成本、低费用结构、低价格的经营思想，为顾客省下每一分钱是他们的目标。这一定价哲学体现了沃尔玛差异化模式在三个方面的重要内容：一是确定服务的目标客户类型；二是满足“目标顾客”的需求；三是寻求相应的价格定位。

除了差异化，我们还可以从另一个角度来看这一案例。其实，沃尔玛在追求差异化定位的同时是有着独特的企业核心价值观的，那就是以目标顾客为中心以及在此基础上发展出的行为规范、道德准则、风俗习惯和企业传统。差异化只是达到这一长远目标的手段而已。

一座有着一千多年建城史的历史名城、自古为兵家必争之地的锦州，在今天看来似乎不再像过去那么耀眼和辉煌。然而，20 世纪末的一次意外发现，让锦州再次成为举世瞩目的历史与文化焦点。

1996 年 6 月，锦州凌川酿酒总厂（前身是道光廿五集团）进行搬迁。搬迁过程中，在地下发现了 4 个清道光乙巳年（公元 1845 年）木制的酒海（酒的容器）。令人惊讶的是，酒海内竟然完好地保存着 4 吨原酒。后经国家文物局、考古、酿酒等专家鉴定，这批穴藏了一个半世纪的贡酒实属“世界罕见，珍奇国宝”。专家为之命名“道光廿五”。这是一次震惊世界的发现，引起的关注度不断攀升。

道光廿五的造酒工艺源于东北地区的烧锅制酒。在东北，人们习惯上把酿酒的作坊称作“烧锅”。当时，锦州城内最知名的当数“同盛金烧锅”，也就是“道光廿五”的前身，“同盛金烧锅”由锦州城显贵高士林创建于清嘉庆六年（公元 1801 年），采用满族传统工艺专为清王室酿制贡酒，因此，也被尊为宫廷贡酒。

道光廿五品牌的提升经历了一系列的营销过程，锦州市人民政府在北京人民大会堂召开“道光廿五贡酒信息发布会”和“情况汇报会”，原全国人大副委员长王光英、老将军傅崇碧参加了会议，王光英欣然命笔称赞“法兰西有路易十三，中华有清道光廿五”。傅崇碧题词“道光廿五贡酒，中华民族独有”，当时轰动全国。英国伦敦吉尼斯总部颁发证书，认定“道光廿五年贡酒是世界上目前发现的窖贮时间最长、数量最多的穴藏白酒”，道光廿五贡酒被列入吉尼斯世界纪录，轰动全世界。中国历史博物馆把木酒海作为 20 世纪的封馆之物收藏，圆“同盛金”世纪之梦。这些事件在社会上引起了强烈的反响，迅速扩大了企业的知名度，为企业品牌的成功发展奠定了良好的基础。抓住机遇、果断决策是道光廿五品牌宣传成功的关键。

1999 年 10 月 26 日，在由中国嘉德国际拍卖公司在北京举行的拍卖会上，86 公斤的道光廿五贡酒拍出了 350 万元的天价。2003 年 5 月 19 日，辽宁道光廿五贡酒经国家质量监督检验检疫总局严格审查，被正式批准成为“中华人民共和国原产地域保护产品”。

“道光廿五”的出土，让道光廿五集团抓住了机遇，迅速跻身于中国白酒行业的领军集团，与此同时，关东无名酒的历史也被终结。

道光廿五邀请国内顶级专家对这一古酒的工艺进行了全面的考评和论证，确定了先人留下的佳酿来自满族传统的酿酒工艺，是“中国唯一满族传统酿酒工艺”。道光廿五集团如获至宝。他们决定把这一工艺传承下来，深度开发，消化吸收，为道光廿五注入新的生机与活力。公司组织科研人员开始研制开发新的道光廿五白酒，经过不断试验、品评、勾兑，昔日皇亲贵族才能享用的酒从此走进了寻常百姓家。新“道光廿五”从采料、配料、制酒到贮存都严格按原“道光廿五”的工艺制作。

2000 年 9 月，公司顺利通过全国著名酿酒专家组对其研制开发的“道光廿五”“酒中仙”两大系列白酒的品评与鉴定，确认其为“中国唯一满族传统酿酒工艺”。中国白酒界的权威专家周恒刚、沈怡芳、高景炎等品尝后给出结论：“道光廿五酒业历史悠久、源远流长，新品‘道光廿五’和‘酒中仙’白酒采用满族传统制酒工艺的技术，先进合理，切实可行，且具有独到之处，属国内先进水平。经感官品评，其酒液微黄、清亮透明，无沉淀，陈香突出，香气独特，幽雅细腻，入口绵软、醇厚，回味悠长，且有特殊的强身健体之功能。”其“陈香型”特色，被专家认为在中国白酒界是独一无二的，其酒样作为陈香型标本在国家相关部门备案，其意义在于“道光廿五”将与酱香型典型代表茅台酒、浓香型典型代表泸州老窖等名酒一同成为国家制定行业标准的标样酒而各领风骚，这可以说是中国唯一满族酿酒工艺的核心所在。

如今的道光廿五，以满族文化构筑品牌力，以品牌运作发展力，实施名牌战略，2009 年 4 月，“道光廿五”荣获“中国驰名商标”称号。

品牌是一个企业发展的关键，作为文化管理的品牌营销则是企业走向成功的重要手段。道光廿五正是通过品牌营销成为中国白酒行业的后起之秀。

道光廿五的出土犹如一声惊雷，为企业的快速发展开辟了一条成功之路。道光廿五的出土，不仅是该企业的骄傲，同时也是整个白酒行业的骄傲。道光廿五的出现，填补了我国酒业在酒质和储存方法方面的实物空白，使中国的传统酿酒史得到了进一步的丰富。道光廿五集团在分析市场和整合企业产品的基础上，认定“道光廿五”是一个无法复制的资源，可凭借其特有的高贵血统和拥有中国唯一满族传统酿造工艺的独特优势，将“道光廿五”这个品牌推向市场，这不仅强化了自己的品牌价值，而且极大地提升了企业的存在价值和市场价值。因此，道光廿五的出现，可以说是道光廿五集团开始腾飞的一个标志。

第五章

企业的文化管理与生产运营管理

现代企业生产运营管理涵盖的范围越来越广泛。运营管理的范围没有局限在传统的制造业企业，而是逐步扩大到了非制造业。其研究内容也已不局限于生产过程的计划、组织与控制，而是扩大到包括运营战略的制定、运营系统设计以及运营系统运行等多个层次的内容。企业把文化管理有机地融入生产、经营、管理各项工作中，可以为实现企业科学发展提供强有力的精神动力、思想保障和文化支撑。

第一节　企业的文化管理与生产运营理念

生产运营，指企业投入各种生产要素，通过一系列的转化过程，最终产出有形产品和无形服务的过程。生产运营是企业经营的基本职能之一，生产运营的关键在于把投入的人、财、物、信息以及时间要素结合好，使其产生一种有目的的产出。生产运营是企业创造价值的主要环节，企业和企业之间的竞争最终体现在产品和服务上，生产运营是形成企业核心竞争能力的一个重要方面，生产运营的改善直接影响着企业的绩效。

生产运营的理念是需要结合自己的企业进行实践的，它的实际应用是员工在彻底地领会和接受企业理念的基础上，将其贯彻于日常工作之中，用其来指导行为，将其付诸实践。对于企业而言，生产运营理念如同一个好参谋，是为企业赢得竞争优势，为企业不断强大确立一种理想的导航，是需要不断修炼的哲学。

生产运营理念可以分为三个层面：

第一层，生产技术及生产管理技术方面。企业要注意做好行业生产基础技术的积累和创新工作，认真做好细节。在生产管理技术方面就更需要深入细节，因为生产管理本身就是细节管理，需要注意每一数据的变化情况，在生产计划、组织、指挥、协调、控制诸方面做到细致、细心、关注细节。

第二层，生产设备层面。注重设备功能的细节的改进和优化，注重前后流程间相关设备的对接和协同一致，在引进先进设备的同时也一定要注意设备维护和生产环境维护等工作。提高设备使用率，降低设备使用成本。

第三层，员工素质层面。要做到努力从操作规程、设备使用技巧、工艺技术等方面提高其工作能力，强化提升员工在市场中的细节意识，并明确其细节工作对于整个组织的意义和重要性，努力培育注重细节的工作氛围和车间生产环境等，充分提高员工素质以提高工作效率。

文化管理对生产运营理念起着积极的作用：

一是确保生产系统的有效运作，全面达到产品品种、质量、产量、成本、交易期和环保安全等各项要求。

二是有效利用企业的制造资源，不断降低物耗，降低生产成本，缩短生产周期，减少在制品，压缩占用的生产资金，以不断提高企业的经济效益和竞争能力。

三是为适应市场、环境的迅速变化，要努力提高生产系统的柔性，使企业能根据市场需求不断推出新产品，使生产系统适应多元化生产，能够快速地调整生产，进行品种更换。

生产运营把各个生产要素转化为生产力，并把有形产品和无形服务紧密结合起来。这个过程使企业创造价值，并形成核心竞争能力。

一个企业的理念是全体员工生产经营实践的重要的文化管理，是企业文化反作用于企业的生产活动。

第二节　企业的文化管理与生产运营机制

生产运营机制是企业生产运营过程中的主体机制。企业的生产运营活动是个连续不断的过程。生产运行机制是研究在运行过程中各生产要素之间相互联系、作用及制约的关系，是企业生产经营运行自我调节的方式。运行机制可以使企业生产运营活动协调、有序、高效，增强企业内在活力和对外应变能力。

生产运营机制指企业生存和发展的内在机能及其运行方式，是引导和制约企业生产经营决策并与人、财、物相关的各项活动的基本准则及相应制度，是决定企业生产经营行为的内外因素及相互关系的总称。企业生产运营机制是企业的经营系统、技术创新系统、财务系统等运行过程中各环节内部以及各环节之间本质的、内在的、相互关联、相互制约的工作方式的总和。

企业生产运营机制的主要包括下列内容：

第一，动力机制。企业动力机制的实质就是通过一定的经济利益机制，充分调动与发挥企业员工的积极性、主动性和创造性。

全民所有制企业动力机制的运作与完善，需要处理好两个层次的经济利益关系。一是正确处理企业资产所有者同企业经营者及生产者的利益关系。二是正确处理企业经营者同生产者的利益关系。协调这两个层次的利益关系，实质上就是处理好国家、企业集体、员工个人三者之间的物质利益关系，以充分调动和发挥企业与员工的积极性。

第二，约束机制。企业的约束机制，就是企业调整和控制自身的行为，使之适应各种约束条件和环境变化，以求得生存与发展的机制。

企业的行为约束机制有两个方面：一是企业内部行为的约束，包括企业的预算约束、审计约束、财务约束、责任约束、纪律约束等；二是企业外部行为的约束，包括市场约束、合同约束、法律约束和行政约束等。

第三，运转机制或循环机制。企业的运转机制就是使企业的供、产、销顺畅进行和运转的机制。完善企业的运转机制，需要选择和设计企业的各项经营管理制度，完善内部组织机构，优化企业决策体制；使企业有效地获得生产经营所需要的各种生产要素，增强企业对生产资料、资金、技术、信息等的调蓄能力；提高企业对外部市场、信用条件和金融状况等变化的应变功能，特别是提高企业抗逆市场价格波动、信用中断、资金紧张、销售困难等突变的功能，以保持企业在外界环境变化冲击下的稳定性；同时，还应提高企业参与市场竞争的能力，使企业在市场经营中长盛不衰。

企业的文化管理不断推动与改良着其生产运营机制。企业要在社会主义市场经济体制中运营与发展，就必须参与市场竞争，必须改革计划经济时期形成的组织形式、经营管理规章制度和经营管理流程，拥有一套与市场经济竞争相适应的现代企业经营管理的新机制。

改革企业旧的经营管理机制，建立现代化企业管理制度。首先是建立一支懂经营、善管理、有现代管理意识和创新精神的高素质企业领导管理班子。企业领导决策管理者应根据经营部门的效益，结合员工岗位技能、文化素质、工龄长短及贡献大小来确定工资方案，促使各经营部门进行经营结构调整，实行劳动优化组合，合理精简人员，提高绩效。

对企业的管理、经营、资源、人力等方面进行不断的变革，达到与市场经济竞争相适应的要求，实现机制建设的不断升华，不断提高企业的整体素质，不断扩大企业的经营项目，企业的生产率将会得到大幅度的提高。

第三节 企业的文化管理与生产运营流程

企业从事生产或提供服务的基本活动以及为这些基本活动提供支持的活动所组成的流程，构成了企业的生产运作流程。它是企业活动的价值链中具有直接增值特性的流程。通过对企业长期大量的调查研究，美国麻省理工学院计算机教授、顾问公司经理迈克尔·哈默和美国实施流程再造活动的权威之一，CSC—Index 顾问公司总裁詹姆斯·钱皮在 1993 年出版了他们的专著《改造企业——再生策略的蓝本》。迈克尔·哈默和詹姆斯·钱皮认为：生产运作流程再造就是对企业的业务流程进行根本性的再思考和彻底性的再设计，从而获得可以用诸如成本、质量、服务和速度等方面的业绩来衡量的戏剧性的成就。这本书不仅在美国而且在全世界引起了异乎寻常的反响。于是，一股流程再造的热潮在全球开始了尝试和实践，并且在很多大公司都取得了巨大的成功。如 Ford 汽车公司、IBM、意大利 BAT、施乐、宏基、海尔等。

在传统的企业经营模式影响下，企业之间的竞争停留在产品的竞争上，企业非常注重产品的开发和生产，企业管理以产品为核心，所有活动或过程均围绕产品而展开。人们购买商品注重的是产品的品质。然而，随着全球经济一体化进程的不断加快，市场竞争日趋激烈，企业之间竞争的重点正转变为服务的竞争，这使越来越多的企业逐步认识到，竞争的焦点已经不仅是产品或服务，其重点已经转移到企业生产运作机制等流程性因素上。新的、可持续的竞争优势都将来自企业所独有的以提高客户满意度为目标的流程变革。流程已经成为这个时代企业管理的核心，流程改造正是紧紧抓住了这一核心。流程改造对企业系统提升自身素质，提高劳动生产率和经济效率，从而提高竞争力起着非常重要的作用；流程改造对于运用最新技术，特别是信息技术和IT技术来改造传统企业和提升竞争力，起着非常积极的作用。

毋庸置疑，根据企业的现状，生产运作流程改造成为打造企业竞争优势的重要途径，流程改造的理念是：以精简、敏捷、灵活、富有竞争性和创造性的、高效的组织结构，适应多变的市场环境，以最好的产品和服务吸引顾客，培育竞争优势和保持较好的盈利水平。

企业的文化管理会推进企业生产运营流程的改造，主要是采用以过程为核心的组织方式。以过程为核心就要求对一个企业的组织从完全不同的角度进行理解。采用以过程为核心的组织方式的前提条件是：要坚决对产品制造过程中的各项活动进行跨部门的组织。无论是管理人员还是生产工人都必须从原来的企业职能中脱离出来。在采取恰当生产措施的同时，采用能适应销售和采购市场的、个性化的最佳柔性组织结构及企业运作过程。所有人的工作目标都应是尽快地生产出低成本的优质产品。

从系统的观点看待企业的生产流程，生产运作流程是一个物流、资金流、信息流有机结合的过程，必须把这三者协调起来，系统地输出才能达到最优。通过建立计算机集成制造系统，一个企业中所有与加工制造、采购库存等有关的部门都相互协同、联系在一起了。生产流程过程可以从全局考虑进行优化，从而降低成本和缩短加工周期，还可提高生产率、产品质量和柔性。在生产中，技术措施和手段是生产力直接的体现。由于新的生产运作流程必须以降低成本、适应市场变化为目的，所以，必然要求采用许多有别于传统模式的新方法、新技术。

生产运作流程持续改进就是谋求投入产出转换过程中所有因素持续不断地改善，转换过程中的因素包括设备、方法、原材料和人员等。在持续改善这一概念的影响下，“如果它没有损坏，就不要修理它”这一古老的信条转变成了“仅仅从它没有损坏这一点不能说它没有改进的余地”。持续改进是一种管理思想，它将产品和过程的改进作为一种永不终止的、不断获得小进步的过程。持续改善的目的是为了减少产品和过程变异。为了达到这个目的，一般需要改进产品或生产过程本身的设计。这种改进使生产的产品或提供的服务保持更多的一致性。

生产运作流程管理工作要实现标准化。随着市场经济的发展和全球经济一体化，产品的市场寿命周期越来越短，更新换代日益频繁。现代企业的生产系统和企业资源面临经常性的选择、设计、集成、管理、改善、优化和调整过程。新的生产经营模式日益淡化生产与经营活动及其管理之间各生产运作流程管理工作标准化职能部门间的界限，朝着互相渗透和一体化方向发展，阶层型的组织结构会逐步消失，新的生产流程和管理方式使企业面临许多新的挑战。随着信息技术和计算机技术的发展，现代工业工程更广泛地吸收了数据库系统、计算机网络技术、计算机制造系统、项目控制系统和决策支持系统等重要领域的知识和技术，使工业工程的推广应用成为我国经济与国际市场接轨，转换经营机制，解决行业的结构性、素质性矛盾的重要措施之一。因此，在生产运作流程改造的过程中必须加强管理工作的标准化。

第四节 企业的文化管理与生产运营之案例评析

A 公司作为一家大型跨国企业旗下的子公司，于 1978 年在台北市北投区成立，为全球前十大计算机及通讯厂商提供影像产品完整的 OEM、ODM 专业设计及配套加工服务。

母公司光宝集团成立于 1975 年，1983 年率先推动股票上市，拥有中国台湾第一家挂牌上市的电子公司。三十多年来，其除了致力于光电零组件，更持续拓展计算机与数字家庭、消费性电子、通讯产品、关键零组件与次系统，并逐步涉足车用电子等 4C 领域，在市场上具有举足轻重的地位。此外，亦具备优异的研发设计能力，藉由全面的产品服务，提供客户一次购足的选择，并且成为国际大厂 ODM/OEM 合作供货商的首选。它还成功塑造了优质性成长的企业形象，不以追求营业额的增长为主要目标，积极对公司产品线进行策略性调整，现阶段聚焦于高毛利产品，包括影像产品、电源供应器、机壳产品、LED 等四大核心项目。

为适应公司整体发展的战略规划及进行各项资源的合理整合，A 公司在 G 市建厂，2001 年 11 月顺利投产，搭建集团公司的 21 世纪全球运营基地。公司现有员工六千多人、六个生产厂，每年创汇达几十亿美金。核心产品多功能事务机及相机模块已销往世界各地，具有良好的质量信誉以及专业服务。公司客户主要有 NOKIA、HP、Dell、SONY、PHILIPS、LENO-

VO、MOTOROLA 等世界知名企业。

作为核心事业分支的 A 公司本着品质为营、创新为盈、诚信为赢的经营理念，注重运营管理创新。他们专门成立制造运营优化部（MOE），规划公司整体资源，使其得到充分、合理的利用；建立规范统一的数据平台，提供有效的决策信息；提升各厂总体生产力，以使制造成本最优化。随着产品“多品种、小批量”的发展趋势，A 公司成立以来积极推行精益生产，在生产模式上不断推陈出新，运用拉动式准时生产、全面质量管理、标准化作业、看板管理、现场管理等先进的管理工具持续改进生产方法，也培养了基层人员的精益生产管理意识，发挥一线人员的群体智慧，并将自己积极发展成为精益制造企业。同时，建立了较为完善的目标管理与绩效管理体系。企业的战略目标分解到了每个部门和每名员工相关的绩效指标（KPI）上，而这些指标的完成情况将直接关系到企业战略目标的实现，所以，通过目标管理与绩效管理，不仅将个人利益和组织利益紧密联系起来，有益于公司员工的绩效考核，企业目标的达成也调动了员工的主动性、积极性、创造性。由于强调自我控制、自我调节，A 公司提高了员工的士气，促进了员工间的相互交流和了解，改善了人际关系。

从理论探索的角度看，运营管理已经成为企业提高生产力、创造竞争优势的关键因素。一个企业的竞争优势综合地体现在客户（Customer）、质量（Qualitity）、速度（Time）、成本（Cost）和服务（Service）等关键要素的指标体系上，这些也反映了企业实际的市场竞争能力。固然，出色的技术可以是核心能力，雄厚的资金可以是核心能力，但它们都是核心竞争力的体现方式之一。如果没有一种很好的管理运行方式和盈利模式将这些要素结合在一起，再出色的技术也会失败。而今，企业在全球经济一体化的大背景下，必须善于吸取经济变革的新因素，大力培育企业的核心竞争力。如此，才能得到超过同行业平均水平的投资回报率，为企业创造出可持续性的竞争优势。

第六章

企业的文化管理与企业伦理

企业伦理不仅是企业文化的重要组成部分，也是企业的文化管理的重要组成部分。从多元角度研究企业的文化管理与企业伦理的关系及其相融性，对于我们研究企业的文化管理是非常重要的。

第一节　企业伦理的观念创新与发展模式

什么是企业伦理观念？在现代生活中，企业伦理文化已经成为当今社会一个重要的组成部分，也是不可缺少的一部分，并且融入我们生活的方方面面。同样，我们的生活也以不同的方式融入到企业中来。这种服务与被服务的关系，让两者之间产生千丝万缕的联系，形成一个有机的整体。在计划经济时代，企业与员工之间的关系并不是那么复杂，只是简单的雇主与雇工的利益关系。然而，随着经济的发展，企业中不仅有雇主和员工的交流，还存在企业与消费者之间的交流，企业与采购商之间的交流，企业与厂家、银行、联盟组织等的交流。所以说，企业伦理与我们的生活是密不可分的，企业伦理文化深深地扎根于社会群体的每个角落，成为社会不可缺少的重要组成部分。

那么，何为企业伦理呢？企业伦理是跟企业道德是相同的范畴。一个企业要发展不仅应考虑利益、价值的问题，同时也要考虑企业道德文化，尊重道德规范，树立企业自律形象，培养企业社会责任意识。如此，才能形成一个有序的整体。一般来说，我们认为企业伦理与企业道德二者是相辅相成的。因此，我们通常把“利义统一”的基本原则作为企业伦理道德的基准。然而，要真正地做到“利义统一”，使“利”与“义”达到平衡，还必须要协调好企业与道德的关系。

在企业的发展过程中，企业道德观念贯穿于企业的每个阶层，成为企业追求经济利益的同时权衡社会利益的最大的支点。然而，企业经济利益最大化是每一个企业的最终目标。但是随着企业竞争压力的增强、发展模式的同质化，单纯地靠效益争夺市场，靠自身的单一发展壮大企业规模，显然已经不适合现在的市场机制了。要想发展壮大，企业就必须处理好各种利益关系。因此，企业要树立正确的伦理观念、良好的道德规范、正确的伦理准则，以此来全面指导企业的生产运营。

企业伦理观念如何创新？一个成熟的企业，都会在发展到饱和状态时，独立思考如何创新，如何通过创新来赢得市场，那么，一个企业究竟该如何创新才能在竞争如此激烈的情况下独树一帜呢？我们从以下几方面来讨论。

一、诚信观念

诚信乃企业的“聚心之魂”。企业的诚信观念直接影响企业的发展和竞争力。对于企业来说，加强员工的诚信教育是尤为重要的，不仅可以为企业树立良好的形象，更能为企业的可持续发展奠定基础。任何一个企业的腾飞都离不开诚信，IBM 的发展、海尔的腾飞、松下的矗立无一不是以诚信为保障。

安然因为丢失诚信而付出了代价。2001 年 12 月 2 日，能源巨头安然公司宣布破产。这一消息令美国震惊，也令世界震惊。要知道，安然作为美国工商界的巨擘，是“美国部落”永不磨灭的“星星之火”。半年前，安然公司虽然出现财务漏洞，但仍然在全球500强名单中排名第16位，甚至还被《财富》杂志评选为“100 家增长速度最快的公司”，然而半年后，它却成为一个空壳。

揭开安然失败的谜底，我们不得不把全球著名的五大会计师事务所之一安达信公司的诚信丑闻曝光。这两家公司之间存在怎样的阴谋呢？长期以来，安达信公司和安然公司通过财务作假合伙掩盖巨额债务。作为会计事务所，安达信本应该诚信立本，秉承公平、公正的原则。然而在20年的时间里，由于违背职业道德和行业规范，蔑视法律法规，让安达信彻底失去了公众对它的信任。最终，在审计行业里，“虚假”成为了安达信的代名词。

而安然面对公司的巨额亏损，并没有做危机应对工作，却妄图通过内幕交易渡过危机，最终连最后的一点尊严都未能留住。

安然、安达信的如此惨败，就是失信所造成的严重后果。诚信对一个国家来说，是立国之基；对于一个企业来说，则为立企之本。建立完善的企业机制，必须从信用体制开始。像安然公司和安信达公司这样因为诚信的缺失而付出了惨痛代价的企业不在少数。正如企业家李嘉诚谈诚信：“信誉和诚实比自己的生命还重要。”诚信为本、专业的技术、完善的体制与优良的市场道德观念才是企业成功的关键。

二、道德观念

企业作为现代生产经营的主体，需要承担一定的社会责任。道德观念是一种特殊的意识形态，企业道德观念的塑造，不仅需要企业关注自身的发展，也要在社会中传播道德理念。这种理念的扩展，能让一个企业获得社会尊重，发挥着其独特优势。尤其在当今全球普遍关注企业的道德和责任的情况下，道德观念的培养能为企业奠定了一条稳定的发展之路。

随着竞争越来越激烈，道德文化在一个企业体现得并不是那么明显，大部分企业认为自身的稳定发展不需要对社会负道德责任，如果履行道德责任有利于树立企业品牌形象，还是愿意履行道德责任。但是，在经济萧条的情况下，大部分企业都会逃避履行社会的道德责任。如果一个企业已经形成了这种思想，这个企业就已经失去了灵魂。

三、人文观念

人文观念在企业的伦理思想中有着深刻的涵义。企业在关注经济效益的同时，更要关注员工的人文思想和精神状态。调动员工的积极性，为员工提供体现自身价值、人格尊严的工作环境，从而帮助员工实现自己的目标。

人文关怀就是全方位地顾及员工的心理，将其作为一种推动力，带动企业的长期发展，不仅让企业形成了更科学和民主的管理体系，也提高了企业生产率和人文管理的水平，在企业的发展模式中，坚持人文管理将是企业发展的一大阶梯。

任何一件事情的成功都不是偶然的，只要有适当的方法加上自我的良知，才能让企业走得更远，无论企业如何发展，社会环境如何变化，诚信、道德、人文这三点永远不能丢失。

什么是企业伦理的模式？所谓企业模式，就是企业为自己制定适合其管理与经营的一种制度和方法。人们不断地从制度管理中摸索和归纳出解决问题的方案，并且达到一定的理论高度，这种方式称为企业模式。用这种模式来处理和解决一系列的问题，最终达到预期的目的。但是，不同的企业都有适合自己的一套独有的模式。正如王昆来教授所说：“我们看到，现实中由于不同的企业的价值共识和文化积淀是不同的，所以，不同企业往往有不同的伦理模式。尽管如此，所有的企业伦理模式都由企业的价值观、道德守则和规章制度三个核心方面构成。”

企业伦理模式的种类有哪些呢？企业的伦理模式指企业的经营者和管理者通过制度的创新、伦理观念的融合、战略的选择及社会环境的变化来选择企业个性。它是文化选择、历史选择、时代选择及社会制度等多种因素融合产生的一种伦理模式。下面我们逐一介绍和分析企业伦理模式的主要种类：

一是家族模式。家族模式一般是以血缘关系为纽带。家庭成员构成企业的主要成员，一些私营的企业一般都是家族企业的代表。在全球500强企业中，家族企业也接近50%。这些家族企业往往采用“家长式的管理”，这种以亲情为纽带的方式，在一定程度上有利于降低企业的成本、节约决策时间、减少中间环节、灵活变通，从而形成强有力的凝聚力。因此，家庭的信任、家庭的利益也成为企业成长的强大推动力。

二是制度模式。企业制度伦理是一种价值观和精神伦理相互交融的一种理性伦理模式。完善的制度和理论系统、严格的制度管理体系是企业持续发展的重要保障，更是管理者用来考核和评判员工的重要方式。这种激励与制约相结合的机制，使企业制度更加健全和合理。

企业制度模式讲究公平、公正，注重人文关情，推崇理性的价值观，倡导制度的伦理性和道德性，高度体现了员工的职业理想和个人价值，营造了一个积极向上的企业氛围，提高了企业的文化底蕴和道德伦理。联想、华为、海尔都是这种模式的典范，用这种管理制度来激励员工，从而能使他们成为本行业的佼佼者。

三是德行模式。德行伦理模式被称为“主人翁精神”，这种模式充分地发挥了传统的“仁、义、礼、智、信”的儒家文化，把国家和社会的利益作为企业的重要使命，用仁义去经营企业，即使亏损也不足惜。这种品牌口碑往往能延续一代又一代，成为一个企业的灵魂。百年传统老字号同仁堂，以高度的责任感和使命感来约束自我，严格遵守祖训，这种德行规范制度成为同仁堂经久不衰的根源。

此外，企业高度的职业道德的建立，为企业创造了良好的声誉，也为国家培养了具有高度责任感和使命感的高素质员工。

第二节 企业经管的伦理文化

中国的伦理文化具有浓厚的民族文化色彩，在市场经济的刺激下，构建了和谐社会，稳定了经济发展。企业的伦理文化在这个复杂而富有挑战的社会中起着举足轻重的作用，也对企业的健康发展、经济的宏观调控有着重要的意义。企业的持续发展是企业成长理论研究的重要范畴，各种因素的相互联系、相互作用，实现了企业的可持续发展。

任何一个企业想要真正地实现可持续发展，必须重视保护生态环境，只有在健康的成长环境下，实现传统文化与现代文化的完美融合，用企业文化去引导员工建立正确的人生观、价值观，增强企业的凝聚力和发展力，才是实现企业可持续发展的源泉。

近年来，随着我国经济的宏观调控的加强，市场经济体制逐步完善，一些企业的世界观、价值观也随之发生了扭曲，它们单一地追求经济利益和企业效益，忽视了企业文化对企业发展的建设作用，结果，这些企业很快成为一颗颗“流星”，一闪即逝。因此，进一步推进文化伦理的发展，对建设具有中国特色的企业经济有着重要而深远的意义。

企业伦理文化如何决策？伦理文化的建立需要管理者拥有果断的决策能力，以下两个决策手段是大部分企业都会运用的：

一是传统决策。传统决策，也叫古典决策理论模式，在20世纪50年代的时候比较盛行。传统决策一般为“领导者”说了算，这些领导者一般都具备全方位的能力，他们往往掌握很多方面的情报，并且全面了解各种备选方案，通过自上而下的方式合理地安排企业体系，以确保方案的高效执行，从而获得最佳的经济效益。

传统决策的领导者是很理性的，全权负责企业所有决策，这种果断的决策往往会忽视非经济因素造成的一系列影响，甚至影响整个企业的正常运行。

二是情感决策。情感决策也称为行为决策，主要指人的行为理论影响了整个企业的运营。这种决策使企业具有一定的人情味，除了考虑经济因素外，领导者的个人情感、态度、经验和行为德行也会影响决策方案。在企业的管理中，人的理性是有限的，在整个社会的大环境下，人的精力、知识、想象力、决策力也都是相对有限的。

那么，领导者在发现问题的时候，往往可以借助团队的力量来权衡利弊最终做出判断，这种团队文化往往比领导者独自决策的理性分析更有效。即使领导者充分了解和掌握了各方面的信息，但是，仅仅凭自己单一的资源还是不够的，也存在一定的偏差，当一个企业受到多方面因素的影响，并且面临风险时，这种情感文化的号召力显得更为重要。团队的凝聚力能使风险降低到最低，使方案最优化。因此，只有真正做到团队集体的多方位决策，才能得出最佳的方案。

企业伦理文化的理论依据是企业的伦理学，它是一门重要的理论科学。西方的伦理学流派众多，伦理学也逐渐成为西方企业文化管理的一门重要理论，主要包括企业利益论、文化论、道义论、公平公正论等一系列理论。

一是利益论。利益论也叫利己论，代表人物有洛克、费尔巴哈等。利益论的主要观点是通过共享方式，让交易达到最佳效果，让当事人的利益最大化。因此，利益论的原则是追求经济利益的最大化，在不损害他人利益的情况下，实现企业的共赢互惠，从而也成为西方企业伦理文化的最主要的理论研究方向和利用价值。

二是文化论。文化论也叫行善论，该理论认为“让全体员工觉得幸福”就是“善”的行为。用伦理文化来管理企业，用伦理文化来影响企业，文化的管理是一个企业成长的关键，一种好的文化氛围可以开发员工无限的潜能，也可以影响企业的整个命脉。

现今，越来越多的企业认识到文化伦理在企业中的作用，也有越来越多的企业改变了以往的传统模式，开始用伦理文化管理企业。

三是道义论。企业是社会经济的命脉，也是社会不可或缺的一个组成部分。企业发展经营状况的好坏，往往跟企业的道义有着千丝万缕的联系，所谓道义文化，主要指诚信文化。一个讲诚信的企业能受到社会各界的尊敬，诚信是一个企业长盛不衰的重要法宝。

因此，一个企业的诚信不能丢，一个企业的道义不能缺，只有这样，企业才会得到尊重和重视，人们才会愿意与其合作。

四是公平公正论。公平公正论是由美国哲学教授罗尔斯提出的。公平公正论的本身也就是符合道德规范。所谓公平公正就是指让每一个员工都能享受同一待遇和平台，其权益能得到保障，否则就不是公平公正的。从道德公正的角度来说，公平、公正为企业奠定了文化基础和经营理念，为社会的弱势群体树立了极大的信念，为他们提供了良好的生存环境。

20世纪，随着西方企业的崛起，人们发现文化对一个国家的影响，对一个企业的影响，不断地将社会文化与企业相融合，形成了企业文化。企业文化的内容非常广泛，包括企业价值观、企业精神、企业发展、企业理论思想、企业文化管理、企业文化形象，也包括企业的传统精髓等。

下面我们通过对海尔集团的三个伦理特点的分析，来阐释伦理文化管理方法在企业中的作用。

一是大胆创新，摸索经验。企业的发展离不开经验的推动，离不开独立的创新，技术永远是一个企业发展的灵魂，海尔的超速发展就依赖于其大胆的创新和经验的推动。海尔的执着精神一直是现代企业发展的典范，它努力地学习外国的管理模式，学习德国的质量管理模式。通过对技术的严格要求，对产品的严格把关，对文化理念的不断提升，本着对客户负责、对自己负责的态度，海尔在最困难的时刻砸毁了全部不合格的冰箱，使海尔的精神在消费者心中根深蒂固，这种坚韧意志让海尔成为电器行业中的龙头企业。

二是勇于创新，吸收精华。海尔善于学习，不仅学习了日本的管理模式、5S模式，也善于借鉴美国的管理思想。海尔还善于开拓人的创造力和冒险精神，不断地激发员工的主动性。海尔利用这种管理思想，释放权力，坚持以人为本，使每个员工都成为企业决策的一员，让员工充满活力，同时也激发了员工的创造力。

三是制度明确，发挥个性。海尔的奖惩制度很明确，海尔的员工手册里明确规定了表彰和惩罚制度。海尔的赏罚分明极大地提高了其文化气氛和员工的积极性。良好的工作氛围是一个员工最大的追求，不仅让员工有稳定感、安全感，也让员工获得了极强的归属感。

企业文化是企业管理的重要因素，随着市场竞争的日益激化，越来越多的企业认识到了企业文化对于一个企业发展的重要性。那么，企业的伦理文化究竟对企业的发展有什么重要作用呢？

首先是市场作用。就是说，企业文化在无形中影响着企业的发展，如果企业文化与市场发展背道而驰，则很难被市场所接受。任何一个企业的发展都离不开与市场的融合，只有了解了市场，认清了市场，才能更好地适应市场动向，才能真正被市场所接纳。

其次是团队组织作用。一个和睦的团队、一个有效的组织，才能使企业无坚不摧。一个团队对于一个企业来说很重要，是一个企业的凝聚力和向心力，当大家一起努力、一起激励、一起为企业目标而奋斗时，这种无形的鼓励让团队增强了士气。这种士气的形成对企业的发展起着关键的作用，让企业与企业、企业与顾客、员工与员工之间的关系更加和谐。如此，才能让企业与社会环境更加协调，才能使企业在强大的市场竞争中立于不败之地。

再次是约束作用。一个成功的企业必然有一套严格的规章制度。规章制度约束着每一个员工。俗话说："不以规矩，不能成方圆。"企业的制度是严格的"总章程"，任何人都必须严格遵守和执行。任何人犯错误，都必须受到惩罚。

最后是激励作用。企业文化有着强大的激励作用，让员工感受到了自己存在的价值；文化氛围让员工精神更加振奋，管理者的关怀让员工感受到温暖，从而获得精神上的满足。良好的企业文化对于企业的发展和精神文明建设起着极大的作用，这种精神甚至可以促进一个国家的文化发展。精神文明是中华民族的宝贵财富，由此可以看出文化对一个企业、一个国家起着多么大的作用。

总而言之，经济全球化的发展趋势必然给中国带来全新的机遇与挑战，中国的企业想要真正地走向世界，不仅需要技术革新的推动，更需要良好的伦理文化的推动，一个企业的伦理文化模式直接决定了其未来的发展。

第三节　企业的社会责任与伦理文化

宏观的社会责任伦理主要包括经济责任伦理、社会责任伦理和环境责任伦理三个部分。

经济责任伦理指企业作为市场的主体，不仅承担着主要的道德责任，在经济方面也承担着相应的法律责任。企业的主要目的是营利，在赚取利润的同时，也承担着社会所赋予的责任。一个企业在生存和发展的前提下，必须考虑自己的经济责任伦理。

社会责任伦理主要指社会的道德因素。一些专家认为，在公司体制下，股东和管理者的利益应该是至高无上的，但也有一些专家认为，利润来源于社会，企业应该服务社会，承担相应的社会责任。经济学家弗里德曼认为企业的社会责任主要是为股东赚取经济利润，因而企业利益与责任、权利与义务有着密切的联系。因此，从法律道德意义上说，企业必须承担相应责任，这是强制性的。因此，企业社会责任伦理也具有法律约束力。企业应该用伦理责任来规范、制约企业的行为，规范国家的法律和社会责任。

企业在经营活动中，应尊重《劳动法》，不偷税漏税，保障社会权益，把社会责任与道德放在首位，严格控制产品质量，做良心企业、放心产品。

IBM 做到了，联想做到了，索尼做到了，他们能屹立在行业的顶峰，靠的就是履行社会责任的伦理文化，诚信经营、勇于创新、关心员工、尊重客户、保护环境、回报社会。

环境责任伦理是指企业要为自身所处的环境负责。环境是一个企业赖以生存的基础，环境责任伦理是企业环境道德责任的核心理念。企业在索取自然资源、获取经济利益的同时，必须要为保护环境履行相应的责任。减少资源的浪费，保护生态平衡，这是我们作为地球一分子应尽的义务。我国有大量的企业任意排放污染物，掠夺自然资源，排放有毒气体，这些企业为了一己私利破坏环境，使得污染超出了环境的自净能力，造成资源的枯竭、生态的破坏、环境的污染，这种恶性循环的模式，不仅给后代造成危害，也给企业自身的长远发展带来了一定的负担。因此，企业坚持可持续性发展的环境伦理，才能保证企业的长盛不衰。

那么，企业责任与伦理文化有怎样的关系？企业责任与伦理文化存在着相互影响、相互制约的关系。一个企业的良性发展需要道德的制约，只有在获取经济利益的同时，履行相应的社会责任，改善环境，做到儒家文化中的“君子爱财，取之以道”，在经营的过程中，不仅要重视经济效益，也要重视社会与环境的权益，真正地做到双赢，只有这样，企业才能获得可持续发展。

要明确企业履行社会责任的必要性。社会责任高于一切。企业发展的早期，利润的最大化是企业发展的最终目标，传统的企业的发展思维认为环境保护的问题是政府的责任，企业只要实现利润的最大化就是推动了社会的发展。时间证明，显然这些观点是不对的，必然造成环境污染、员工的抱怨等。因此，企业要是没有好的文化体制和强有力的自律意识，是不会长期发展下去的。在我国，诚信只是一种道德约束，并没有成文的法律来制裁诚信缺失行为，导致国内很多企业在诚信经营方面无章可循。这一点还特别明显地表现在环保问题上。有些企业只重视经济效益，而忽视了企业的可持续发展。环境是人的生活、生产的重要基础，人不能一味地对环境无限制地索取。

第四节　企业的素质与伦理

企业的素质是企业家与企业所有员工表现出来的品质、素养和能力的综合体现。企业的整体素质是企业可持续发展的重要保证，企业领导作为市场运营的指挥者，必须要有全面的综合素质，有一定的专业知识和文化管理理念。中国已经进入了市场化经济时代，在社会主义市场经济条件下，就必须找一个适合国内体制的模式来更好地适应企业的发展。这就对企业领导和员工的素质，提出了更加严格的要求。一个企业整体的素质，决定了这个企业能走多远。这不仅需要企业自身的约束，需要企业家和社会各界的共同努力，更需要国家对高素质人才的培养，才能真正达到经济与文化齐飞。

构成素质伦理的因素有哪些呢？人们往往将素质跟能力、才干、资质联系起来。的确，这些方面也能反映出员工的内涵，而素质本就难以用简单的词语来描述，它是一个宏观的概念，概括来说，企业素质大致包括以下三个方面：

一是品德素质。品德素质是体现一个人素质的关键，是一个企业家品德高尚的表现。任何一个企业家都应该具备积极向上的价值观和人生观，把人生价值和自身的修养与企业的发展、民族的复兴相结合，全心全意、竭尽全力做一个有着高度使命感的人，有着顽强意志与拼搏敬业的精神，树立良好的企业文化形象，对于企业的发展具有积极的意义。

二是身心素质。身心素质主要是企业管理者的素质，这是一个企业持续发展的重要保障。企业管理者处于领导岗位，对问题的决策起着至关重要的作用。面对繁琐的工作，身心素质极为重要。有人初步统计，在近年来去世的72位亿万富豪中，有19人死于疾病，这19名因病去世的富豪，平均寿命只有48岁。最年轻的南民，去世时只有37岁，而王均瑶和孙德棣则在38岁时英年早逝，年纪最大的章胜汉突发脑溢血去世时也只有59岁。这不得不让我们思考，过硬的身体素质是多么重要，胜不骄，败不馁，从容面对一切挑战也许比急躁焦虑更为有效。因此，作为企业的领军人物，一定要注意在文化融合的同时，合理安排工作和休息，劳逸结合。当一种文化真正地渗透到企业氛围中的时候，任何事情都会水到渠成。作为领导者，只要做好指挥的工作，依靠团队的力量，这样有张有弛的工作模式才是良性发展的根本。

三是文化素质。文化素质包括知识、思想和思维逻辑。一个高素质的文化企业，是一个有灵魂的整体，任何一个合作者都希望跟有内涵有思想有灵魂的企业合作，这不仅是经济上的合作，更是身心的享受，这比利益更加珍贵。

为何要提高企业的素质伦理呢？在竞争日益激烈的今天，每天都有企业在消陨，据统计，在跨国大型企业中，有60%以上都是因为决策的失误和经营模式的错误，导致企业经营受创，最终消失在竞争的洪流中。

因此，提高企业素质伦理是相当必要的。企业的素质伦理的提升需要内因和外因共同影响，内因对企业的发展起着决定性的作用，但是，外因对企业素质的提升也起着推波助澜的作用。任何一个企业素质的提升都不仅靠自己单一的努力，都需要国家的支持和社会大环境的协助，同时也需要一定的机遇，这跟国家的政策息息相关。因此，企业在发展过程中，一定要随时注意政策调整，紧跟国家的发展步伐，根据国家政策方向，调整伦理文化策略。企业文化素质的提高，主要表现在以下几个方面：

一、政治素质的奠基

良好的社会环境不仅给企业家们提供了创业的条件，同时也给企业的发展带来经济效益。21 世纪，中国的经济飞速发展，各种创业机会也平等地展现在每个人的面前。然而，无论你的企业文化多么合理，企业家的素质和品德多么高尚，你的团队协作能力多么强，社会环境、政治素质永远是起到至关重要的作用，是一个企业的坚硬后方。因此，如果紧紧地围绕着国家的政策，围绕国家的法律法规，围绕着国家的整体动向，并将其跟企业自身发展的模式相融合，那么你的机遇永远比别人多。

二、文化素质的协助

知识改变命运，文化引领未来。各种文化理念不断创新，这就需要企业决策者和员工不断进行文化学习。社会在不断进步，想要跟上时代的步伐，就必须要有专业的知识，才能更好地为企业服务，更快地适应企业的发展。文化素质的提升是一个企业的支柱，也是一个企业可持续发展的前提，通过建立文化培训制度，丰富自身的知识和修养，不断地注入创新的意识，为社会营造上进的氛围，让员工在企业文化环境中受到熏陶，不断地吸收知识的养分，从而实现自我提升。

三、思想素质的启迪

思想决定着一个企业的成败得失。思想素质是一个企业的重要组成部分，回顾众多企业的发展历程，有很多成功的企业只是昙花一现，很多企业失败的致命弱点就是思想意识的偏差，导致整个决策的失败。可见，思想素质在一个企业发展中所起的重要作用，它能决定一个项目的成败，决定一个企业未来的发展。因此，作为决策者，在企业的发展中，一定要有沉着冷静的思维。任何一个企业在发展过程中都要经历磨练和考验，在风云变幻的今天，要具备风险防患意识，吸收先进的文化理念，只有这样，才有利于实现持续稳定发展。

总之，一个企业的发展和提升，不是一蹴而就的，都需要经历不同程度的洗礼和折磨，在失败中成长，在成长中提升。企业的灵魂比经济价值更为重要，决定了一个企业最终能走多远。文化是企业的精华，用文化来不断地改变社会，改变看法，用文化的精华来推动企业的发展，那么，一定会让企业的效益腾飞，让企业的素质飞跃。

第五节　企业的道德与伦理

随着中国与国际文化的融合，企业的道德与伦理的意识不断地融入企业的经营管理中，成为企业重要的组成部分。现今，单一的企业模式已经不能适应时代的发展步伐，企业的道德与伦理不断地受到社会的关注。利益与道德的双重模式观念，逐步在企业经营管理中发挥着至关重要的作用。加强企业的道德与伦理文化，已经成为企业发展建设的迫切需求，也是企业实现可持续发展的重要途径。坚持以人为本，让道德与伦理融入企业的每个环节，这不仅是经营管理者的进步，更是我国文化转型的一次伟大的创新。

企业的伦理与道德主要指企业管理者在企业经营决策中的一种思维模式，主要分为道德思维、道德规范和道德激励，体现了一个企业重要的思想观、价值观和人文观。

首先是道德思维。道德思维不仅约束企业员工的行为，也能对利益相关者产生规范和制约的作用。管理学界对企业道德应该在企业经营中占一席之地的看法获得了越来越多的认同，国外和国内的专家学者从企业文化、战略文化、战略管理以及企业业绩的角度论述了企业道德与企业发展的关系。一种思维往往影响着整个企业的运营与决策，是一个企业长期经验的总结，是一个企业思想观和内在的价值的高度体现。企业的道德思维是在企业运营管理和实践创新中逐步形成的，是企业获得长期利润的重要的文化保证。

其次是道德规范。企业是社会的重要的组成部分，因此，当社会给予企业一定的环境发展空间时，企业也应该履行相应的责任义务。企业的道德伦理就是社会用来约束一个企业的责任和义务的人格体现。道德规范是引导一个企业形成正确目标和发展前景的指导因素。企业一旦偏离了道德规范原则，最终只能湮没和灭亡。因此，制定专业和规范的伦理文化来管理和制约企业，是促进企业更好发展的重要前提。纵观大多成功的企业，它们背后都有一个严格的规范模式，例如，海尔的成功靠的是零缺陷的质量理念。

再次是道德激励。激励对于一个企业来说起着促进的作用，可以提升一个企业的精神面貌，激发员工的积极性和主动性，在精神上给予员工最大的满足。道德的激励使人与人之间产生一种积极的社会效应，让人与人的交往与沟通更加和谐和轻松，让企业在轻松的环境下实现经济利益的最大化，极大地推动了生产力的发展。

“美的”集团从一个名不见经传的濒临破产的小企业成为世界一流的大企业，它成功的秘诀就是激励机制的运用和发展，这其中就包括道德激励。有数据表明，员工一般仅需发挥出20%~30%的个人能力，就足以保住饭碗而不被解雇；如果受到充分的道德激励，其工作能力能发挥出80%~90%，其中50%~60%的差距体现了道德激励的作用。

道德伦理文化影响着一个企业、一个组织甚至一个国家的发展。伦理道德并不是强制条文，与法律的强制性相比，它只是一种无形的影响力，使人们在无形的文化中严于律己。在现代企业中，道德伦理文化不断地深入企业的每个环节，需要员工自觉地按其企业文化来约束自己、完善自己，让企业得到不断的提升。

20世纪初期，企业的管理文化还处于非常落后的状态，工人只是被当作一个生产工具，是一个企业发展的产物，没有管理可言，更没有道德的文化一说。当时的企业只有一个目标：提高生产效率。而那时人们工作也只是为了获得报酬，对工作、公司没有什么情感。美国的经济学家泰罗第一次提出了用科学来管理企业的方法。这一理论在企业中的应用，让员工在工作中受到了尊重，从而调动了员工的积极性。从此，越来越多的企业开始重视道德伦理对员工的激励作用。

20世纪80年代，人们开始用伦理与道德文化来使企业获得稳定、和谐的人际关系。道德伦理的建立，让社会和企业的发展更加人性化，让经济的发展更加完善化，让员工与管理者的关系更加和谐化，有助于企业精神的发扬和传播。

企业的道德与伦理文化在企业发展中会出现一些问题，这也不足为奇。现在道德伦理文化的许多问题都在企业的管理中暴露出来，这些阻碍企业发展的障碍已得到重视。

一是新道德伦理文化观念与传统道德观念的冲突问题。一个企业的道德文化的建立，可能影响着一批人甚至一代人。这种观念一代代传承，随着社会的进步，人们越来越发现旧的道德文化不能适应新的时代的发展步伐。因此，人们迫切希望有新的伦理道德文化来解除现在的困惑，寻找更加适合企业发展的伦理道德文化。但是，新的道德文化的建立，可能会引起一部分守旧员工的反对和抵制，而作为一个决策者，这时候必须坚定立场采取一些道德激励方法来推行文化观念的更新，实施一些方案来淡化老员工的顽固思想。

二是城市差异使道德伦理文化不能相互融合。道德文化的形成取决于多种因素，不同的环境、经济、消费水平都会对道德伦理文化产生不同的影响。

由于企业分布于不同的国家和城市，一些跨国企业不得不面对道德伦理文化问题。不同国家文化、环境、价值观都有不同程度的差异，面对文化差异问题，必须要入乡随俗、因地制宜地制定适合企业发展的伦理道德文化，发展多元化的文化思维，针对不同地域环境，取长补短，不要拘泥于一种模式，要取其精华，去其糟粕，制定规范的道德伦理文化来适应当地企业的发展要求。

三是企业员工的道德伦理文化的权益维护问题。员工作为企业重要的组成部分，是决定一个企业成败的重要因素，因此，员工的合法权益必须得到保障和维护。但是企业在这方面仍然有很多不足之处。例如，一些企业管理者随意拆开员工私人信件，随意辱骂处罚员工，甚至搜身、体罚，这些现象时有发生。

2013 年，吉林一车间发生火灾，平时为防止工人私自外出，紧锁车间大门，并且未配备必要的消防设施，致使一百多名工人丧身火海。员工有责任服从企业合理的规章制度，但这一事件让员工的合法权益遭到侵犯，员工对企业失去了信任，又怎么能再全心全意地为企业付出呢？

四是道德伦理文化与法律制度要求不同而造成困惑。对于社会来说，法律与道德都起着约束和制约作用，但唯一区别是，法律具有强制性，而道德伦理更为人性化。我们可以说，道德伦理文化是对法律的一种补充。在企业的管理活动中，有很多事情虽合法但不合情理。在 20 世纪，俄罗斯一个公司经常从落后的地区收购血浆，然后当一些地区发生灾害时，立即高价卖出，从中获得高额利润。此行为虽没有违法，却违背了人情伦理，违背了伦理道德，因此，也遭到了社会公众的一致谴责。

现代的企业越来越重视公众的意见，单纯地追求企业利益最大化这种违背道德的行为显然已是不可取的，即使获得了利润，也不会被公众认可。这种违背道德的做法，已经严重阻碍了企业的长远发展。因此，企业一定要有高瞻远瞩的眼光，不要为了一时的经济效益而损害了自己长远的发展。

建立企业伦理道德文化的方法有哪些呢？企业在管理中会遇到各种各样的道德问题，该如何解决？这就需要企业在经营管理中不断地总结经验，企业管理者要从思想上认识到自身的错误，认识到企业伦理道德在企业经济建设中所处的地位，只有真正认识到企业的伦理道德与企业发展的关系，提高员工的道德素养，才能真正实现伦理道德文化的发展。

一是社会监督，企业约束。不以规矩，不能成方圆，一个企业的成败，需要社会全方位的监督和道德的软约束。法律作为一种强制手段，具有神圣的权威性，而道德具有一定的公信力，虽然其没有至高无上的权威，但具有强大的号召和感染力，这一不成文的条文也许比法律更具有感召力。一个企业将道德伦理文化作为法律法规，以此来监督企业的行为，对员工具有威慑作用，这样才能正确地树立企业的形象。

松下作为世界有名的电器企业，在成长过程中，不断地培育、强化道德伦理文化。它是一种内在的力量，是松下公司的精神支柱，具有强大的凝聚力、导向力和感染力，更是松下公司成功的重要因素。这种内在的精神力量可以激发公司成员为社会服务的意识，有利于企业文化的发展，如积极提合理化建议，主动组织和参加各种形式的改善企业经营管理的小组活动；在工作中互相帮助，互谦互让；礼貌友好，对顾客用心服务等。

二是道德教育，文化引领。企业的道德教育可以提升员工的内在品质。在西方国家，员工的道德教育与整个企业的品牌文化紧密结合。许多企业以“伦理文化在企业，企业文化在员工”为口号，以“团结、友爱、勤劳”为标准开展伦理道德教育的学习，启迪和净化员工的心灵。因此，我们可以说，企业员工的业务素质、道德潜力决定着一个企业的发展。企业道德教育包括培养员工的人生观、价值观和责任观，让员工树立正确的生活态度和工作方向，真正地成为社会创造价值的人，培养员工高尚的道德风尚，让每个员工都有一颗敬业的责任心和进取心，为企业的未来做好文化的铺垫。

西安杨森制药有限公司是目前我国医药行业规模最大、品种剂型最全的大型医药公司之一。该企业的管理充满了浓厚的人情味。员工在过生日时都会收到领导亲自写的贺卡，员工生病的时候，总裁都会亲自问候。西安扬森的内部刊物名字也是“我们的家”，每个员工的人身保险费用由公司承担，员工的医疗费用可以全部报销。这种企业文化让每个员工都感受到了温暖。

三是国家利益与企业利益并存，长远利益与当前利益融合。企业是社会的一个重要的组成部分，更是国民经济的一部分。因此，每个企业都面临着国家利益与企业利益并存的局面，企业在生产过程中把国家利益放在何种地位，是评判一个企业的社会形象的重要标志。企业应自觉维护国家的利益。同时，企业在发展过程中也要处理好长期的利益与当前利益的冲突问题，不要为了一点小利益就忽视国家法律，丢掉社会道德，唯利是图。作为一个企业的领导者，一定要有长期的社会规划，要对员工负责、对企业负责、对社会负责，要坚决否定那种只顾眼前利益的行为。

海尔冰箱一直家喻户晓，1985 年，张瑞敏接到投诉，为此，张瑞敏很快找到检查部问道：“你们看看这批冰箱怎么处理？”检查部认为既然已经这样，就内部处理算了。张瑞敏却执意亲手销毁了76 台不合格的冰箱，当时一台冰箱价格是 800 元，但员工的工资是 40 元，相当于他们两年的工资。当时在场的人一个个都流下了眼泪。正是这种以国家利益为第一责任的理念，才让海尔发展得这么快、这么稳。

第六节　企业的文化管理与伦理之案例评析

IBM 是一家国际商用机器公司。企业在发展中有明确的原则和坚定的信念。这些原则和信念看起来似乎跟其他的企业没什么区别，但是，正是这些简单、平常的原则和信念塑造了 IBM 独特的企业文化，使之成为电器行业的霸主。

IBM 公司几乎遍布世界每个角落，拥有的员工超过 40 万，年营业额大约有 500 亿美元，分公司遍及全球，它的成功无不让人羡慕。很多企业想知道 IBM 究竟是如何发展起来的。然而，若要深入地了解一个企业，首先要了解它的经营理念和企业文化。IBM 的发展让许多人费解，也许，正是人性化的管理模式给了 IBM 独树一帜的成就。1914 年，老托马斯·沃森在创办 IBM 公司时设立过“行为准则”。即让企业在发展的过程中体现个人价值观、道德标准。任何在 IBM 待过的员工，都会明白一个目标——企业究竟要求什么，老沃森的信念在他儿子时代更加完善化。1956 年，小托马斯·沃森在任 IBM 公司的总裁时，要求每名员工都知道老沃森的“行为准则”，行为准则主要内容是：“一、必须尊重每个人。二、一定要给予顾客最满意的服务。三、企业员工要有饱满的热情，表现出最佳的工作状态。”这些准则一直深深地印在公司每位员工的内心。小托马斯·沃森要求所有人员不管在什么时候都要严格遵守这三条准则。IBM 公司的企业文化、公司道德“规章”、责任“原则”和伦理“哲学”并没有任何专利权。因此，在企业运营管理中，任何处于主管职位的人必须彻底明白“公司原则”章程及企业文化要求，时刻向下属说明公司文化的含义，让员工知道，“原则”在企业的发展中是多么重要。在 IBM，在任何刊物和备忘录中出现最多的就是“公司哲学”。

从 IBM 案例来看，IBM 的成功绝非偶然，那么，究竟是什么样的文化使得 IBM 成为行业霸主？让我们逐一分析：

一要有坚定的企业文化观念、独特的发展思维。IBM 的坚定的企业文化，让 IBM 持续化发展，也是因为 IBM 从上到下所有的员工都遵守一条刚性纪律，任何人都不能违反，IBM 的独特的人格化文化模式让员工受到了极大的鼓舞，企业员工之间平等的文化氛围，让整个企业更加和谐。虽然 IBM 并不是唯一呼吁尊重个人尊严的企业，但是，在世界所有企业中，几乎没有几个公司能把这一原则贯彻到底。IBM 的领导都明白一个道理——员工比金钱、资产都要重要。然而 IBM 也确实是这么执行的，沃森家族认为：企业的每一位员工都是公司独一无二的一分子，并且每一个员工都会推动企业的未来发展，因此，IBM 设立了公平、公正的晋升制度，不断设立分公司，并一直保持一个主管管辖 12 个员工的管理模式，让每位主管都能彻底了解员工在工作中的成绩，同时，也要不断地激励员工士气，激发员工的潜能，表扬成绩优异的员工，让其获得晋升和奖金。IBM 员工的晋升和调薪全部由其工作成绩决定。每位员工的薪金，都由其对企业做出贡献的多少来核定，绝非以资历而论。有特殊表现的员工，也会得到特别的报酬。因此，在 IBM，新进的员工可能比老员工工资要高。

IBM 独特的人事管理系统让每位员工都能有一份有意义的工作，在企业发展将近 50 年的时间里，没有一位正式的员工因为裁员而失去工作。然而，IBM 同其他企业一样，也曾经历不景气的低谷，但 IBM 都能顺利渡过，并且能合理安排所有员工不致失业。这也许就是 IBM 成功发展的重要保障。

在 1969 年～1972 年经济危机时期，由于经济的大萧条，IBM 有 1.2 万的员工调到生产工厂、实验室等岗位，有 5000 名员工接受再培训后从事销售工作与企划工作。这种人事调整的模式，让 IBM 顺利地渡过了危机，并且让大部分人调到了一个较满意的岗位。

IBM 的员工都对工作具有很大的积极性，即使在他们回家的时候，都会想着怎样发挥其价值。员工这种思维模式的形成与公司人性化的管理是分不开的。还有最重要一点，就是 IBM 的晋升制度，其晋升人员永远是在员工中挑选出来的，这种选拔制度让员工干劲十足、意志激昂。因为，IBM 的每位员工都可能成为领导，所以，在纽约州阿蒙克的 IBM 公司里，每间办公室都没有任何字样标明领导的头衔，停车场、餐厅都没有专门为领导预留的位置。总而言之，IBM 是一个非常民主的企业，有一种轻松的文化氛围，在这里工作的每个人都同样受人尊重。

IBM 公司的每个人都得到尊重，因此，领导要求每位员工也必须尊重顾客。同时 IBM 也规定，任何一位员工也要平等地对待竞争对手。也许，正是因为其坚定的企业文化观念和独特的发展思维，IBM 才成为一个靠产品质量、靠优质服务、靠优秀的推销技巧而成功的高素质企业。

二是要坚持企业责任至上的理念。沃森的企业理念是让 IBM 成为全球顶尖企业，因此，沃森要求 IBM 的每一个分公司都具有企业责任感，把“顾客至上”理念变成企业的永久文化。每一位 IBM 销售员都知道：坚持顾客至上理念是所有员工的责任与使命，应正确认识企业的地位和对社会的贡献、作用。因此，以责任为经营理念成为 IBM 的特色文化之一。IBM 企业在确定以社会责任管理为战略导向以后，便按照尽职尽责的要求加强和改进责任管理。

在 IBM 的企业文化管理中，首先明确责任目标，细化企业的责任目标，并落实到企业管理的每个环节。同时，为了确保责任的落实，IBM 努力增强企业责任的内容和责任目标，建立责任体系并落实到每个员工的身上，建立严格的责任考评体系，从而发挥监察和激励机制的作用。

任何一个企业都不能缺乏责任管理，它是凝聚企业力量的源泉，是建设和发展社会主义经济的作用和价值的体现。IBM 的成功与企业社会伦理与责任伦理的强化是分不开的。

三是要凝聚高度的道德观。IBM 在选拔员工的时候注重道德观念的培养。在选拔优秀员工时，员工都会接受密集训练，这样做能达到良好的教育效果，以便员工在日后的工作中表现出良好的工作状态，还能使他们有一种责任感、使命感和道德感。IBM 作为全球 IT 行业的领军企业，跟其企业文化氛围和其拥有的优秀的有责任感、使命感的人才是分不开的。在 IBM 公司，每个人都会以饱满的热情投入工作，以竞争来取得成绩与晋升的机会。

小托马斯·沃森说："对任何一个公司而言，若要生存并获得成功的话，必须有一套健全的原则，可让全体员工遵循，但最重要的是大家要对此原则产生信心。"

在科技发展的今天，社会的形态在不断的变化，企业作为社会的一员，要么前进，要么灭亡，不可能停止不动。在一个发展型的企业来看，唯一不改变的就是"原则"。原则作为文化管理的核心，永远指引着公司的发展，由于 IBM 有这种文化作为企业发展的基石，因此，IBM 今天的辉煌是必然的。IBM 的成绩绝非偶然，与它高度的企业伦理观念的创新与发展、企业社会责任与道德素质的培养是分不开的，也正是因为有成功的企业文化的管理才有了今天的辉煌。

第七章

企业的文化管理与危机管理

如何预防企业危机？在现代企业快速发展的同时，危机也随之而来，而且，无论哪一种危机，都会对企业的发展造成不利的影响。因此，危机预防远远比危机解决要重要得多，也要容易得多，只有把预防工作做好，才能避免危机的发生，才能把危机造成的损失降低到最低。所谓企业危机，主要指对企业带来不利影响的事故、给企业造成利益或形象上损害的现象。

第一节　企业的文化管理与危机预防

经济全球化造成国内外企业危机频发，如国外知名企业沃尔玛、家乐福、肯德基等，曾一度陷入企业危机，国内的富士康、健力宝等企业不断游离于生死边缘。企业危机已经成为常见的现象，导致各大企业处于彷徨恐慌状态。由于社会环境的不同，危机的原因也是多种多样的。有外因也有内因，有政策危机也有环境危机，有自身的品牌危机也有营销危机，这些原因都会直接影响企业的发展，给企业的生存带来不利后果。因此，如果没有有效的危机预防，将会对企业的发展造成极其严重的损害。

企业危机中最严重的是质量危机。产品质量是一个企业的核心，其他因素都是围绕企业的产品质量来服务于社会。一旦质量出现危机将会直接引发品牌危机和财务危机，会给企业造成致命的打击。此外，当危机发生时，如果没有及时应对，也将会直接损害企业在公众面前的名誉。试想，当一个企业失去客户的信任，员工失去信心和信念的时候，将会造成什么样的结果？那将会直接导致销售的下降，随之而来的就是资金链断裂。

危机对一个企业来说是一种打击，值得注意的是企业危机，尤其是质量危机往往是企业缺乏文化管理造成的，一个有文化的企业，一定不会让企业出现质量危机。中国很多企业管理采用独裁模式，企业管理者往往忽视企业文化建设，认为没有文化也照样可以管理企业。只有当文化真正地融入企业，并且能够对内在危机的发生起预防作用时，人们才感到文化对一个企业的重要性。

质量危机在国内体现最多的就是食品安全危机。民以食为天，人们对食品安全都很敏感，可是有些不法商家为了经济利益，昧着良心、冒着风险进行非法生产与销售。毒奶粉、假药、瘦肉精、地沟油，这些都让人们不寒而栗。中国企业质量之路也许还需要进行一次重大的变革，需要一次文化的洗礼。虽然经济危机让中国企业甚至世界企业都疲惫不堪，但是，仍然坚持自己独特的文化，并坚持以良知来管理企业，用内在文化来影响企业，永远会得到大众的支持。回首望去，那些良心企业依然屹立不倒。

因此，一个企业的发展需要各个部门的共同努力，需要以一种适合自身的文化为支撑，需要一个果断的决策者和一个具有凝聚力的团队。文化可以影响一个人的人格，影响一个人的价值观和思想，同样也可以影响一个企业未来的发展。产品质量永远是社会对企业的良知考验。对于企业来说，经济利益固然重要，但是，道德价值更让人尊敬，不要为了一时的经济效益而降低产品质量，最终成为社会的罪人。当我们始终抱有认认真真做事、坦坦荡荡做人的信念时，一定会让企业走得更远。

冠生园创始于 1915 年，生产风味食品。1918 年改为股份有限公司。随着经营规模扩大，冠生园先后开设多家分店，成为中国近代最大的食品企业之一。在多年经营冠生园的实践过程中，作为总经理的冼冠生精心打造着这一品牌，并提出“三个立业之本”“三个至上”的企业理念，即“本心、本领、本钱”，“信誉至上、顾客至上、质量至上”。1934 年，因聘请影后蝴蝶为形象代言人，冠生园的名气大震。

1956 年，冠生园进行公私合营。冼氏控股的股份有限公司解体，上海的总部一分为三，各地的分店企业都隶属地方，与上海冠生园再无关系。就这样，昔日的冠生园被拆成了许多没有任何资产关系的独立企业，然而都沿用了“冠生园”这一字号。南京的“冠生园”就成了现在的南京冠生园食品有限公司。

2001 年 9 月，中央电视台“新闻 30 分”曝光了南京冠生园使用陈馅制作月饼。在新闻播出当天下午，南京冠生园全部月饼处于停销、停产状态，面对质量危机，南京冠生园并没有表现出诚恳的态度，反而辩解称这种做法在行业内非常普遍，绝不是南京冠生园一家，并且始终没有向消费者道歉。顿时南京冠生园月饼无人问津，其他各地商家们也纷纷把冠生园产品撤下柜台。

当南京冠生园的“陈馅事件”曝光后，该公司的月饼和其他食品全部处于停销状态，导致当年的月饼和其他食品的销售全部陷入困境。2002 年陷入困境的南京冠生园食品有限公司宣告破产，就是这么一家具有良好声誉和品牌形象的“老字号”企业却由于一次产品质量危机而轰然倒闭。

信誉缺失也是一种企业危机。信誉构成了人之间、单位之间、商品交易之间的双方自觉自愿的长期交往的关系，消费者甚至愿意付更多的钱来延续这种关系。当企业危机发生时，企业的资金会出现很大的问题，往往造成支付困难、产品销售量下降等状况，诚信度缺失，最终使企业丧失信心。

一个企业缺乏信誉，会直接导致员工忠诚度下降。员工是企业的主体，企业的文化形象直接表现在员工身上，因此，当企业危机来临时，员工的忠诚度下降，随着生产效率飞速下降，产品销量也会直线下降，致使企业蒙受经济损失，最终使得企业利润减少甚至负增长。

当一个企业处于负增长状态时，企业就不得不全神贯注地处理危机，这会占用大量的时间和精力。人事变动、裁员、放弃某一品牌的市场等等，这些损害对企业的发展来说可能是致命的，影响也是全面的。因此，每个企业都不愿意看到危机的存在，那么，如何避免企业危机呢？

一、树立危机意识，创建危机文化

危机管理就是要有未雨绸缪的先见之明，一般情况下，在企业经营不善时，危机便一目了然；但在企业正常运营时，能够预见企业危机，做到居安思危是一件非常困难的事情。在企业的发展中，企业危机往往会不期而至，影响企业运营和企业决策。因此对于企业的决策者来说，永远要有危机意识，企业持续发展最有效的方法不是一味地追求经济效益，而是要有防患于未然的危机意识。

预防企业危机，首先要有一种危机的逻辑思维，营造危机环境，将危机意识创建成危机文化。使企业在持续发展的情况下，随时保持高度的警惕性和危机意识，用危机文化来带动防患意识。企业危机意识的建立，能够将企业危机可能性降到最低，良好的危机预防体制能够调动员工的积极性，培养员工的责任感，最终有效地控制危机、预防危机。任何一个发展中的企业都应该建立危机预防体制。

例如，华为，可以说是在危机的推动下成长，在危机的预防中飞跃。《华为基本法》《华为的红旗能打多久》《华为的冬天》《迎接挑战、苦练内功迎接春天的到来》等华为文化，都是在危机意识中诞生的。“生于忧患、死于安乐”，华为的成功，印证了这一结论。

那么如何树立危机意识？又如何建立危机文化？

第一，建立危机管理机制，培养危机文化。危机的发生虽然存在偶然性和突发性，但多少还是会有一定的前兆，因此，企业危机的爆发也是可预知的。一个企业不可能无缘无故地出现危机，一定是由内在或者外在的因素导致的。

任何危机的发生都有一定的诱因，因此，一个企业在发展过程中，一定要不断地进行总结，整体观察，建立危机管理机制，培养危机文化，从而减少危机隐患。危机文化的建立，需要文化的注入、科学的手段及严格的技术方法。危机文化模式的启动，有助于尽早对问题做出预测和分析，以达到防治和控制危机爆发的目的。

第二，关注行业发展，了解行业动态。知彼知己方能百战百胜，因此，想要让企业走得更远，成为同行业的佼佼者，必须要了解同行其他企业的优缺点、了解整个行业的动态、时刻关注经济发展、了解国家政策及经济指标动向，以及目前行业及各大企业的聚焦点究竟在哪些领域、竞争对手都有什么样优势和劣势、潜在的竞争对手有哪些，等等。

第三，时刻关注媒体，反馈对手信息动向。媒体是一面镜子，是危机快速传播的重要窗口，是反馈竞争对手信息的重要渠道。通过媒体的报道，企业能更好地测评本企业品牌形象究竟在公众心中占有多重的分量；及时了解公众对其服务的不满，有针对性地予以完善；尽快了解国家的新政策，为企业未来的持续发展奠定基础。对于企业来说，公众的任何建议及警告都应该予以高度重视，因为企业危机就埋藏在这些反馈的信息之中。

第四，及时了解企业内部信息，完善内部结构。很多危机是由企业内部的原因导致的。一项危机调查显示，85% 以上的企业危机是由组织内部原因引起的，因此，企业内部隐患应该予以足够的重视。首先应该重视企业财务分析，包括组织资产负债、营销的利润增长率、库存的周转率、应收账款等。其次是企业内部员工的反馈信息。企业内部员工的反馈意见直接反映企业最客观的一面。虽然有些企业反馈信箱比较多，但是，真正起作用的少之又少，员工的反馈没有得到管理者足够的重视，导致员工怨声载道，降低了工作的热情。

第五，时刻关注企业产品质量，定期进行抽查。决定一个企业成功与否的关键因素包括文化与质量，文化是一个企业发展的动力，质量便是一个企业成功的支点。因此，一定要重视质量的监督，做好质量评估，进行定期的抽样检测，加强员工的责任心和工作使命感，把好产品的质量关。

二、做好危机预测工作，制定危机评估预报

做好企业危机预测，反映危机变化。对未来危机类型及其危害做好评估，时刻做好危机预警工作。危机预测是企业处理危机的基础与依据，帮助企业在最佳的危机处理时间及时采取有效的应对措施并制定多种危机方案，从而将危机损失降到最低。

危机预测从根本上防止危机的产生，是一种超前的企业危机管理模式。当一个企业建立起了系统、科学的管理预警机制，企业便可以系统地掌握发展中遇到的危机信息，从而能够采取有效的应对策略。

三、制定危机管理计划，快速解决潜在危机

一个企业想要真正地把危机降到最低，一定要做好“三关”修炼：严格的质量关、强大的信息关、优质的服务关，这样才能让企业更快地适应社会的发展。

企业要制定危机管理规划，实施危机管理政策方针，做好具体、明确、有针对性的处理对策，让危机管理更加明确化、制度化及规范化，形成一种文化理念，便能扭转危机局势。

那么，当危机来临时，企业的应对策略主要有哪些？

一、多元化的补救措施，灵活应对风险

改变单一产品模式，实行产供销、内外一体化营销，并且不断地开发新的产品来引导市场、吸引消费者，提升企业价值。

二、防微杜渐，细节影响成败

1986 年 1 月 28 日那天，成为美国人心里难以忘怀的伤痛。在美国佛罗里达的卡那维拉尔角，成千上万名参观者聚集到肯尼迪航天中心，等待

一睹造价数十亿美元的“挑战者”号航天飞机腾飞的壮观景象。上午11时38分，发射架上的挑战者号点火升空，直飞天穹。当飞行到73秒时，“挑战者”号顷刻爆裂，火焰白烟四溅，并迅速坠落到大西洋，机上的七名宇航员全部遇难。这一事件让全世界震惊，人们迅速开始调查航天飞机失事的原因。最终发现是一个连接用的“密封圈”由于天气寒冷变得坚硬，导致助推器燃料泄露，引起飞机爆炸。就是因为一个小小的“密封圈”泄漏，酿成机毁人亡的悲剧。任何一个细节的失守都会导致最终的失败，企业的发展也是一样，看似如日中天、蒸蒸日上的企业也可能因细节的失误而消陨，但这种细节往往被人忽视，防不胜防。因此，企业的发展过程中，切勿忽略企业危机的防患意识。

对于企业的管理者来说，想要有效地预防危机，一定要注意日常经营运作中的一些细节错误，注意潜在问题，系统分析导致危机的因素有哪些，真正做到防微杜渐，真正让员工在积极的工作状态下提高警惕、消除危机隐患。

三、加强公众沟通，赢得市场支持

企业应该时刻与消费者、媒体、合作者、政府公信平台保持良好的沟通，建立良好关系，为企业赢得市场信赖。在企业内部管理中，不断地调动员工的积极性，得到员工的信任与支持。只有这样，当危机发生时，才能得到多方的支持与帮助，从而平稳地渡过危机，维护企业的形象。

四、做好危机资源保障

“智者千虑，必有一失。”因此，企业不仅要做好危机的防患工作，还要为危机发生做好资源的保障工作。当危机爆发时，及时做出处理，将危机损失降到最低。防患于未然，任何事情都要做好充足的准备工作，要全面地考虑问题，形成防患危机的意识，注意危机管理文化的培养，做好危机预防及应对工作，一旦危机发生，寻求社会的支持，团结内部的力量，做好市场的应急机制，从而快速摆脱危机。

第二节 企业的文化管理与危机应对

在现在激烈竞争的社会环境中，任何企业都会经历一个转型的过程，面临着诸多的危机，因此，作为企业的管理者，一定要有企业竞争意识与竞争观念，完善企业管理模式，掌握风险管理的方法，并巧妙地将这些方法融入企业经营管理，只有这样，当企业真正面临危机的时候，才能赢得生存的机会，赢得企业的持续发展。

任何一个成功的管理者在危机来临时刻，都能有效地应对危机，并形成一种危机文化。然而，任何事情的发展都会经历一个过程，危机在企业混乱的状态下发生，也经历了四个发展阶段：潜伏期、爆发期、解决期、融合期。对于危机的四个发展阶段，与之相对应的也有四个危机的管理阶段：事前管理、事中管理、事后管理、融合管理。

有效的危机管理，一定要做到以下几点：

第一，危机潜伏期，提高危机管理意识。

第二，危机爆发期，及时转移危机来源，缩减危机范围，遏制危机负面影响。

第三，危机解决期，改进危机管理方法，用文化来引领企业。

第四，危机融合期，修复危机管理，完善危机文化对企业后续的影响，迅速减轻危机对企业造成的伤害。

在分析危机管理前，先分析一下企业战略性风险的主要来源。

在中国加入世贸组织以后，国内外的政策环境的变化需要决策者进行系统的预测，全面地了解政策战略，这将对企业的成败起着至关重要的作用。在现在行业竞争如此激烈的情况下，客户的需求越来越多样化，期望也越来越高，没有任何一个行业能完全避免竞争的压力，新科技的飞速发展在给企业带来发展机会的同时，也带来了一定的威胁。

管理层在估测宏观环境风险前，都会严格考虑战略的各项风险问题，但是这种战略的风险管理涉及的层面很广，因此，通过预先制定的方法来进行管理是相当困难的。这需要董事会集体开会讨论，结合大量的信息和知识来制定事前的风险管理方案。企业的事前风险管理的方案是应对风险的重点，从系统的运营模式开始，通过企业的外在及内在宏观环境来影响企业转型，促进企业风险管理文化体系的形成，这种文化体系是整个社会环境的一部分，并且时刻受社会大环境的影响。

不同的企业内部的文化各不相同，因此，企业面临的宏观环境风险和风险管理的重点也是各不相同的。按照一定的模式来对企业进行全面的评估有利于防范企业风险。例如，制造业的企业面临风险的时候，必须对风险的来源进行详细的分析。首先是内部分析，包括员工、供货商、顾客等环节之间的联系与影响。其次是质量分析，包括技术设备、技术能力、原材料的质量及来源等各个环节的衔接与沟通。对企业内部每个细节都要做到详细的风险审核及预测。

那么，危机发生前的准备有哪些呢？

企业危机管理的准备工作主要有资源的准备、人员的准备、技术的准备，管理者在确定风险方案以后，根据企业的实际情况分配工作，落实好责任人，做好企业预算并充分利用资源。

在企业遇到危机时，公司的高层管理者必须充分地参与企业的决策，各部门主管要各司其职，公司的每位员工必须要有危机意识，了解本公司风险的种类及压力，细化责任，让每位员工都能有主人翁的精神。然而许多大型跨国企业都会集中把风险落实在一个责任人身上，这样既不利于企业管理，也不利于风险的分散，虽然这种风险的集权化有利于制订应急计划，但是无法充分利用每个人的能力，如果发生危机，将不利于企业的管理。

企业的风险控制要求要有过硬的技术流程工序作保障，培养员工熟练掌握企业的各项技术指标，从而让员工有足够的经验和技能去处理企业危机。让员工通过参与训练来适应危机、应对危机，从而建立一个优化的危机处理流程，将企业风险降到最低，最终让企业的执行更加务实。

做好危机发生前的准备工作的同时，还要做好风险评估工作。

当危机逐渐影响企业的发展时，企业要根据不同的危机情境来缩小危机的影响，充分将危机所造成的影响细化，只有这样，才能将问题分散到多个独立面，才能对企业成功化解危机起到积极的推动作用。我们通过风险评估来量化风险，从而得出风险管理的难易程度，并按难易程度进行排序，根据排序来逐个控制。

因此，管理者必须综合考虑各种因素来控制风险，要采取各种控制方法，做好具有可行性的准备工作以及成本收益分析。对于企业来说，风险排序并不是最终目的，而只是为不同级别的风险选用最适当的处理方法，最终的目的是应对危机。

那么，企业可以运用哪些管理方法来应对事前、事中、事后的危机？

一、危机事前管理方法

管理者在危机来临之前，想要有效地应对危机，首先要确认危机的来源，评估潜在的风险，系统地分析风险可能给企业发展造成的损失。进行详细评估，能够对危机事中的解决起着推动作用。企业危机中最大的风险是战略性风险，其次是操作性风险，在企业的运营中，战略风险与操作性风险相互影响，形成危机文化的统一整体，影响着整个企业的发展，这两种风险相互交替让危机事前管理变得更加复杂。然而，对企业危机有关键性影响的还是战略性风险，对战略性风险的控制也是决定企业危机能否成功处理的重要因素。

二、危机事中管理方法

危机事件管理，即通过风险控制对策对企业的财务预算、成本预算进行整理，回避风险，从而减少损失。因此，危机事中管理方法包括回避风险、分割风险和自留风险。

回避风险主要指直接避开风险事项，消除损失。当风险真正来临时，一般企业都会采取分割风险与复制风险的方法来处理事中危机。分割风险主要是将面临损失的单一风险分割成两个或者两个以上的独立风险，船舱中的防水密闭隔离舱就是风割风险的最好实例。而复制风险，主要是将企业的资产及资源进行完整备份从而避免因设备的损坏导致的数据丢失。所谓自留风险主要是企业自己处理可能发生的风险损失，做好财务预算。用财务资金弥补风险损失，通过流动资金的搜集、库存资金的合并，以及专用基金的储备来将风险控制到最低。

其实当企业发生危机时，无外乎有三种现象最为常见：①危机发生时情况紧急，时间紧迫；②无法准确地判定危机给企业的物资及人员造成的损失；③无法做出正确判断，及时应对危机的发生。因此，当危机发生时，管理者必须协调好这三个方面的问题，让时间、效率、质量得到保障，思维也随之运转起来，以此来降低损失。

然而，管理者同时也会面临巨大的压力，甚至是道德原则与金钱利益的权衡。这些对于决策者来说是极其痛苦的，因此，当危机发生时，就需要以冷静的逻辑思维及成熟的决策方案来应对危机，做出正确的指导决策。但是无论哪一种方案，管理者一定要把人、责任、道德等放在首位。

以上是解决危机的内因处理方法，而外因的处理方式主要是沟通，沟通是解决危机的重要桥梁，是管理者与员工、客户等交流的重要工具。如果一个处于危机中的管理者，不能与员工进行有效的沟通的话，那么他将无法做出正确的危机判断，将会给员工及利益相关者带来压力和恐慌，反而更加不利于危机的解除。一般来说，对于资源、客户分布广的企业来说，外因的沟通是非常重要的。

管理者该如何进行有效的沟通？怎样让沟通的质量达到最佳的状态？

首先是及时与员工沟通。准确无误地了解企业内部的整体信息，就危机对员工造成的利益损害及时与员工进行沟通，阐明危机给企业造成的影响和后果，让员工明白危机给其切身利益带来的损失，让员工做好应对危机的准备。

其次是及时与媒体及政府沟通，在信息高速发展的时代，危机一旦发生，首先要利用媒体的力量进行正面宣传，在公众面前树立良好的形象，体现企业负责精神。让企业的利益相关者尽快收到信息，通过权威的公信平台展示企业的坦率和诚实。说明危机的真实情况，争取得到社会各界及政府机构的支持，也得到利益相关者的谅解，让危机得到快速解决。

三、危机事后管理方法

任何一个企业经历危机后都会元气大伤，此时不必急于生产，磨刀不误砍柴工，首先要总结经验，分析危机发生的原因以及采取的有效措施。理清整个危机发生的脉络，总结经验的同时反思危机处理过程中的一些不足，分析企业未来的管理模式，制订防患措施。完善企业应对危机时的决策方案，取其精华，去其糟粕。对于危机的利益相关者，及时重建其信心，通过媒体的宣传，树立企业形象，让客户放心、安心。时刻关注社会公众对企业的看法，树立责任意识，使企业重新获得生机。

四、危机融合管理方法

企业在处理事前、事中、事后危机的同时，一定要将三个过程的处理方法相互整合，形成一种融合管理方法，快速地调整好企业状态，使之恢复危机前的良好运营。

所谓危机融合管理方法，指在杂乱无章的危机时刻，迅速找到一种多元化的管理方法，通过不断地磨合，逐渐地运用到企业中去，这种摸着石头过河的方式也被称为摸索式方法。当企业发生危机时，若没有一种单一的策略可以解决问题，就可以实行这种危机的融合管理方法，从而在危机中理清头绪，找到解决危机的适合方法。

总而言之，一家企业要长久、持续地生存下去，就必须能有效地管理经营中可能出现的种种危机，“居安思危”的观念应该时刻铭记于企业经营者心中。

因此，企业在危机的处理过程中，一定要灵活应变，在不同的阶段运用不同的处理方法，将危机降低到最小，从而让企业尽快走出低谷，安全渡过危机。

第三节　企业的文化管理与处理危机体系

美国专家调查表明，大多数企业管理者认为企业危机如同生死是无法避免的，即使品牌享誉全球，偶然也会遭遇不幸。国外一些研究学者认为品牌危机是企业生存的动力，这种危机的存在可以增强企业积极性，增加企业忧患意识。

当企业面临危机时，如何能够化险为夷，让企业渡过危机，如何让企业在危机中寻找商机，这才是危机处理的核心。对于危机的处理，首先要端正态度，态度决定企业的未来发展方向。危机爆发后，虽然企业遭到一系列的打击，如舆论打击、市场打击等，但是企业一定要直视自身的错误，以积极、乐观、负责、担当的姿态承认自身的错误，完善自己的不足，知错能改，善莫大焉，只要有一颗担当的心态，一定会得到公众的谅解和帮助。

危机管理体系的建立，对于危机应急处理工作有着重要的指导意义，根据文化管理模式，我们将企业危机管理体系具体划分为：速度体系、评估体系、资源分配体系、媒介传播体系、协调处理体系等。

一、速度体系

处理危机时速度就是企业的生命，危机处理的及时性直接决定企业的成败。当危机发生后，企业往往成为公众的焦点，企业应根据危机的类型加以应对，第一时间查明真相，向社会表明态度。如果企业危机处理缓慢，会直接导致危机的加剧，失去公众信任，使企业陷入被动局面，最终导致恶性循环。

一般来讲，危机管理的速度体系包括两方面，一是企业第一时间的反应速度，二是企业利益相关者的反应速度。一般来说，危机发生后，企业应根据自身的状况及时做出应对的措施和行动，以最快的速度控制危机的蔓延，管理者应第一时间到达现场，了解情况。

随着经济全球化的发展，金融危机、次贷危机、市场饱和危机、能源紧缺危机、市场竞争危机等，都给企业掀起了一次次危机风暴，中国在高速发展的同时也迎来了一次又一次的危机风波。

美国作为经济强国，其金融危机影响了世界大部分国家的经济，虽然这场金融风暴已渐平息，但是其对于企业发展造成的危机却是持久性的。企业的发展如同人的成长历程，需要不断地磨练，经历挫折的考验，在中国的市场中，企业家的奋斗精神促进了经济的发展，他们在社会发展的历程中创下了一个又一个的奇迹，他们的成功绝非偶然，他们无一不是有着果断的思维和高瞻远瞩的心智，能够迅速决策，及时处理企业危机的智者。

二、评估体系

多年前，中国企业还处于封闭时期，危机公关是处理企业危机的重要手段和方法。随着中国与全球接轨，企业管理者们意识到仅靠单一的公关方法处理企业危机是远远不够的，企业需要建立多方面的危机评估工作，做好评估体系，进行多元化的危机管理。

建立评估体系是促进企业发展的重要方法，是企业危机发生时的信息来源，获取大量有效的信息，是企业成功的关键。

雷利公司就是因评估体系的缺失而衰落的。英国雷利自行车公司创立于1887年，是世界老字号自行车生产商，曾经红极一时。然而由于该公司墨守成规，没有做好市场评估，当企业危机来临时，始终坚持“坚固、实用”的生产经营理念，最终导致公司深陷泥潭，难以自拔。

雷利自行车问世以来一直畅销不衰。不少买了雷利公司自行车的顾客，都觉得雷利的自行车质量是最好的。因此，雷利自行车成为高质量的代名词。然而随着技术的创新，市场需求逐渐变化，到了20世纪六七十年代，自行车逐渐被轿车、电动车所取代，然而雷利公司的管理者并未及时意识到危机已经来临。当雷利的经营逐渐陷入困境时，企业管理者也没有想到进行市场的评估，没有全面的危机评估体系，不明白危机产生的主要原因。一直固守传统生产理念的雷利公司，随着其他国家自行车业的崛起，而逐渐退出国际市场，最终走向了衰落。

从雷利公司的失败中我们可以看出，对一个企业而言，产品的质量固然重要，但同时要与时俱进，要与市场对接，做好市场评估，从而适应市场需求。在面临危机时，许多精明的企业家通过多元化的发展来增强企业的生存与发展能力。社会的发展，科学的进步，需要我们不断地融入市场，了解市场需求，做好市场分析工作。

总之，企业的发展，需要不断更新产品，紧跟时代脚步。当危机来临时，做好危机评估工作，及时调整发展方向，整合企业资源，提升企业核心竞争力，居安思危，见贤思齐，与时俱进，才能促进企业永久发展。

三、资源分配体系

资源分配体系指企业人力与物力的合理分配所形成的有机体。危机处理的最大目标就是将企业内部危机降到最低，在企业深陷危机之后，企业内部应做好两方面的应对措施：一是做好人员的分配工作；二是做好物资的调配工作。在调动人力资源方面，要与员工进行良好沟通，得到员工的支持，提高人员分配的效率，让员工减少顾虑，让内部团结一心。同时，在人员分配方面，也需要外部专家的指导，来弥补专业知识方面的不足。外部人员由于身份特殊，往往在公众心里更具有公信力，更能提高组织能力，找到真正的危机所在，让决策和执行力更高效。

在物资调配方面，企业不仅要管理好危机时期的物资，还要通过储备生产应对危机。这种物质资源的分配，不仅包括产品分配，还包括资金分配。正确的资金分配，是实现企业目标的重要保障。因此，资源分配工作，及时调动危机中的人力资源和物力资源，获得媒体等外力支持，有助于及时有效地处理危机。

彼得·瑞兰不仅是一位程序员和互联网高管，更是位成功的企业家、硅谷高管、天使投资者。他注意到市场中90%的孵化器都将面临失败的厄运。“失败”意味着这些孵化器无法收回（或收回资金不超过）投入的资金。然而，导致这些孵化企业失败的原因有很多，但最大的原因是资源配置体系的不完善。2007年彼得·瑞兰创立了新创公司孵化器（YouWeb Incubator），孵化了一系列成功的移动公司和游戏公司。

那么，他又是如何成功的呢？首先，他很善于管理，并坚持认为“优质过滤”和“广泛投资组合”是其发展的重要模式。资源的分化保障了企业的财力流通，为危机的发生做好了充分的准备，确保团队达到最佳的智力状态。同时，彼得在业务方面提出“高质量的科技创始人”和“持续转移”模式，为企业聚集了一批优秀的人力资源。在企业不断扩张和发展的同时，保障了企业发展所需的人力和物力，完善了资源配置体系。他这种多元化的管理模式，以及敏锐的思维，使他拥有了50家不同的公司。虽然在企业管理上，大家可能并不执行统一的发展模式，但是只有企业文化管理的不断融合创新，企业资源的合理分配利用，才能让每一种模式都得到持续发展。

四、媒介传播体系

媒介在企业的发展中扮演着特殊的角色，当企业危机发生时，媒介的传播会加速危机的传播，从而扩大危机的传播范围，当媒介传播有益的消息时，可以让企业一夜成名，成为行业的知名品牌，享誉大江南北。

媒介在企业危机中的作用可以概括为以下三个方面：

1. 媒介的议题传播作用

当企业危机发生时，媒体通过采集、加工企业信息，组织一些与企业发展相关的议题，企业可以通过媒体发布有利于危机化解的议题，引起社会的关注，实现外部议题与内部议题的良性互动。当遇到对自身不利的议题时，企业可以创造一个新的议题，通过转移关注点的方式，让不利于企业发展的媒介议题逐渐淡化，从而制造一个有利于企业发展的舆论环境。

2. 媒介的信息传导作用

当企业危机发生时，任何的谎言都不利于企业的发展，然而，媒介及时的信息传导可以让企业得到尊重。准确、及时的信息传导可以避免企业受到更多的负面影响。在面对媒体的时候，做好信息的加工，发布最能吸引社会注意力、最有利于自身发展的信息，谨慎地回答问题，就事论事。认真发表意见，从而得到媒介与社会的广泛关注。争取得到权威人士与权威机构的支持，通过权威人士的评价，让你的观点更具说服力与穿透力。对企业来说，即使无法得到权威机构的支持，也可通过配合权威机构的调查，得到权威机构的同情，这样比自申清白更能取信于人。

3. 发言人的号召作用

发言人是一个企业的核心人物，是企业危机发生时的代言人，一个好的发言人，除了有团队的凝聚力外，也拥有良好的自身素质和判断应变能力，最重要的是发言人能够抵抗外在强大的压力。当企业发生危机时，企业发言人承担着重要的角色，担任着调研、沟通、信息发布的重要任务，他是企业信息的重要传播路径，通过媒介发布企业信息，给企业带来强大的号召力与感染力。一个差的企业发言人，会让企业危机更加严重，从而加速了企业的衰败。

五、协调处理体系

当危机发生时，及时了解危机发生的特点。危机往往在企业毫无准备的情况下发生，给企业带来巨大的恐慌，让决策者失去判断的标准。因此，在处理危机前，一定要了解危机的种类，企业危机一般分为信誉危机、经营危机、财务危机和人力管理危机，当找到危机的原因后，及时针对不同危机做好协调准备工作。以公众利益、全局利益为前提，协调各方面的资源，建立危机处理团队，实施危机处理计划，全面抵御危机。

值得企业审视的案例是发展得如火如荼的健力宝企业如何葬送自己的发展之路，而最终销声匿迹的。健力宝是中国饮料业的老牌企业，1997 年健力宝处于发展时期时，销售量却一直下滑，很多原因造成了这个局面，其中最重要的原因是企业内部管理问题和品牌老化问题。2002 年，张海入驻健力宝，开展体制改革，给健力宝带来了新的活力。通过完善合作规模、合作态度，加强资金实力，大力建设销售渠道，开始了新的营销模式。

为了让健力宝扩大市场，张海实施了两个方案，将批发环节转移到零售环节，与经销商建立合作伙伴关系，开展了争夺零售终端的第一战。通过这种方式，很快抢占了零售终端的市场。健力宝的旗舰店达到了10000家，实现了渠道、广告等多种资源的共享，健力宝重新树立了自己的形象。可见，这一模式是正确的。

然而，就在重整旗鼓的时候，健力宝由于品牌的炒作、资金的不牢固、管理的随意化出现了企业危机，销量直线下降，逐渐从市场退出。当这一现象出现的时候，并没有引起张海足够的重视，他更没有做好协调处理的方案，最终导致企业走向失败。

危机是社会发展的必然产物，当危机来临时，只要找到一种合理的应对方法，及时做好防患工作，不断地追求创新发展，让企业紧跟时代步伐，让独特的文化气息融入企业，那么企业就能从容应对任何危机，更能体会到暴风雨后彩虹的艳丽。

第四节　企业的文化管理与危机管理之案例评析

我国婴幼儿奶粉及乳制品安全问题一直牵动着全民脆弱的神经。对于圣元，大部分消费者都不陌生，该公司于2012年初陷入“致死门”事件，后经危机公关，事件得以澄清。

“致死门”事件的经过如下：2012年1月10日江西都昌县一对5个月大龙凤胎婴儿疑似食用圣元奶粉致一死一伤，死者为龙凤胎中的弟弟江健。当天，死者家属找到家家福超市和圣元奶粉经销商，将江健尸体摆放在超市门前停尸问责。随后，圣元江西分公司主动向当地工商和公安部门报案，事件升级。

次日，媒体报导该事件，疑因食用圣元优博所造成。受该事件影响，在调查结果还未出来之时，圣元国际的股价已暴跌10%。圣元国际发布《关于消费者质疑我公司奶粉与一婴儿死亡有关的声明》，称“具体导致婴儿死亡的原因，我公司并不知情，但我公司已经在第一时间向公安部门报案，希望本着科学的态度，理性地处理这一不幸事件。”“作为婴幼儿食品，奶粉不会导致孩子抽搐、腹泻，更不会导致孩子死亡。婴幼儿腹泻的原因很多，着凉、过敏等许多外源应激因素都会造成婴幼儿腹泻。圣元公司本着负责任的态度，善意地提示所有父母：腹泻对于成年人来讲不是大病，医治康复也不复杂，但对于婴儿来说，出现症状不及时治疗就会产生生命危险。”这天，圣元营养食品有限公司客服称，总部已经接到九江经销商关于婴幼儿食用圣元优博奶粉出现问题的反馈。圣元乳业统一向外界发布信息，圣元营养食品有限公司、生产总监和客服部人员表明态度要积极配合调查。当地公安、工商、质监部门已经介入调查。晚间，圣元的股价跌53美分，报4.66美元，跌幅为10.21%。事件还未调查清楚，该事件就已经对圣元乳业造成了不小的影响。

事件发生后第三天，圣元乳业发布《20111112BI1批次出厂检验报告》，所有检验项目检测结果均为“合格”，面对“致死门”，圣元国际董事长兼CEO张亮在第一时间表示，非常同情遭受了这一悲剧的家庭，并坚信此事与圣元产品无关。

案发第四天，第三方权威部门查清事情真相并取得具有公信力的调查结果，证明婴儿死亡与食用圣元奶粉无关，九江都昌县人民政府也对该事件发布公告，江西二套《都市现场》就事件采访了都昌县工商局秦局长，终是误会一场，事情最终得以澄清。

圣元这次“致死门”危机处理得很成功，而同为乳制品企业的三鹿集团危机发生的原因是什么？三鹿又是如何走向灭亡的呢？

第一，三鹿的企业危机主要是由于该企业缺乏良知，并且在企业管理上存在以下不足：

首先，从企业的文化管理角度来说，管理人员与操作人员缺乏责任心；从管理角度来看，管理人员缺乏企业管理经验，员工缺乏凝聚力，团队缺乏协调力，对公众缺乏责任意识；从员工方面讲，企业缺乏文化环境，没有在员工心中树立企业形象，员工普遍缺乏素质。这三点是导致企业内部混乱的直接因素。

其次，企业缺乏经营管理理念，这是造成危机的重要原因，一个企业不能根据自身的现状去协调和处理危机带来的后果。当危机发生时，一味地推卸责任，缺乏担当意识，面对媒体和公众的质疑，并没有给出合理和具有良知的答复。没有利用好媒介的传播功能，反而让企业的坏消息大面积传播，从而导致危机局面无法挽回，最终让企业走上了绝路。任何一个企业想要成功，都必须得到公众的支持，要让公众放心、安心。三鹿的灭亡，也给所有的食品企业敲响了警钟，从奶源到加工到市场流通，每一个环节都必须要良心操作，需要员工高尚的职业道德，如果不能保证这些产业链的安全，肯定会为企业的发展埋下隐患。企业员工法制观念的缺失、文化管理的混乱、是非黑白的颠倒，加上决策的失误与外界环境及公众媒体的施压，直接断送了三鹿的未来，三鹿要为自己的行为付出惨痛代价。

在社会竞争环境下，危机与企业的发展是同步的，尤其是在现代经济快速发展时期，人们对食品安全越来越重视，食品安全意识也越来越高。乳品是人们每天的必备品，因此，乳制品的安全问题时刻得到公众的重视，乳品的质量问题也一直是媒体关注的焦点和敏感话题，直接牵动着整个企业的发展命脉，质量危机也因此成为企业的致命危机。

那么怎么做才能化解企业危机呢？

第一，从企业危机管理文化角度处理质量危机，首先要承担责任，要有良知。食品企业本身就具有很严格的管理标准，稍有不慎将给消费者带来无法弥补的痛苦。因此，不管谁是谁非，一定要懂得站在消费者的角度考虑问题。不要推卸责任，要学会承担，安抚好公众及媒体的情绪，从而得到公众的理解和谅解。

第二，要学会沟通。当危机发生时，第一时间控制事态，抓住时机，认真坦诚地向公众说明原因，主动向公众公开致歉，及时处理危机给企业造成的负面影响。

第三，得到权威机构的证明。当危机影响到企业正常的运营时，切勿忽视政府、媒体、第三方机构的作用，要争取他们的支持，用第三方的号召力与感染力来赢得公众的理解。不要一味地自我辩解，否则只会适得其反。

合理运用这三点原则，根据趋势的发展变化，及时调整危机战略。

圣元乳业是如何圆满地处理危机事件的？

当死者家属将尸体摆放在超市门口时，圣元企业主动配合当地的公安部门及工商部门，积极处理事件，不断安抚死者家属情绪，下架所有产品。在等待检验结果时表示，如果是产品的问题，绝对不会推卸而会主动承担责任。这种负责任的态度，得到了媒体及公众的理解，避免了社会舆论的攻击。

在安抚受害者家属的过程中，圣元营养食品有限公司生产总监穆喜森表示一定会给家属一个答复，并称所有的进展情况一定会在企业官网上公布，决不隐瞒。圣元领导层及时控制事态，充分体现了速度第一的原则，通过媒体、政府平台予以公示，取得公众的信任。圣元充分地发挥了其良好的沟通能力，通过与媒体、与公众、与政府的沟通，把危机的影响降到最小，把事件的影响力降到最低，从而赢得了处理危机的时间。

在整个事件的处理过程中，圣元沉着冷静、机智灵活的处理方式，让企业渡过了危机。在整个危机处理过程中，圣元没有用任何辩解的方式给自己开脱，而是完全借助政府与媒体的力量。当 2012 年 1 月 12 日得到所有检验项目结果均为“合格”时，第一时间在其官网上公布了结果，并借助权威部门为自己还原真相。

最终，圣元“致死门”事件圆满画上了句号。圣元的企业危机引发了我们的思考，当危机真正来临时我们该如何去做，如何应对危机的挑战。正如史蒂文·芬克所说：“危机就像死亡和纳税一样难以避免，必须为危机做好计划，充分准备，才能与命运周旋。”

第八章

企业的文化管理与软实力建设

第一节 企业的文化管理与企业文化

企业文化管理是对企业文化进行梳理、凝练、深植和提升，是在企业文化的引领下，匹配公司战略、生产、经营、营销和人力资源等策略，对企业进行管理。企业的文化管理重落实、轻口号，重执行、轻宣贯，突出“管理”。通过培育企业文化，实现文化管理模式的提升，使员工形成共同的价值观和行为规范，进而成为“企业人”。总之，企业文化是企业的文化管理的基础，企业的文化管理离不开企业文化，没有企业文化，文化管理只是空中楼阁，而企业的文化管理反过来又会促进企业文化的升华、发展。二者相辅相成，缺一不可。

一、企业文化的契入点

在企业管理中，众多的企业管理者都困惑于企业文化与企业管理之间的关系，困惑于企业文化如何契入企业的文化管理，困惑于企业发展到一定阶段，企业文化的缺失造成的管理乏力、人才流失、凝聚力下降等问题。

在目前这个阶段，有很多的企业，可以说几乎没有严格意义上的企业文化。世界上著名的跨国集团都有属于自己的企业文化，如果你想深入了解一家企业，首先需要了解的不是这家企业的产品，而是其企业文化。产品可以复制，但是企业的文化却难以复制。

企业发展到了一定的规模后要想很快地再上一个台阶是很难的，这就是所谓的企业发展做大的“瓶颈”。产生瓶颈的原因有很多，但多数经营者会找种种借口和说辞，唯独不在自己的企业文化上寻找答案。企业具有一定实力后，缺乏的不是机会和市场，而是一个有着共同目标的团队。很多的企业都有自己的企业文化和规章制度，但是，在大多数企业中，企业文化都是面子工程，没有可以真正促使企业建设和发展的实际作用。

如果把企业文化比作软设施，那么企业设施和场地设施就是硬件设施。对硬件设施进行升级改造的效果往往立竿见影，但是，软设施提高的效果就不那么明显了。现在许多企业流行管理培训与团队打造，如果企业管理者寄希望于用培训提升团队能力以改善企业经营，就会发现效果有限。因为作为软设施的企业文化的提高不是一日之功，更不可能一蹴而就，而是一个循序渐进的过程，其成效也是缓慢释放的。

具有自己特色文化的企业，企业文化的灌输和管理的结合往往很有力。与普通企业相比，其员工的整体素质、外在表现和内在精神都要强得多。企业文化和管理机制之间的融合，以及企业文化的契入点包括以下几个方面：

首先要建立企业文化的标杆。很多企业的创立都是老板的个人行为，在创业的时候，他们首先想到的是企业的经济效益而不是企业文化建设。一般的员工无法体会创业者的敬业精神，因为员工与创业者所处的位置和行为目的不同。如果创业者不能够及时地把创业的精神与企业的实际情况融合起来，建立自己的企业文化，那么，就是一个人“用心”而其他人“做事”。

恰恰是这样的最初创业的简单模式，成为大多数企业几年甚至几十年运作的一个基本写照：没有企业文化的企业，员工们在机械地工作，没有目标，没有更高层次的追求。所以说，创业首先要做的是确立企业文化中的企业价值观，然后再按照企业文化价值观的要求去组建和打造一个团队。这样大家的价值观统一了，员工才会用心工作。

其次要从企业文化的原则和要求入手。企业文化的确立，首先是确立企业价值观；第二是将企业文化与企业管理的日常的活动紧密联系起来，让企业文化的精神理念快速融入员工的思想；第三是经过一段时间的推广和检验后，企业团队才可能拥有企业需要的企业精神和健康的文化氛围。只有企业建立起健康向上的文化氛围，新员工才会很快融入企业的团队建设和企业管理。如果一个企业缺少自己的文化底蕴，那么，一旦有不健康习惯和作风的员工进入团队，就可能很快影响整个团队，把整个企业的管理氛围打乱。

最后要加强企业文化培育和融入管理。一个没有企业文化的企业，一般也不会有自主价值观。单单加强管理，只会产生很多为应付管理而出现的不作为和怠工行为。目前这种现象普遍存在于大多数企业中，很多企业管理者都认为企业文化的融入过于困难，相比之下，管理模式就显得更容易推广和实行。结果，很多企业会引进一些先进的管理模式，认为这可以弥补企业文化的不足。这种手段能够达到一定的效果，但是，如果企业员工的思想意识无法得到提高，无法理解企业文化，那么再完美的管理也无法将企业发展壮大，也就无法达到管理的效果。如果一个企业缺少了企业文化，那么在人才的选拔和任用方面就会出现很多问题，个人价值观与企业价值观有出入的人是无法对企业尽忠职守的，他对企业的付出也是有限的。

把企业价值观融入管理和团队主要应遵循以下几个原则：

企业的任何培训，都要以企业文化中的价值观为基础。企业的管理要建立在企业价值观的基础之上；企业内部的矛盾和决策要建立在企业文化制度的基础之上。只有这样，在企业运营中体现出企业文化价值观，企业文化才会深入每一个企业员工的心中。好的企业价值观能提高员工的素质，会逐渐改善员工自身的价值观。完善的企业文化建设，会让企业成为一个培养人才、留住人才、成就人才的机构。

在我国众多的企业管理者都着手进行企业文化建设的时候，社会风气的改变将会首先从企业开始，并影响到全国。从这一点上来说，企业在企业文化建设上的努力，对推动社会发展的意义更深远，对社会的贡献更大。企业文化在不断加深与强化中、在人才战略实施中，才会有明显的效果，团队的凝聚力和创新能力才能够保持和提升。

企业管理的主要问题是人的问题，核心是解决人思想的问题，靠福利和薪酬制度解决，从理论上说有效果，但是，不可能从根本上解决团队的稳定问题和创新机制问题。薪酬制度在一定程度上成为很多猎头公司挖人的工具，但是，企业的健康文化却是会留住人才的最主要的一个稳定因素。如果靠薪酬，水涨船高，企业永远难以应对竞争对手带来的压力。

让每一个员工很快融入企业的文化体系，企业才可能靠企业文化的魅力培养和留住人才，企业的建设和发展才有稳定持续的可能。一种健康的企业文化氛围，靠得是企业自主的价值观和团队整体素质的营造。而企业所需要的抗市场、抗风险能力，在很大的程度上，需要一支和企业共同面对风险的精英团队。

二、愿景与企业的文化管理

企业愿景是对企业前景和发展方向的高度概括，主要由企业核心理念和对未来的展望构成，是企业战略发展的重要组成部分。企业愿景是根据企业经营与管理发展的需要，对企业未来发展方向的一种期望、一种追求、一种目标。企业愿景的实现要求企业根据市场的变化和发展，整合企业内外资源，根据实际情况规划企业未来的发展方向、核心价值、事业领域、核心竞争力、企业的精神、使命，制订企业制度、经营方针、行为方针、执行力度等。从而让企业的全体员工及时有效地理解并自觉执行企业愿景赋予的使命和责任，使企业在计划、执行、评价、反馈的循环过程中不断地发展壮大。

所谓愿景，是由组织内部的成员所制订，通过团队讨论达成共识，形成企业全体成员一致的奋斗目标。而愿景管理，就是将个人的价值观与组织目的结合起来，通过开发愿景、瞄准愿景、落实愿景的三部曲，组建团队，把团队力量发挥到最大。愿景形成后，企业领导应对内部成员做简单、扼要且明确的陈述，激发团队成员士气，并制定企业团队目标和行动方案，来指导企业运作。

总体而言，企业愿景一般都具有前瞻性的计划或开创性的目标，是企业发展的风向标。很多的优秀企业都具有一个类似的特点，就是强调企业愿景的重要性，因为只有通过建立愿景，才能有效地培育与鼓舞企业员工，激发员工的个人潜能和主观能动性，提高企业运作效率，进而达到让顾客满意的目标。企业的愿景不只是企业领导层的事情，企业的每位员工都应参与其中，参与制订愿景的过程，可使得愿景更有价值，使企业有更强的竞争力。

在企业愿景的研究方面，著名管理专家吉姆·柯林斯和杰里·波拉斯在《Builtto 最后：高瞻元瞩公司的成功习惯》（*Builtto Last*：*Successful Habits of Visionary Companies*）一书中将企业划分为两种类型：第一种类型是明确企业愿景，并成功地将它扎根于员工之中的企业。这些企业大多是世界前几位的著名大企业。第二种类型是只追求经济效益，而没有明确的企业愿景，或企业愿景没有深入员工心中。这些企业绝不可能发展壮大，只有企业全体员工共同拥有企业愿景，这个企业才有可能成长为优秀的企业。

愿景是战略与文化的交集，既是战略的指引，也是文化的导航。随着企业的文化管理的不断发展，人们也逐渐意识到了愿景对企业的文化管理的影响力。著名心理学家马斯洛曾做过一个研究，他选取了一个杰出的企业团队进行研究，该团队最显著的特点就是具有共同的企业愿景。通过研究他发现，出色的团体中，任务与员工本人几乎无法分开，也就是说当一个人强烈认同某个任务的时候，定义这个人真正的自我，必须把他的任务包含在内。企业愿景已经成为当今企业管理者必须研究和思考的问题，它能成功作用于企业的文化管理，两者相辅相成促进企业成功。

企业的文化管理根植于企业文化和愿景之上，吸收企业文化和愿景提供的养分，企业可以不断成长，更好地发展。同时企业的文化管理也时刻影响着企业文化和愿景的发展变化，使企业文化、企业愿景、企业战略三者关系更加契合。

企业的文化管理与企业愿景二者间相互作用，是一个不断发展的过程。所以，企业建立愿景与企业的文化管理理念是必不可少的，而且还需要企业的管理者用发展的眼光来看待企业的文化管理与企业愿景的互动优化。企业的文化管理在促进企业的发展方面可以发挥相对持久而不是暂时的作用，企业愿景可以贯穿于企业的发展进程之中，发挥着主线作用。

三、企业的文化管理与企业文化的设计

1. 精神层设计

企业的文化管理，重在企业的文化建设。企业文化精神层设计的核心任务是对企业理念、行为、视觉识别系统的规划和设计，即提出包括精神层、制度层、物质层在内的完整的目标企业文化模式，这是进行企业文化建设与创新的基础和前提。

企业文化精神层，即理念识别系统，主要由企业最高目标、企业哲学、企业精神、企业道德、企业作风、企业宗旨六个方面构成。尽管这几个方面的角度和侧重点有所不同，在内容上有时还有相互交叉的地方，但它们在本质上又是和谐统一的。因此，在设计企业理念时，对这六个方面既应该有所区分，又不可机械分离，既要在内容上力求完整、全面涵盖，又不可单纯在表达形式上强求一致。

根据企业的文化管理与企业文化精神层设计的内在联系，在进行企业文化精神层设计时主要从以下几个方面出发：

持久性。企业理念是企业生产经营实践的“指南针”，需要具有顽强的生命力和持续性，而不是短暂的“昙花一现”。企业理念要有持久的生

命力，前提是在进行企业文化精神设计时必须站在历史、时代、文化的高度，充分吸收一切最先进的思想文化观念，而且需要把握社会发展的脉搏、预测企业未来发展趋势。

系统化。企业理念要素应构成一套完整和谐的理念体系。当今众多的企业往往不重视这点，它们的企业文化理念层次或者残缺不完整，或者缺少某种要素，或者不理解各个要素的涵义，以致表述含混不清，甚至自相矛盾。

个性化。企业自身的特殊性决定了企业在整体价值观、经营管理方针、思考和处理问题的方式方法、团队风气等方面的特殊性。对这些特殊性进行总结提炼，就能得到企业理念的个性特色。强调企业文化精神层设计的个性化原则，并不是排斥吸收优秀企业文化观念的共性，而是强调在共性的基础上保持个性。

实践性。企业的最高目标、精神、作风、宗旨等不是凭空想象的，而是在企业长期经营发展过程中，不断地总结提炼并积极吸收外部先进因素的结果，是企业实践的产物，同时，企业理念作为对企业过去实践活动的经验总结和理论概括，又必须用以指导今后的企业实践，并在实践中经受考验，得到发展。

在当今社会，参与、协作、奉献已经成为值得现代企业倡导的一种企业精神层设计。在进行企业文化精神层设计的时候，首先要强调的是企业员工参与管理，参与管理是企业兼顾员工各种需求、效率、效益等的一种有效手段。在鼓励员工参与企业管理的过程中，要对员工加以引导，明确地把企业当前的工作重点、市场形势和企业目标传达给员工，使员工的参与更具明确性和方向性。另外，根据员工的知识层次和参与管理的经验情况，让员工采取适当的方式参与管理。由控制型参与管理到授权型参与管理，最后升级为全方位参与管理。

2. 制度设计

制度作为一种人际交往的准则，源自人类的各种历史的、社会的、经济的、政治的、文化的活动。企业制度在企业的文化管理中具有举足轻重的作用。诺斯说："制度是一个社会的游戏规则，更准确地说，它们是为决定人们的相互关系而人为设定的一些制约。制度制约既包括对人们所从事的某些活动予以禁止的方面，有时也包括允许人们在怎样的条件下可以从事某些活动的方面。"

企业制度是企业为保证生产经营管理的秩序而制定的具有内部约束力的企业规程，包括一般制度和特殊制度，而不包括企业风俗。企业制度最集中地体现了企业理念对员工和组织的行为要求。企业文化的制度层又叫企业的制度文化。在企业的文化管理中，企业制度文化是人与物、人与企业运营制度的中间媒介，它既是人的意识与观念的反映，又是由一定的组织形式所构成的。

另外，企业制度文化的媒介性，还表现在它是精神和物质文化的纽带。制度文化既是适应物质文化的固定形式，又是塑造精神文化的主要机制和载体。正是由于制度文化具有这样的固定、传递功能，因此它对企业文化的建设具有重要意义。

企业制度文化是企业为达到一定目标，而对员工的行为给予一定限制的文化，它具有共性和强制性的要求。企业制度文化的强制性是一种来自员工自身以外的约束，它规范着企业的每一位成员，企业生产工艺操作规程、厂规厂纪、考核奖惩制度等都是企业制度文化的内容。

制度对于企业的意义在于它为企业管理者的意愿得以贯彻实施提供了基础，在得到员工认可的前提下，使企业管理中不可避免的冲突矛盾由人与人的冲突转化为人与制度的冲突，从而可以更好地约束和规范员工，减少或降低对立的尖锐程度，缓解企业内部矛盾，逐渐形成有自己特色的企业文化。

企业制度的设计主要包括对企业制度、习惯、员工行为规范的设计和制定。

企业制度文化的内在结构主要包含制度价值观和制度信念。外在的表现是企业的领导机制、组织机构和管理制度。建设现代企业制度文化是实现现代企业发展目标的制度保障，是协调现代企业内部关系的重要方式，是保证现代企业生产经营活动有序进行的必要条件。

企业制度体系由多方面构成，主要包括工作制度、责任制度和特殊制度，其中工作制度和责任制度又合称为一般制度。

工作制度。企业对各项工作运行程序的管理规定。具体有计划制度、劳资人事制度、生产管理制度、服务管理制度、技术工作及技术管理制度、设备管理制度、劳动管理制度、物资供应管理制度、产品销售管理制度、财务管理制度、生活福利工资管理制度、奖励惩罚制度等。

责任制度。对企业内部各级组织、各类工作人员的权力及责任的规定，一般包括领导干部责任制度、各职能机构和人员的责任制度和员工的岗位责任制度等。其目的是使每名员工、每个部门都有明确的分工和职责。

特殊制度。企业的非程序化制度，如员工评议干部制度、总结表彰会制度、干部员工平等对话制度等。在企业行为识别系统中，企业风俗及员工行为规则虽然能够反映企业理念对员工的要求，但它们要么不具备强制性，要么强制性较弱，而只有企业制度最具强制性，因而对员工的言行起着最大的约束作用，对整个企业形象的塑造具有特别重要的意义。

在建设现代企业制度文化过程中，要积极处理制度文化与和谐管理、制度文化与企业内部管理、制度文化与思想政治工作的关系，从而把握制度文化在其中的地位和作用。设计企业制度必须遵守以下五项原则：

（1）充分传达企业理念。企业理念是企业文化的核心和灵魂，是制定企业制度的根本指导思想和最高原则。企业价值观是企业制度所确定的企业一切活动的出发点，企业最高目标是它们的归宿，企业哲学、企业宗旨、企业精神、企业道德、企业作风也分别从不同角度、不同层次对企业行为发挥决定性作用。

（2）立足企业实际需要。主要是根据企业需要来决定制度体系的构成；根据本企业员工的具体情况来拟定各项制度；把企业实践作为检验制度有效与否的唯一标准；充分反映本企业的管理特色。

（3）由主及次分类制定。

（4）相互兼顾整体协调。企业制度设计必须坚持相互兼顾、整体协调的原则，具体来说，这一原则包括唯一性、一致性、导向性、封闭性。

（5）刚猛相济、宽严有度。主要是涉及企业生产发展方面的重要制度要严格规范，力求刚性，而在影响较小的次要方面的制度可适当放宽要求、使之保持一定弹性；偏重于“物”的管理方面的制度应强调刚性，而偏重于“人”的管理方面的制度必须考虑灵活性；有长期反复的实践为基础的企业制度一般刚性强一些，而缺乏实践经验的制度则要求弹性大一些；针对操作层次、执行层次的制度要充分体现刚性，而在决策层次、管理层次的制度则要充分体现弹性。

企业的文化管理与企业制度设计之间有着不可分割的关系。企业的文化管理是企业现代管理的必由之路，是实现企业各项任务的根本保证。人是企业的文化管理的最根本的要素，人不仅是管理的对象，更是管理的主体，因此，事实上，无论是塑造企业精英还是确立企业价值观念，都离不开切实有效的文化管理。

企业是直接为社会提供产品和服务的。企业提供产品或服务的直接目的是追求利润。利润是产品价格和成本之间的差额，是企业经济效益的集中反映。而要提高经济效益创造更高的利润，必须提高生产效率，而生产现场的有效管理是提高生产效率的重要环节，重视对企业操作层面的现场管理是企业经营管理体系的根基。海尔实行“6S 脚印管理”即整理、整顿、清扫、清洁、素养、安全。在生产现场可以随处看到工人们在流水线停线的间隙，抓紧时间清扫工作现场，排除安全隐患。车间内随时都有安全巡视员，每天都有现场通报，及时处理安全隐患。真正把现场管理理念印在员工心中，实现了制度与生产管理的完美结合。如果说企业的员工对生产管理的标准化操作规程没有形成统一的认识，生产管理现场的局面不可能是整洁而有序的。例如，现场的智能式仪表、闸门等是现场的控制终端，试想如果没有经过专家的制度化的培训，如果没有按照操作规程操作，那受伤的不仅是员工个人，很有可能导致整个工厂的生产线陷于瘫痪，给个人、企业和国家带来不可估量的损失。反之，如果员工得到及时的培训，明确了员工的职责，则无疑从根本上唤醒了员工的企业主体意识，杜绝事故的发生，同时也为有效导入生产管理规范流程奠定了良好基础。

企业的文化管理为企业制度设计提供良好的人际环境。人的思想和心理活动是在彼此交往的过程中产生的。因此，文化管理离不开现实的人际关系，而只有协调好企业里的人际关系，才能增强企业职工的凝聚力和向心力，这也正是企业制度设计所要求的。良好和谐的人际环境有助于企业制度在职工心中牢固地树立起来，增强企业的感染力和号召力。

企业的文化管理为企业制度的建设提供了必要条件。企业制度文化建设需要一个整体的组织文化网络系统，而企业的文化管理能够组建一支组织周密的队伍，充分依靠和发挥这支队伍的作用，来建设优秀的企业制度文化。

企业制度设计可以改变企业的文化管理与生产经营活动脱钩的现象。当前，很多企业的文化管理和生产经营管理工作“各自为战”。如何在企业的文化管理和生产经营活动之间找到一个联系点和中介点，使得它们有机地结合起来，一直是企业领导者和学者们关注的一个问题。近年来，随着企业的文化管理的兴起，人们发现，企业制度设计正是文化管理和生产经营管理活动的联结点。企业制度设计把经营管理和文化管理相结合，实现了企业短期和长期的发展目标。

3. 物质层设计

物质资源是人类社会生存和发展的基础。同样，企业的文化管理是建立在企业物质层设计的基础之上的，企业物质层设计为文化管理提供具体的、实在的事物，而企业的文化管理则是企业物质层设计的指导方针，为物质层设计指明方向。

企业物质层设计其实就是企业文化的物质层设计，是由企业员工创造的产品和各种物质设施等构成的器物文化，是一种以物质形态为主要研究对象的表层企业文化。相对于核心层而言，是企业文化的显现和表象，人们很容易看得见、感受得到，是核心价值观的外在体现。优秀的企业文化是通过重视产品的开发、服务的质量、产品的信誉和组织生产环境、生活环境、文化设施等物质现象来体现的。企业生产的产品和提供的服务是企业物质文化的最重要内容，而企业的建筑、广告、生产环境、产品包装设计等也是企业物质文化的主要组成部分。

企业设计物质文化的过程主要包括以下几个方面：

（1）企业的物质环境。企业的物质环境主要由两部分构成：一是生产所必需的环境，如厂房、仓库、办公室等建筑及其内在的布置、机器设备、道路等；二是员工生活所必需的物质文化环境，如住宿区、食堂、商店、图书馆、健身房等。企业物质环境是员工赖以工作和生活的场所。任何企业首先要有一个适合劳动和生活的环境以及必要的设施，以保证员工及其家属和邻近居民的安全、健康，使员工能够舒适地、文明地劳动和生活。

通过文化管理，优化企业的物质环境，为员工提供良好的生产生活氛围，是企业重视人的需要、激励人的工作积极性的重要手段。物质环境建设既是企业生产和员工生活的必需，也是企业整体形象的重要组成部分，是我们认识一家公司企业文化的开始。整洁、美观的厂容厂貌能给人一种赏心悦目的享受，同时也能激发员工的工作热情。

（2）企业产品的包装。狭义的包装指设计并生产容器或包扎物的系列活动，这种容器或包扎物被称为包装。如风靡全球的“可口可乐”，其独特的瓶子就是一种魅力十足的文化包装。广义上的包装就是文化包装，它是产品文化设计的一个重要组成部分。

（3）企业产品的质量。美国著名的管理学大师戴明博士著名的“戴明管理法”指出管理转型的实质就是把质量作为孜孜追求的目标。何谓质量，戴明认为“产品或服务或能帮助人并享有良好和持久的市场，它就是有质量的”。质量的真正意义是从消费者的角度来界定的。使消费者满意的产品或服务才是有质量的商品。

奔驰公司在全世界各大洲设有专门的质量检测中心，有大批质检人员和高性能的检测设备，每年抽查上万辆奔驰车。这些措施使奔驰名冠全球，使奔驰的“品质文化”深入人心。

（4）企业的产品文化。从文化的视角看，企业的产品不仅指人们肉眼看得见、摸得着的实物产品，还包括其他的一些形式，如产品的包装、样式、售后服务和保修等无形的特性。

企业的文化管理是建立在企业物质设计基础上的，二者是形而上与形而下的关系。企业物质设计决定了文化管理的概念和理念；反之，企业的文化管理的概念和理念又作用于企业物质设计。这种作用与反作用的关系，就是辩证的关系。

4. 品牌设计

品牌是一种可以被人认知的商品符号、名称、标记或设计，目的在于使企业的商品或服务可以与其他企业的商品或服务区别开来。在本质上，品牌可以看作一种能够使企业获得巨大价值增值的无形资产。企业品牌的内涵至少应包含商品品牌和服务品牌，并在这两者基础上衍生出企业品牌。

企业品牌设计的中心议题是如何做到“形”与“神”的统一，即立足于优质的产品与服务，借助企业品牌整合传播体系，在社会大众的心中确立明晰、优良的印象。当人们听到或看到企业的品牌时，很自然地产生特定而美好的联想，即从品牌的外在表现联想到品牌的内涵。品牌建设追求的目标就是得到社会大众的广泛认同与追随。

企业品牌的设计一般是在企业成立的初期进行，一般企业品牌都同它所提供的产品或服务相联系，在整个经营过程中，不会轻易进行调整。企业品牌应当确定特定的领域及层次，以便于客户形成清晰的认知。

品牌是很多企业营销工作的重点，企业希望能够借助打造品牌文化来实现企业管理、产品营销质的飞跃。但也有很多企业把品牌设计与企业的文化管理相混淆，甚至认为品牌设计就是企业的文化管理，简单地想让品牌来承载企业文化内涵以达到一举两得的目的，这实际上是一种一厢情愿的做法，品牌设计和企业的文化管理是两个不同的概念，它们既密切联系又有所区别。

对于一个企业而言，品牌与文化管理对于企业有着同样重要的作用。这二者不仅是企业内外的形象展示，更是企业的巨大无形资产。一个品牌的成功与否，不能靠单纯的某个方面的突出表现，而是取决于一个企业的综合水平，品牌发展的最高境界就是传递一种品牌文化。对于企业来说，这个企业给消费者的心理感受和心理认同，就是品牌文化或者说品牌内涵，它是联系消费者心理需求与企业的平台，是品牌建设的最高阶段，目的是使消费者在消费公司的产品和服务时，能够产生一种心理和情感上的归属感，并形成品牌忠诚度。

在上文曾提及企业的文化管理是对企业文化进行梳理、凝练、深植和提升，是在企业文化的引领下，匹配公司战略、生产、经营、营销和人力资源等策略。企业的文化管理是对内的，主要是为了明确企业的生存与发展指导原则，并形成一套以价值观、理念为核心的制度和规范体系，以达到提升企业管理水平的目的，但优秀的企业文化，不仅对企业管理有帮助，同时使企业也具有了品牌效应。

品牌与文化管理都是文化的一种表现形式，都可以看作一种亚文化现象。文化管理与品牌都脱离不了文化，它们的形式和内容与文化都密切相关。文化管理的塑造可分成三个层次，即核心理念、制度与行为、文化群体；品牌也包括品牌精神、品牌传播、目标消费者三个方面，可以说正是对文化管理的不断完善，企业才能够在市场上树立比较良好的形象。例如，当我们提到肯德基，就会想到那个和蔼可亲的肯德基爷爷，就会想到便利快捷的就餐环境，这些都是肯德基品牌文化的具体体现，是一种便捷、清洁、舒适、活力的美国文化的代表，也是其企业文化的体现。

品牌设计是为了打造企业的品牌，主要行使的是营销管理的职能。品牌设计需全方位地引进企业形象管理方法，这也是企业的文化管理的一种方法，在消费者分析的基础上，加以合适、恰当的宣传和促销，引导和说服消费者，树立企业产品良好的形象，从而使企业拥有最广泛的消费者基础。企业文化很大的一部分则能够体现品牌文化的内涵。

企业的文化管理又是提升客户和企业员工对企业忠诚度和认同感的关键因素，是企业开展市场竞争的主要手段。一个优秀的企业，必然有充满活力的企业文化。企业的发展，实际上就是企业文化的扩张及文化品质的不断提升。真正有影响力的品牌一定是与某种文化思想、文化现象相联系的。一种产品或一个企业一旦被客户群体拥戴为品牌，那么这个品牌一定呈现了它独有的丰富的文化内涵，能够向人们展示良好的品牌形象，使人们在得到物质需求满足的同时也能获得精神享受，从而形成独特的品牌优势。

四、企业的文化管理与企业文化之案例评析

日产（NISSAN）汽车公司从1933年成立以来不断发展，和丰田、本田一起成为了日本三大汽车制造商。而1999年对于日产汽车公司来说又是一个大纪年，这年3月，日产与法国雷诺汽车公司签订了一个全面的联盟协定，主旨在于加强日产汽车公司的财政地位的同时，获得双赢的发展。联盟之后，两家汽车厂商可以互补产量、互助销售，同时在产品、企业活动方面也实现了高度的配合。这种联盟加强了日产品牌在国际上以及日本的知名度，并为品牌注入了新的能量，如此一来，日产面对21世纪全新的市场竞争就更有底气了。

日产汽车公司和所有大型公司一样，从创业到发展都经过了漫长的探索过程，有过各种成功和失败的经历。在20世纪90年代前，日产一路走来获得了长足进步，公司规模不断扩大、国际化发展轨迹逐渐明晰、生产技术创新屡出成就，到1980年日产的汽车出口量超过了1000万辆，成为了世界十大汽车公司之一。但是从1991年起，日产的经营每况愈下，到2000年已经连续九年亏损，背负债务高达21000亿日元，市场份额从

6.6%下降到不足5%，濒临破产，这种巨大反差给日产带来的震撼是很大的，而身处困境的日产并没有一直消沉下去，它选择了通过法国雷诺公司对其的重组过程重新走向市场。日产的重组，带来了领导岗位的变更，1999年6月，雷诺汽车公司副总裁卡洛斯·戈恩出任日产汽车公司CEO，就是他的上台，以及他所采取的一系列制度文化变革，使日产汽车在短短两年内就挽回了局面，重振雄风，成为了当时全球利润最高的汽车公司。仅2000年度，日产就实现了27亿美元的盈利，这一让人艳羡的数字就是在制度文化改革中孕育而出的。

首先，卡洛斯·戈恩所做的就是找出日产汽车每况愈下的原因，他认为不是日元升值、也不是日本生产力过剩或经济危机这些外部原因，导致严重的发展危机的根本原因在每个员工心中和日产的整个制度文化中。戈恩上任后进行了一系列考察，包括日产在全球各地的分支机构、设计和制造中心还有制造工厂，他同各个工作岗位上的员工进行交谈沟通，而后戈恩认识到，员工心中缺乏危机意识，缺乏明确的公司发展目标以及工作计划。因此，戈恩得出了结论，对日产来说只有同时采取两方面的措施才能扭转败局，一是削减成本、充足结构；二是建立品牌情感和品牌制度文化，让每个员工都对自己和公司的发展有清晰的目标感和责任感。只有兼顾了这两者，日产才有重生的希望。于是，戈恩开始着手制度改革。

戈恩首先瞄准的是内部管理制度。因为日产在组织管理制度上，一直存在着责任归属不清晰、员工间相互推卸责任的问题。他首先撤除顾问这一职位，明确了管理人员的责任。在日本的企业中普遍存在着顾问这一职位，理论上，他们为公司出谋划策，实际上，作为管理层的一员，他们也会削弱业务部门的权威和自由度。因此，日产的各级员工都明晰了自己的业务职责，什么地方出了问题，能够有专门的部门负责解决，减少了因责任不清带来的时间延误，而每个人做出的成绩也一清二楚，便于公司的绩效考核和个人激励机制的实施。权责明确之后，戈恩开始筹划更加有效的组织和决策机制，进行战略管理和人力资源管理。日产的特色就在于建立的这个跨职能团队。通过分析，戈恩发现与日产业绩紧密相关有9个方面，因此他决定建立9个跨职能团队，分别负责组织、行政、财务、研发、销售与市场、业务拓展、采购、制造与物流、产品计划等，这9个团队的首要任务就是改变公司的亏损局面。戈恩给每个跨职能团队三个月时间，通过对整个公司的运作情况做出调查和分析，寻找发展机会，提出可行性方案以帮助公司扭亏为盈。虽然这9个团队并不具有决策权，但公司经营运作的所有方面他们都可以涉及。这9个团队中每个团队只包括10名成员，他们都是能够直接负责公司部门经营运作的中层经理。这些经理对各个部门的业务都相当熟悉，加入这种团队能够让他们在自己的部门职责之外全面科学地看待公司的整体发展，这种开阔的视角也能够积极地影响部门经理的局部决策。每个职能团队又分为几个小队，队员由本团队成员或者团队成员推荐的其他经理组成，主要负责团队的具体问题。例如，制造团队除了负责制造这一个部门，还负责企业的生产能力评估、成本估算等。为了让跨职能团队更加权威，每个团队都设有两名领导者，他们来自公司执行高层，这样不仅能使团队更加权威，也能有效避免过分强调部门职责而缺乏整体眼光。

其次，戈恩开始进行针对员工薪酬制度的绩效改革。一直以来，日产同其他日本公司一样施行的是根据员工工龄和年龄给予报酬或晋级的年工序列制。这种制度必然导致一种自满或懈怠的情绪，有人论资排辈，有人消极依赖。戈恩决定坚决废除这种论资排辈的机械化晋级制度，但他的举措是缓慢进行的，因为突发的彻底改革必然带来人心的紊乱，对公司运营不利。对比从前，日产提拔任命的高级副总裁，都是工作了很多年的老员工，改革之后，以能力说话，那些资历排名并非最前、但业绩出色的人才也能成为副总裁。另外，根据传统的日本薪酬制度，管理人员没有股票期权等福利，薪水结构中也很少包含激励性的成分，但是改革后，绩效优异的人可以得到现金奖励，数额甚至超过他们年薪的三分之一，那些高层员工也可获得公司的期票、股票、期权。随着改革的逐渐深入，日产的终身雇佣制被彻底打破，员工的能动性被充分激发出来。

在内部制度的改革初见成效后，戈恩又在结构上进行了大动作。戈恩首先做的是通过一些方法削减成本：零部件供应商由1300家减少到600家左右；采购成本3年内下降了两成；销售成本和管理成本削减20%；3年内裁员21000人，关闭5家工厂；卖掉所有与汽车生产无关的非汽车产业（包括房地产股票和令日产公司引以为傲的航天部门）。这些节流方法直接使日产的生产能力利用率上升了23个百分点，使日产得以从困境中解脱出来。

戈恩曾说："日产复兴计划让许多人感到疼痛，这是一种伴随着牺牲的疼痛，但是为了日产的再生，我们别无选择。"正是这种大胆而迅速的改革手法使得日产这颗风烛古树焕发了新生，迎来了更大的辉煌。

日产作为世界著名的汽车生产商，有过辉煌的历史，也有着无人匹敌的核心竞争力，然而九年的亏损使日产元气大伤，企业核心竞争力严重衰竭，濒临破产。回顾日产的历史，我们发现了五大原因导致其在1990年后出现发展瓶颈：一是员工的人浮于事致使工作缺乏活力；二是企业任职论资排辈导致内部紧迫感缺乏；三是日产产业结构宽泛而本身的资源水平不足以支撑这些跨领域的运营，如改革前的日产没有核心的利润定位，公司生产汽车和汽车零部件，同时也生产各种纺织机械、船舶机械、人造卫星和国防火箭等航天机械，这种跨行业广泛的多元化生产使得技术分配、资源分配不均，导致任何一项产业都不能获得最大进步，最终导致大量资金亏损；四是外在市场联络工作没有到位，卖方市场概念没能根深蒂固；五是公司缺乏长远战略部署。但是日产毕竟有着半个世纪的成功发展经验，具有优势的运营分支，某些汽车制造系统具有领先的技术优势，同时公司还拥有一批优秀而责任感强的员工。那么，和雷诺的联盟就是要将其五大弱点消除，继续完善公司优势并发展创新，戈恩准确地看到了日产的优劣势，并进行大刀阔斧的制度改革。

如前所述，日产的制度文化创新得益于戈恩对日产公司状况的准确评判，抓住了问题的核心进行分析，逐层突破，也得益于他敢于无视日本的商业传统及其润物无声的缓慢改革方式，而采取了果断而大力的改革方式，从发现思想问题到改变思想问题，重新确立公司的管理制度，如绩效管理、升职制度、组织结构等。同时，戈恩的变革不是将自己的理念强加给员工，他通过全员参与的办法让员工主动接受，并自我适应改革。并且，戈恩的变革思维也表现出对传统的变革。在薪酬制度上，戈恩废除了对与日本文化紧密结合的旧有的论资排辈的薪酬制度。之前日产一直实行的是根据员工工龄和年龄给予报酬或晋级的年工序列制。企业采取定期提薪、发奖金和晋升的手段。新员工进入企业后，工资待遇随着资历逐年稳固上升，虽然这有利于员工和企业制度的一致化，但是，这种制度使得员工滋生自满的情绪，论资排辈和高层人员人浮于事的现象也助长了员工的依赖心理。实行打破终身制、强化责任制的变革措施后，最大限度地调动了员工的能动性，大幅度地推进了日产的发展进程。

日产革新的成功在于它没有停留在浮浅的表层，而是找到问题的原因逐一解决，从根本问题着手进行突破，把握住了正确方向。另外，在改革旧有制度上，日产又对症下药地采用分层推进的办法，使得各项措施可以有条不紊地在人们可以接受的范围内突破旧制度带来的阻力，一系列改革后日产又重新拥有了强大的核心竞争力。

第二节 企业的文化管理与核心竞争力

核心竞争力的定义是：在一个组织内部经过整合了的知识和技能，尤其是关于怎样协调多种生产技能和整合不同技术的知识和技能。从与产品或服务的关系角度来看，核心竞争力实际上是隐含在公司核心产品或服务里的知识和技能，或者知识和技能的集合体。普拉哈拉德和哈默将其定义为，“核心竞争力是组织中的积累性学识，特别是关于如何协调不同的生产技能和有机结合多种技术流的学识。”

一、企业的文化管理与核心技术竞争力

核心技术和核心竞争力是我国专家、学者、企业家和政府官员等当前关注的重要问题之一。人们在不同的领域内强调的侧重面则有所不同。在科技界，特别是大学和科研所更强调拥有和掌握“核心枝术”是关键中的关键；在经济界，特别是企业界则强调“企业的核心竞争力”是长盛不衰的法宝。这两者看似不同，实质上既有共通点又存在非常大的差异。当我国把“以企业为核心，产学研相结合的技术创新体系建设”作为重点时，正确理解、把握和处理好核心技术与核心竞争力及其关系，对推动科技与经济的结合、产学研的紧密结合尤为重要。

核心技术是企业较长时期积累的一组先进复杂的、具有较大价值的技术和能力的集合体，而不是单个分散的技术或服务。我们可以从三个方面来界定它：

一是延展性。核心技术是那些可以打开多种类型产品潜在市场大门的

技术，毕竟企业最终交付给客户的是具体产品，而非单纯的技术模块，所以核心技术支撑的产品领域也直接决定了核心技术的最终价值。发展“未来的核心技术”也是硅谷许多创业公司的成功之道；中星微电子在数字多媒体芯片技术方面的突破获得了巨大的成功，数字多媒体芯片技术在众多“眼球行业”中得到广泛的应用，从移动数字影像产业到数码相机、宽带数字多媒体通信、数字高清晰电视，这是一个产值达数十亿美元的巨大产业。

二是核心价值性。核心专长必须是使公司为用户提供有根本性好处的技能，否则为一般应用技术。核心技术往往对产品的核心部件有直接的帮助，主要体现在全新产品的出现、性能的提升、成本的下降等方面，例如Google的搜索算法核心技术，使Google的检索速度大幅提升，能适应当今互联网的现实需要。

三是先进性、复杂性及难以模仿性。核心技术是企业的其他具体产品的技术平台，是公司产品平台的基础。产品平台往往是众多核心技术的集合体，通过产品平台实现了核心技术的最终价值，有效实现产品间的共享，同时还有效实现了技术的保密，产品平台是终端产品快速、低成本、低风险地推向市场的基础，通过产品平台可以有效降低产品开发成本、缩短产品开发周期、提升产品质量。由此可见，技术尤其是核心技术对于一个企业是多么重要。

核心技术的特点有三：其一，核心技术优势具有不可复制性，是企业基于对产业、市场和用户的深刻洞察，长期孕育形成的，有独特的市场价值，能够解决重大的市场问题。其二，核心技术开发投入大、周期长、代价高。其三，核心技术开发和形成需要一个稳定的队伍、一种激励机制、一种超前的理念和一个科学的流程。它是一个科研体系、一个技术体系，包括工艺、设备、配件、原材料、实验室技术、基础理论、中试、工艺样机生产等一系列评审、市场调研等的整个体系。

企业长期竞争力来源于它的核心能力，企业创造价值的基础是企业核心技术竞争力。所以，核心技术竞争力必须是竞争对手难以模仿的，也能够广泛应用于企业的各个方面的，必须能够推动企业的进步。企业核心技术竞争力主要由企业影响力、核心技术能力、知识产权和人才储备组成。企业影响力指企业在发展过程中培育的对外影响力，它能够直接或间接地影响企业的核心技术竞争力。核心技术能力包括企业的研发能力、产品和工艺创新能力。核心技术竞争力的水平也决定了企业将技术资源向技术优势转化的能力。

开发一项作为公司发展基础的核心技术往往需要花费三年、五年甚至更长时间，而国内企业普遍存在研发经费不足的问题。如何有效使用有限的技术研发资金成为众多科技企业需要重点关注的问题之一。毫无疑义，技术规划要有效支撑公司的产品规划。例如，业界优秀公司通过强大的市场管理平台，借助有效的了解市场、进行市场细分、组合分析等活动，然后通过对细分市场的竞争力分析、客户购买标准分析，形成有效的产品规划，基于产品规划可以制定出产品开发计划、技术开发计划和资源利用计划，这样可以有效保证技术开发的针对性，减少技术开发失败的风险。

核心技术应谨慎推出。拥有核心能力的公司在制定市场战略时要注重在客户需求和核心技术保护方面寻求平衡。推出核心技术要谨慎，不要一下子把核心技术都拿出来到市场上推广。如 IBM 公司、微软公司等都有一套完整的技术战略。靠着其雄厚的人力、财力、研发能力等，储备了几个档次的新技术，但只推出比其他公司先进半步的技术，以保持技术领先和核心技术的垄断地位。对于尚未利用的技术或一时很难转化为商品的技术，则让技术保持原有的状态加以储存，绝不拿出来推广或出售。

二、企业的文化管理与文化竞争力

企业的生存与发展不仅受到科技、经济等“硬性竞争力”的影响，企业的“软性竞争力”——企业文化，更因其独特的功能对企业的经营发挥着巨大的作用，成为最核心的竞争力之一。构建企业文化时应从理念、制度、战略等方面考虑，创建的进程应从内在到外在，从短期到长远，从微观到宏观循序渐进，再将各种相关方案落到实处。

所谓文化竞争力，概括地说，就是各种文化因素在推进企业的全面发展中所产生的凝聚力、导向力、鼓舞力和推动力。

构建文化竞争力主要从以下几个思路入手：

（1）创建企业文化的核心理念。核心的理念是企业文化的精要部分，它规范了员工和管理者在经营活动中的行为。如果企业没有核心的价值观和使命，这个企业必然在市场竞争中处于漂浮不定的状态。因为当企业的文化理念出现偏差时，制度也会出现偏差，处于偏差制度下的企业就会面临员工队伍不稳定的问题。失去人气，企业就会面临危机。1891 年成立的默克公司，其核心理念是“我们做的是挽救和改善生命的事业”。这使其在一百多年的经营中，不但声誉斐然，而且业绩和利润也随之而来。

（2）配以与企业文化相适应的制度化建设。要使员工的价值理念充分体现在企业的现实运行过程之中，就必须有一种制度作保证，使企业文化浸透于企业制度规定和战略选择之中，并通过制度“统帅”员工的思想。这就要求我们建设较为完善的企业管理机制，包括建立和完善审计制度、业绩考核制度、会计制度、破产制度等，并建立相关的奖惩与监督机制，逐渐形成制度体系。同时，加强对员工素质和能力的培训，特别是对制度的学习，充分发挥员工的自我管理意识，降低制度约束和监督成本，把制度贯彻到底。美国通用汽车总裁韦尔奇要求公司把企业文化“变成语言和实践——它们可以改变人们的言行，鼓舞人们更新自己”。为此，通用的第一条价值标准就是“制定一套简明扼要、切实可行、以客户为本的具体目标，并将这些目标以直截了当的方式传给全体员工，并给予适当奖惩的机制”。

（3）实施企业文化发展战略，将企业的战略目标融入企业文化的构建。要想成为文化发展战略型企业，就必须整合企业文化战略资源，使企业的人力资源、制度资源和经济技术在整合中发挥效力；同时，使战略思想具体化，以形成个性鲜明的战略管理识别系统，为企业的发展注入永不枯竭的文化动力。

企业文化所产生的凝聚力能够促进人本管理的完善，团结员工实现共同目标。现代企业的经营管理注重以人为本，不但强调重视企业外部顾客的需要，而且将员工看作企业的内部顾客，强调只有达到内部顾客的满意度才能以期使员工提供更好的工作和服务，从而提高企业的外部顾客的满意度。复旦大学的苏东水教授提出的“人为为人”的理论，就是充分运用激励理论形成具有某种价值观念的文化，培养企业员工的团队合作精神，使员工在一种良好的文化氛围中做事，使领导和员工之间逐渐形成一种同舟共济的关系。

企业文化的导向力和约束力能够从意识形态深层次地指引企业发展的根本方向，为组织成员及其行为起到导航作用。企业精神、企业价值观会发出无声的命令，发出无形的导向功能，引导员工规范自己的行为，激发员工把自己的理想与组织的具体发展目标结合起来，进而把组织目标与个人目标融为一体。企业文化还对全体员工有一种约束功能，这种约束不是硬性强迫的，而是心理约束、舆论约束、道德约束、制度约束。它表现为一种无形的群体压力，让员工对于什么该做、什么不该做能够做到心中有数。企业文化的约束功能能够弥补规章制度的不足，预防和排除企业通往成功的障碍。这种"无为而治"的管理理念是每一个企业管理者应该追求的。

企业文化的整合力能够在不同企业的兼并重组方面发挥效应，提高多元文化管理的效率。企业的兼并和重组不只是硬件的兼并和人员的重组，更主要的是实现不同企业之间文化的融合，也就是能否统一企业的经营管理思想，以文化竞争力来提升企业整体竞争力。如果不能做到文化的同化，差异性的文化则会相互排斥。

企业文化的创新力能使企业在市场竞争中永葆青春，立于不败之地。创新是文化竞争力的核心功能之一，通过不断推陈出新，让企业的产品和服务更符合消费者的要求，使本企业在市场竞争中处于有利地位。但是创新不仅是对产品的创新，更重要是对文化本身的整合与创新。也就是说，要不断地淘汰企业文化中缺乏竞争力的因素，吸收有利于企业发展的新文化因素，同时进一步挖掘和整合企业自身的各种文化资源，形成整体性合力，从而使企业保持旺盛的竞争力。

三、企业的文化管理与核心竞争力之案例评析

尽管汽车成为越来越多的人们的代步工具，自行车仍然拥有巨大市场，并且永远不会被汽车取代。人们普遍认为生产发动机、自动定位仪器等设备的汽车产业重视技术创新是理所应当的，实际上，靠人力脚蹬为动力的自行车产业同样重视技术创新。我们来看看在自行车生产领域各个品牌企业对各部件的技术创新。

在自行车避震鞍管的打造上，葡萄牙的MIRANOA公司下足了功夫。作为自行车配件厂，该公司推出了一系列颇具独特个性的成套自行车链轮曲柄件、高品位铝合金制V型车闸，以及自行车避震鞍管等零部件，吸引

了不少消费者和采购商的眼球。在这些新品中，有一款名为“SPMA8”的铝合金避震鞍管，特别抢眼。这款自行车鞍管新品（银、红两种），以外观设计漂亮、配置先进（配有加工精度极高的工业滚珠轴承、采用人工合成的弹胶体打造的高效避震弹簧等配件）、弹性足、骑坐轻松舒适为其最大特征。

有避震鞍管，同样有防盗自行车鞍管。BUECHEL 公司针对自行车的避震鞍管（尤其是高档避震鞍管）容易失窃的状况，开发了一种带有安全防护装置的避震自行车鞍管，名为“CYCLO BLOCK KOMBI”。这种新型避震自行车鞍管荣获了国家专利发明权，鞍管内侧装有一种可将其牢牢锁住的机械锁闭装置，所以防盗性能好，并且可有效防止由于骑车者过分用力朝外拉拔鞍管造成的鞍管受损，另外，该鞍管弹簧弹力调节方便，骑车者只需通过旋转调节器，即可对避震弹簧的弹力进行调整，操作极其便利。

“链条保护剂”是我们很少听到的词语，德国 ANSEUNE 公司实现了这种产品的技术创新。这种新型的自行车链条保护剂是由各种蜂蜡和一种特殊添加剂构成的，会在链条表面迅速形成一层薄薄的腊膜，因此封闭性好，并且持久润滑、运转流畅且修复性强（腊膜中所含有的固体润滑剂能自动填平链条片上的细小的针孔）等多种特性。

自行车车锁方面也可以做出高技术含量的创新，德国 ABUS 自行车配件制造公司开发了一款取名为“BOROO”的折叠式自行车车锁新品，这款车锁外观设计新颖，将灵活多变和坚固耐用两个相互矛盾的特点结合在一起，具有极高的使用价值。

在自行车照明灯方面，BUCHEL&MUELLER 股份公司也进行了创新，他们推出了一款使用性能堪称一流、取名为 IXON 的高品位自行车照明灯。该照明灯以蓄电池为电源，具有大功率照明（光功率最大可达 15 勒克司）和节能照明两种操作模式，两极发光管 LED 使用寿命可达 10 万小时。该照明灯拥有十分全面的装备，包括蓄电池充电器、过充电保护装置、电池充电监控显示器、车把适配器等。

在自行车部件以及自行车整体结构上也出现了很多创新。日本 TAKIZAWA 股份公司经过不懈努力，成功开发了一款名为“FO—200”的 20 英寸全避震折叠式小轮径自行车，整车的重量为 13 千克。这款新车型有全避震特点，拥有中折式自行车的把接头、连杆式避震器、气动式避震器。

在折叠车型上，日本东京都墨田区下 OAST 股份公司也有所创造，他们在市场上批量销售一种取名为“MINI—WALKER”微型折叠式自行车。此款车外观设计极其漂亮，尤其是具有小轮径折叠功能，更使自行车外观精巧灵活。该车型重心低，保证稳定性，设计完全符合日本 JIS 标准，骑行轻松、舒适；且该车骑行速度快，折叠起来十分方便，骑车者在极短时间内就可将整车折叠到位，折叠后甚至可以随身或随车携带。

在很多欧洲国家，骑自行车是一项人们热衷的运动。对发展中国家来说，自行车也是人们生活的必需品。21 世纪的自行车产业将由技术革新带来一次材料革命和生产工艺的飞跃发展。自行车产品将朝“轻”“不生锈”“安全、快捷、舒适”“结构简单”“装饰美观”多方向发展。

这个案例展示了不同企业对自行车产品的各种技术创新，一方面体现了自行车“轻”“安全”“便捷”“美观”的总体要求，另一方面也体现了几家企业在自行车创新上的成就。我们说的技术集成，也就是每个单一的企业或者单个个体不可能在技术创新上达到完美的境界，但众多思维聚合在一起就能将产品一次次推向技术高峰。从现在的趋势来看，21 世纪有可能出现的自行车类型有很多，如太阳能自行车、防雨自行车、风动自行车等。

从使用材料上来看，自行车也在不断展现全新面貌，尖端的复合材料、碳纤维、铝合金、钦合金等新材料将逐渐取代目前的钢铁材料。这些材料保证了自行车的轻便、美观甚至是环保功能。另外，各部件的新特点并不会损害自行车的整体构造，也不会产生不可调和的矛盾，因为它们可以总体被归为四大部件：车架及车架部件、驱动系统、制动系统、车轮组合件，这样各大自行车制造商在技术更新上就能更好把握方向了。

总之，技术含量的提高永远没有止步的那一天，也永远没有最完美的时刻。

第三节 企业的文化管理与知识管理

21世纪企业的成功越来越依赖于企业所拥有的知识。著名管理学家彼得·德鲁克在1965年就曾预言："知识将取代土地、劳动、资本与机器设备，成为最重要的生产因素。"信息时代出现的数据爆炸、信息泛滥及噪音化趋势，使人们难以根据自己的需要选择、收集所需的信息，随着管理信息系统和数据挖掘技术的应用，知识的更新速度又进一步加快。而数据挖掘得到的大量知识具有多样性、粗糙性、时效性和分散性等特点，需要靠专家进行鉴别、筛选才能有效利用。另外，识别出的知识随着时间的推移也会失效，同时新的知识也在不断产生，而且，应用过程中知识是被动地利用，不能主动提供给需要的人，而用户无法识别边界条件，导致人工审计大量知识的成本高、工作量大、周期长。对此，企业的文化管理与知识管理便有了用武之地。

一、企业的文化管理与企业知识产权

为了保护智力劳动成果，促进发明创新，早在一百多年前，国际上已开始建立保护知识产权制度，1883年在巴黎签署了《保护工业产权巴黎公约》。21世纪，知识产权与人类的生活息息相关，在商业竞争方面我们更可以看出知识产权的重要作用。

知识产权是怎样诞生的呢？有学者考证，17世纪中叶，"知识产权"一词最早由法国学者卡普佐夫提出，后来比利时著名法学家皮卡第对其进行了扩展，皮卡第将知识产权定义为"一切来自知识活动的权利"。知识产权是指人们就其智力劳动成果所依法享有的专有权利，通常是国家赋予创造者对其智力成果在一定时期内享有的专有权或独占权。

知识产权是一种无形财产权，是从事创造性活动取得成果后依法享有的权利，通常分为两部分，即"工业产权"和"版权"。根据1967年在斯德哥尔摩签订的《建立世界知识产权组织公约》的规定，知识产权包括对下列各项知识财产的权利：文学、艺术和科学作品，表演艺术家的表演及唱片和广播节目，人类一切活动领域的发明，科学发现，工业品外观设

计，商标、服务标记以及商业名称和标志，制止不正当竞争以及在工业、科学、文学或艺术领域内由于智力活动而产生的一切其他权利。总之，知识产权涉及人类一切智力创造的成果。

知识产权的种类有广义和狭义两种划分标准，国际法和国内法是划分的依据。广义的知识产权，可以包括一切人类智力创造的成果，即 WIPO 所划定的范围，但给予保护的内容却由国内法所确立，如“发现权”。对广义知识产权的划分，也有按 1992 年国际保护工业产权东京大会的标准，将知识产权分为“创造性成果权利”和“识别性标记权利”两大类。前者包括发明专利权、集成电路权、植物新品种权、Know - How 技术权、工业品外观设计权、版权、软件权等，后者包括商标权、商号权、其他与制止不正当竞争有关的识别性标志权。当然，识别性标志也渗透着智力创造，只不过功能、表现形式、侧重点不同而已。狭义的知识产权，指工业产权和版权。本书以产生权利的法律依据为划分的标准。

根据我国《民法通则》第 5 章第 3 节第 94 ~ 97 条界定，知识产权包括著作权（或版权）（第 94 条）、专利权（第 95 条）、商标专用权（第 96 条）、发现权、发明权和其他科技成果权（第 97 条）。

我国传统意义上的知识产权分为工业产权和著作权。工业产权包括专利权、商标专用权、禁止不正当竞争权。工业产权作为一种动产，有企业形态的产权涵义，但又是一种知识产权，具有知识形态的含义。“工业”应作广义的理解，它本身就包括农业、工业、采掘业、商业等所有的产业部门。著作权、专利权、商标专用权，称为知识产权三大支柱。地理标志、传统知识、生物多样性等相关知识产权有待国内法加以保护。

广义的知识产权分类也就是根据国际法的分类，主要依据是 WIPO《建立世界知识产权组织公约》和《与贸易有关的知识产权协议》。《建立世界知识产权组织公约》第 2 条第 8 款规定，知识产权可以分为如下八类：

（1）关于文学、艺术和科学作品的权利。

（2）关于表演艺术家的演出、录音和广播的权利。

（3）关于人们在一切领域中发明的权利。

（4）关于科学发现的权利。

（5）关于工业品外观设计的权利。

（6）关于商标、服务标志、厂商名称和标记权利。

（7）关于制止不正当竞争的权利。

（8）在工业、科学、文学和艺术领域里一切其他来自智力活动的权利。

知识产权的专有性特征比较明显：第一，独占性，即知识产权为权利人所独占，权利人垄断这种专有权利并受到严格保护，没有法律规定或未经权利人许可，任何人不得使用权利人的知识产品。第二，排他性，即对同一项知识产品，不允许有两个或两个以上同一属性的知识产权并存；第三，地域性，即知识产权作为一种专有权在空间上的效力并不是无限的，而要受到地域的限制，即具有严格的领土性，其效力只限于本国境内；第四，时间性，即知识产权仅在法律规定的期限内受到保护，一旦超过法律规定的有效期限，这一权利就自行消失，相关知识产品即成为整个社会的共同财富，为全人类所共同使用。

知识产权在当今社会发挥着重要的作用，它调动了人们从事科学技术研究和文学艺术作品创作的积极性和创造性；它为智力成果的推广应用和传播提供了法律依据，它把智力成果转化为生产力，并将其运用到生产建设上去，产生了巨大的经济效益和社会效益；它为国际经济技术贸易和文化艺术的交流提供了法律准则，促进了人类文明的进步和经济发展；知识产权法律制度作为现代民商法的重要组成部分，对完善中国法律体系、建设法治国家具有重大意义。

随着知识经济和经济全球化进程的加快，知识产权已经成为当今世界各国及其企业发展和博弈的重要手段，知识产权的状况及其发展态势将直接影响国家和企业的竞争力。正如施乐公司 CEO 托曼所言，“管理知识产权将使公司创造更多的财富。只有善于管理知识产权的企业才能取得成功。”知识产权管理已经成为现代企业管理的重要组成部分。

虽然专业性特征决定企业知识产权管理具有很多共性，甚至不同企业在知识产权管理的客体、基础法律制度、操作流程等方面都有规律和规则可循，但由于各企业在企业实力、经营理念以及企业文化等方面有各自的特点，从而导致各企业的知识产权管理又都有着与众不同的特点。知识产权制度是鼓励创新的机制，管理是一门艺术，知识产权管理会自然地融入企业文化。

企业的知识产权管理涉及的范围十分广泛，在知识产权日益成为重要竞争工具的现代社会，企业应不断探索和丰富知识产权管理措施。现有的比较成熟的知识产权管理措施主要包括：

1. 企业知识产权的规划管理

知识产权管理具有法定性，知识产权管理措施应该在企业的组织章程、企业发展战略、企业政策纲要中得到体现。企业可以依据各种文件或者专门制定适合本企业的知识产权管理规划，有针对性地考察本企业的专利管理、商标管理、著作权管理、商业秘密管理等，有目的地规划专业背景、法学背景、管理学背景人才的构成。

2. 企业知识产权的权属管理

企业应该采取措施进行发明创造和科研成果的知识产权申请，对已经获得授权的知识产权进行权属管理。针对不同类型的知识产权采取不同的管理手段和方式。特别是要通过签订协议、制定章程，明晰职务发明创造和非职务发明创造、职务作品和非职务作品的产权归属。

3. 企业知识产权的激励政策管理

知识产权创造成果的大量涌现既是知识产权管理的目的，也是知识产权管理的基本条件。现今不少企业根据发明人的成果，制定相应的累计计分制、等级奖励制和各种各样的表彰制度。例如，IBM公司、日立公司的激励政策各具特色，使得发明创造成为一种风尚。因此，企业应当制定与知识产权有关的奖励制度，以激励企业的员工积极地进行创造和创作。

4. 企业知识产权的产业化管理

企业的知识产权应该在产业链条中得到充分利用，以促进产业结构调整和社会财富的增长。企业的知识产权成果一方面可以为本企业创造价值，另一方面也可以通过许可、转让等形式向外传播。此外，还应采取措施，运用知识产权质押、知识产权证券化等融资手段，利用知识产权获取风险投资，或者直接利用知识产权投资，借助各种知识产权产业化运用形式，将知识产权产业化与对外扩展、产品出口紧密结合起来，使知识产权运营成为商务新策略的核心部分。

5. 企业知识产权的纠纷管理

企业知识产权的纠纷管理包括两种情况：

一是企业知识产权诉讼攻击。企业可以利用自己的知识产权，起诉竞争对手侵犯了其知识产权，向竞争对手发起攻击，并通过这种方式将竞争对手赶出市场或者挤压其竞争空间，使自己在竞争中占主动地位。

二是权利被侵犯后的补救措施。企业在其知识产权被侵犯后，应当及时采取有力的补救措施，以维护企业的利益。在企业被指控侵犯了他人的知识产权的情况下，应当采取相应的对策。通过对自身行为合法性的分析，采取诉讼策略，寻求调解和和解，并充分利用法律以外的力量和手段，包括商业手段、社会舆论、政府支持及行业协调等，以求知识产权纠纷的妥善解决。

6. 与知识产权有关的合同管理制度

企业在进行对内管理和对外交往时，往往要与他人发生各种关系，可能会涉及企业的相关知识产权。如果不能很好地处理这些关系，将不利于企业知识产权管理工作的进行。因此，企业有必要建立一套与知识产权相关的合同管理制度，包括企业员工、对外许可使用、对外转让、对外贸易等方面的合同管理制度，等等。

7. 企业知识产权的信息管理

知识产权制度的重要特征之一就是通过知识产权信息的公开，实现社会利益与个人利益的平衡。知识产权信息成为提升企业知识产权研究开发起点的重要途径，也是企业利用知识产权制度压制竞争对手、实现横向竞争优势的有效砝码。

8. 企业知识产权管理人才的培育

企业要对其知识产权事务进行有效的管理，就必须拥有与其相适应的管理人员。因此。企业应当对自己的知识产权管理人员进行培训，使其具有较高的知识产权意识和知识产权管理能力。美国、日本等发达国家的许多企业大都对知识产权管理人员的培训作了专门的规定。我国企业也应当根据自己的情况，制定相应的知识产权管理人员的培训制度。

二、企业的文化管理与个体知识管理

企业的竞争优势来源于企业知识，这一点已基本成为共识。企业知识有不同的来源，且不同来源的知识在竞争优势形成过程中的重要性不同。个体知识是企业知识的重要来源，对企业竞争优势起支撑作用。因此，如何更有效地将个体知识转化为企业知识就成为一个重要的研究课题。

个体知识指企业知识型员工个人拥有的知识。根据知识的性质，个体拥有的知识可分为显性知识和隐性知识。显性知识是能够清晰表达和结构化的知识，易于交流；隐性知识是那些难以规范化、难以表达的经验和诀窍类知识，可分为技能方面的隐性知识——技能、技巧、经验诀窍和认识方面的隐性知识——个人的直觉、灵感、洞察力、价值观和心智模式等。技能方面的隐性知识主要体现于员工个人的行动和经验中，认识方面的隐性知识深藏于员工的价值观念和心智模式中，它深深地影响着员工个人的行为方式。隐性知识的重要特征在于其内隐性，不易交流和模仿，但它是企业竞争优势和财富的主要来源，是企业最具战略意义的资源。在对企业个体知识的管理中，除了将个体的显性知识通过转移与共享转化成企业知识外，更重要的是个体隐性知识的转移与共享，这是一个难题。

个体知识的管理包括知识的转移与共享、应用、创新、学习等众多环节，这些活动往往相伴而生。个体在从事上述知识活动时都面临着主、客观上的许多障碍，如果要使个体充分发挥作用，科学和完善的管理机制是不可或缺的。

一是动力机制。重新设计激励机制，采用组合激励模式。激励已经被视为现代企业理论研究中最为核心的问题之一。激励问题是经济学和管理学讨论的热点问题，这方面的研究文献很多，许多学者对激励理论和激励措施从管理学、经济学等不同的角度进行了大量的研究。但就激励模式而言，仍然没有跳出物质激励和精神激励的框架。无论在传统企业还是在知识型企业，这两种手段对调动员工积极性的重要作用都毋庸置疑，但其最大的局限就在于这些激励手段过度强调了员工间的竞争，忽视了知识活动所需要的合作和信任的环境及氛围，在很大程度上阻碍了个体之间的知识交流与共享，特别是那些能代表一个人在企业内的权威、地位和竞争优势的知识，以及只有在特定的情况与环境下才能转移的知识，如很多隐性知识往往是在相互合作过程中，在信任的条件下不知不觉地发生转移和共享的。这也是现代企业与传统企业最不同、最重要和最独特的地方。日本学者野中郁次郎提出过“场”的概念，并将其分成起源场、互动场、网络场和实验场。这一概念虽然具有创造性，但比较宽泛，没有重点突出企业环境对于知识员工的重要性，没有把企业环境问题提高到战略高度即激励的高度来认识，也没有对概念的理论依据做深入的研究。作者在另文中从战略的高度并依据斯金纳的刺激反应原理以及人类天性理论提出了环境激励的概念和组合激励模式。所谓的“环境激励”是指企业营造适宜的环境，采用适宜的组织结构，能增强信任和加强合作的企业文化，制定有利于知识转移与共享、应用和创新的企业制度，从而激发员工天性中的利他、合作行为。根据上述理论，不同的环境会促使人表现出不同的天性。人类的天性既有以自我为中心的一面，也有以他人为中心的一面。哪一方面表现的多与少，完全取决于环境。在传统的企业环境中，金字塔型的组织结构（突出了人与人之间的等级和距离）、控制与监督性质的管理观念和过度限制工作自由度的管理制度、突出强调竞争的物质激励和精神激励制度（如职位的升迁）等企业内部的环境因素，都客观上过度地强调了竞争、等级、地位、占有、纪律和控制等，而这样的环境为人类的“自我中心”天性的表达创造了条件，必然强化员工的自私行为和防范心理，从而产生不信任和距离感，压抑和扼杀了“他人中心”天性的表达机会，利他信任合作行为难以发生，从而严重影响知识在企业内的转移、应用和创新，影响知识的生产效率。自私是人类的天性之一，是不可回避的客观现实。问题的关键是应该在“自我中心”天性和“他人中心”天性间寻求一个均衡点，使环境激励与物质激励、精神激励达到某种平衡。其实，即使不考虑环境激励问题，物质激励和精神激励即有形激励和无形激励也要达到平衡。至于环境激励和组合激励模式的实施途径等在此不再展开讨论。

二是压力挑战机制。激励机制对知识型员工产生引力，压力挑战机制则产生推力。从知识转移、共享与学习的角度看，压力会进一步强化知识型员工为完成工作对知识的需求，产生学习型张力，主动寻求知识源。使知识型员工承担某种具有挑战性的工作，能迫使其向他人主动寻求知识的帮助，促进交流与共享。例如，福特公司规定每个工厂每年都必须提高生产率，这会对经理和员工产生一定的压力，促使人们被迫寻找一些新方法或技术来减少劳动力、原材料或能源成本。从应用和创新的角度看，一定的压力可以产生创造性张力，有利于知识的应用和创新。知识型员工与一般员工相比有更强的表现欲和成就动机，除对物质利益的追求外，他们更在意自己专长的发挥、自身价值的实现，更期望得到社会的认可。因此，知识型员工更乐于接受具有挑战性的工作，把战胜挑战看作自我价值实现的方式之一。

三是整合机制。个体知识往往处于分散状态，是零散和无序的，需要将其进行联结与整合，融入企业的知识体系并应用到产品和服务中去才能实现其价值。整合在知识的交流共享和应用之间起承前启后的作用。因此，整合机制在个体知识的管理机制中占有重要地位。从个体视角来研究企业内部的知识管理过程和机制，不考虑外部的知识整合问题，故本书采用知识整合的定义：知识整合就是知识的联结，即个人与组织间通过正式或非正式的关系促进知识的分享与沟通，并使个人知识转变为组织知识。对于知识整合的实现途径，学者们有不同的侧重点，有的学者侧重于用信息技术手段，有的侧重于用组织方法，也有人强调学习的方法如“干中学”等。笔者认为，个体知识有显性和隐性之分，需要从系统的角度综合考虑个体知识整合的问题，不应该只片面强调某一种方式。

四是构建个体知识整合的网络平台。第一，构建技术平台，利用信息网络和信息技术为个体和个体之间、个体和团队成员之间的交流提供便利。技术平台对于个体显性知识的整合将起重要作用。第二，构建人际网络平台。技术网络平台为个体之间知识交流与整合提供了技术上的支持与可能，而人际网络平台为技术网络平台充分发挥作用提供了基础。没有良好的人际网络关系，技术平台的作用将会大打折扣。此外，经验、技巧类的隐性知识主要通过人际网络来整合。

五是组织保障机制。可从几个方面考虑采用组织方法来促进个体知识向组织知识体系的整合。第一，构建扁平柔型网络化的组织模式，便于扩大人际网络范围，为促进整合提供比传统的金字塔式的组织结构更为广阔的通道，这与上文所述的环境激励的部分内容是一致的；第二，根据一定时期的任务灵活组建各种形式的团队，为把个体知识整合进企业知识系统提供更具体的场所，同时构造利益共同体；第三，通过岗位轮换进行知识整合。

三、企业的文化管理与团队知识管理

对团队知识的研究，最早可以追溯到对组织知识的研究。如果把团队视为一个微缩的组织，那么团队知识就是一种小型的组织的知识。团队是由多个个体（成员）组成的，所有成员在团队中都处于一个共同的或相似的团队情景下，并且成员之间有互动过程，对于团队共同的核心任务及目标有着共同的理解，这也是使得团队知识区别于团队中的个体知识的主要原因。

根据以往学者对团队知识的定义，团队成员均处于一个相似的环境中，并且成员之间有互动过程，团队知识基本都是基于对团队任务的共同理解。在此基础上，本书将团队知识定义为团队（大部分成员）关于隐性的团队价值观和显性的团队规则的共同理解与认知。

团队包括正式团队和非正式团队，这里研究的团队知识主要限于正式团队，这就类似于具有正式结构的组织。从上述组织知识的角度可以看到，团队知识也应该是团队中许多知识拥有者观点的正式宣布。

有学者从抽象的经济学范畴将团队视为一个知识积累的集合体。Blick-ensder - fer、Cannon - Bower、Kraiger 以及 Stout 等学者均提出对于团队知识的定义：团队所拥有的知识通常指在相似环境中的知识分享、心理模型分享、认知分享以及理解分享。

Cooke 等人在 Salas 等人提出的团队概念的基础上认为团队知识包括长期生活过程中所形成的背景知识以及短暂、互动性理解。

Cooke、Salas、Cmmon - Bowcrs 和 Stout 将团队知识定义为：团队成员拥有的关于任务和团队的知识集合以及对当前情景的共同理解。

可见，团队知识是一种知识整合。Grant 将知识整合定义为发生在各种分开的补充知识上的，通过汇合形成一种新知识的过程。Nonaka 和 Takeu-chi 认为团队是一种最常见和有效的创造知识的方式。知识创造分为三步：首先，团队成员对各自不同的隐性知识进行加工处理并彼此进行交流；其次，通过交流，对彼此的观点、见解不断地进行再解释，直至形成新的想法；最后，团队成员测试他们创造的新知识的有效性。

在知识经济背景下，研发已成为企业竞争力的关键所在，研发人员作为企业核心的知识员工也成为企业创新的核心力量，因此，研发团队的知识管理自然而然地成为企业知识管理的重中之重。

企业的知识管理水平可以通过知识创新力、知识传播率、知识应用率所构成的三维坐标来衡量，因此，知识创新管理、知识共享管理和知识应用管理三个管理主题的管理水平就是企业知识管理能力的表现。这一点也突出体现了知识管理更多的是关注其效果。根据上文对高新技术企业研发管理的研究，把研发管理的创新能力提升和研发效率提升两大关键任务相结合，针对高新技术企业研发团队的知识管理提出其应完成的知识管理主题：不但包括知识创新管理、知识共享管理和知识应用管理三个维度的管理主题，还要实现知识管理的制度与激励体系建设、知识管理的技术与管理系统平台结合。

企业研发团队知识管理中的关键是三个知识管理主题的落实。首先是知识创新管理，包括对知识创新的模式、创新条件及环境等内容的管理，尤其是显性知识、隐性知识转换过程中所产生的知识创新的管理；其次是知识共享的管理，通过知识共享管理缩小知识差距以及推动知识共享在企业研发活动中的普及；最后是知识应用的管理，即如何将知识准确地、及时地传递到需要知识的员工那里并运用知识创造价值的管理方法，实现为企业创造价值的目的。对于企业而言，知识管理不是目的而是手段，为企业创造价值才是目的。

关于企业知识创新、分享和应用，可以借鉴野中郁次郎提出的知识转化理论模型。他指出企业中的隐性知识和显性知识是共同存在并相互作用的，主要体现在企业创新活动中两者之间的互相转化上，野中郁次郎还进一步指出知识转化的过程实际上可以看作知识创造的过程，并以 SECI 知识转化模型对知识在组织中的创造、分享、应用以及再创造的过程进行深入分析和研究，对企业知识管理实务具有较强的指导意义。

知识管理激励主题是从人力资源管理的角度，考虑如何利用绩效考评体系和激励制度来构建和促进知识管理有效的良性运转。

四、企业的文化管理与知识管理之案例评析

西门子在知识管理领域所获得的巨大成功主要归因于其在全球最大的事业部——信息和通讯网络公司（ICN）成功实施了社区知识管理系统 ShareNet。

ShareNet 是一个全球知识共享网络，原先是为了西门子全球销售和营销社区而建立的，于 1998 年开始生成。由于营销环境在不断变化，西门子意识到，必须提供大量具有弹性的产品和服务，这些产品和服务能够根据各个客户进行灵活的调整。为了实现这个目标，公司决定必须加强相关知识、相关信息的认识和交换。于是，西门子开始了社区 KMS（知识管理系

统）的开发，并将其命名为 ShareNet。对于显性知识，ShareNet 系统目标是以项目描述、功能和技术解决方案、客户、竞争者和市场的形式提供架构性的知识客体。对于隐性知识，ShareNet 系统将提供各种功能，如新闻组、论坛和聊天室等。

与其他公司不同的是，西门子在实施知识管理的时候，充分认识到了知识管理的复杂性和在全球范围内实施的种种困难，因此，西门子制定了环环相扣、层层递进的阶段计划，通过一系列的激励手段，最终使 ShareNet 系统获得了成功。

从 1998 年开始，西门子公司最大的事业部——信息和通讯网络公司（ICN）开始在其内部建立知识共享系统 ShareNet，通过三个精心设计的知识管理推进阶段，ICN 最终成功地实现了全球性的知识共享。

第一阶段：理清需求，快速见效。西门子在 ShareNet 的概念形成阶段，就收集了所有将要使用 ShareNet 的国家的经理和员工的意见。这一做法使该系统能够考虑到不同地域公司的文化差异，并为随后该方案的全球推广直接铺平了道路。ICN 要创建一个不仅能够处理显性知识，而且能够帮助员工将他们个人的隐性知识也贡献出来的系统。为此，ICN 将 ShareNet 设计成互动的知识管理平台，其中的互动功能主要包括知识图书馆、为回复“紧急求助”而开设的论坛，以及用于知识共享的平台。此外，选择一个合适领域作为切入口也是知识共享系统成功的关键之一，ICN 的 ShareNet 团队选择了首先为销售人员和营销团队建立一个知识共享系统，因为它们通过知识共享所得到的效果是立竿见影的。由于 ShareNet 系统在销售人员和营销团队中所取得的巨大成功，给 ShareNet 在西门子的其他部门的推广起到了很好的宣传和带动作用。

第二阶段：全球推广。要成功地让 ShareNet 网络获取全球员工所拥有的隐性知识，西门子采取了一种既能够把全球的知识资源聚集到一起，又可以保留跨文化差异的方法——“全球本土化”的解决方案：当总部和各地的分公司共同制定 ShareNet 的战略方向时，系统的维护工作主要在慕尼黑总部进行。然后，共同制定出的战略方向以及系统的主要战略性维护工作会落实到各地分公司。

为了把这个架构落到实处，西门子分别在各个国家和地区的当地公司里选出 ShareNet 经理，还分别设立了共享委员会、全球编辑、IT 支持人员和用户热线，他们和全球各地的投稿者一起组成了一个既注重全球总体战略，又关注各地分公司文化的“全球本土化”组织。在这个组织中，ShareNet 经理们尤其起到了跨文化“黏合剂”的作用。在“全球推广”的早期，“上级奖励制度”（bonus - on - top）这个激励系统的引入更多地强调了高层管理者的支持。2000 年里曾有个推广计划把分享知识与经济利益联系在一起，当时，本地 ICN 分公司的领导人能因实质性的国际知识交流创造跨国生意而受到奖赏。“实质性的国际合作”包括通过 ShareNet 重新利用知识，和（或）一种可证实的人力资源交换，二者一起合占了额外订单收入超过 10% 的比例，超过总项目成本或时间节约的 10%。完成的总收入至少要达到当地 ICN 分公司收入的 5%（到 30%），才符合条件获得约占固定年薪 10% 的红利。当地 ICN 的领导人还必须完成一些表格，包含所有协作案例，即成功事例，如知识给予者和接受者必须在独特的部门和项目组工作，时间和金钱的节约数量或者额外赢得的营业额必须清楚。就审批而言，ShareNet 项目组要求书面证据，如发票、购货订单或者交付确认凭证等。成功事例要像汇总资产负债表那样能够彼此对照加以核实，以确保准确性。上级奖励制度产生了明显的效果：在 2000 年的财政年度里，西门子信息与通讯网络集团（ICN）报告称由于国际知识交流获得额外收入 1.309 亿欧元，大约 50% 是 ShareNet 贡献的。

第三阶段：持续推动和激励。为了保证知识管理系统在 ICN 内部能持续地使用下去，ShareNet 团队必须持续不断地给 ShareNet 系统注入动力，并激励员工们向 ShareNet 提供和获取解决方案。一开始，西门子推出了一个“上级奖励制度”，作为知识共享的一种短期推动力。但这种制度虽然在初期能在一定程度上刺激 ShareNet 的推广，但由于它没有真正地奖励那些知识贡献者，从而难以发挥长期持续的激励作用。于是，ShareNet 经理们决定把重点更多地放在参与者身上，并推出了网上奖励制度。参与者会因为质量高的投稿获得 ShareNet 股票。

事实上，直接把股票换成实物奖励的用户一直较少，投稿的数量和质量等资料的公开化使投稿者可以获得人所共知的“专家地位”，这一点日渐成为员工积极利用 ShareNet 的内在动力。

通过这种方式，西门子 ICN 部门的 ShareNet 项目团队成功地实现了知识管理理念、信息化系统，还有作为知识管理主体的人“三位一体”。大多数西门子的员工认为：借助 ShareNet 平台，在绝大多数人员之间可以自由地分享知识，更确切地说，他们被捆绑在一个全球化的公司网络内，在相同的行业里工作，并且有着共同的行为守则，在 ShareNet 系统中获取和分享知识已经成为一种习惯。西门子 ICN 新集团的总统 Thomas Ganswindt 称："全球联网和知识分享是 ICN 成功的关键，即使在以后的日子里，我们将不再拥有所有地方分公司的全部必要知识。这对总部来说也是一样的。此外，如果人们真的为 ICN 的成功做了贡献，一切毫无疑问是对他们有利的。"

西门子知识管理系统之所以成功，而许多企业不成功有三个原因：一是做法体系化，每一种做法都有相关的配套措施与之协同，以保证它的实施效果。比较之下，国内许多企业的做法相对零散，无法产生协同作用；二是与业务紧密结合，西门子把知识管理系统当作促进业务发展的手段，而许多中国公司只是把这个系统当作事后的文档管理，难免有隔靴搔痒的感觉；三是对先进的 IT 技术的运用，可以更好地将经验分享。

西门子公司实施知识管理的案例，对我国企业的知识管理实践不无借鉴之处，主要有以下方面：

一是知识管理系统是一种"社会—技术"系统——成功的知识管理是"机械"方法和"生态"方法的结合；二是知识社区是推进知识管理系统的核心概念，有效的知识社区的实施是知识管理成功的一半；三是用户友好的 IT 环境支持对知识管理同样十分重要；四是应建立一个可行的实施知识管理的基本模型；五是具有充分资源的跨职能的知识管理核心团队、上层部门的关注以及良好的沟通也是实施知识管理的必要条件；六是结构化的知识战略规划、针对业务目标的知识管理实施路径。

通过对西门子公司知识管理实践的考察，我们能够基本了解实现一个成功的知识管理系统所应具备的方法论——它决不仅是一个技术相关问题，而与企业战略、价值观、组织、人员技术等各个方面都有紧密联系。应该说，它对我国目前存在的盲人摸象般的知识管理实践具有一定的指导作用。

第四节　企业的文化管理与创新

人类历史每前进一步，都伴随着新的发现、新的创造。创新是一个民族进步的灵魂，是国家兴旺发达的不竭动力。市场经济的发展一日千里，企业在市场经济的大潮中如逆水行舟，不进则退。经济全球化是当今世界经济发展的特征，各国经济通过商贸往来相互联系、相互依存、相互融合。现在我国已加入 WTO，融入世界经济的大潮中，现代资源、技术、信息、人才和商品在全球范围内流动，企业间的竞争日益激烈。综观当代企业，唯有不断创新，才能在竞争中处于主动，立于不败之地。创新是一种理念，更是企业生存发展的内在要求。

知识经济的一个重要特征是知识创新和技术创新。知识的生产和创新、传播、应用是经济和社会发展的核心。加入 WTO 后，我国与世界经济的融合程度日益提高。随着全球化、知识经济时代的来临，我国面临着更为激烈的竞争。为此，大力推进科技进步，提高我国企业的创新能力，特别是原始创新能力，不断用先进科技改造和提高国民经济，努力实现生产力的跨越发展，已经成为中国新时期发展的历史选择。

一、企业的文化管理与企业知识创新

在知识经济的冲击之下，企业知识创新正成为一个跨越众多学科且具有广阔理论空间和广泛应用前景的新的探索领域。

企业知识创新是对企业技术创新、制度创新和管理创新的综合和深化。知识创新，指通过企业的知识管理，在知识获取、处理、共享的基础上不断追求新的发展，探索新的规律，创立新的学说，将知识不断地应用到新的领域，并在新的领域不断创新，推动企业核心竞争力的不断增强，创造知识附加值，使企业获得成功，是在企业已有的知识资源基础上开发产生新知识的过程。

知识创新包括科学知识创新、技术知识特别是高技术创新和科技知识系统集成创新等。知识创新的目的是追求新发现、探索新规律、创立新学说、创造新方法、积累新知识。总之，知识创新为人类认识世界、改造世界提供新理论和新方法，为人类文明进步和社会发展提供不竭动力。

企业的某项核心技术或制度一旦确立，即有一个不断成熟、维护、应用和发展的过程，这一过程本身就是对原来旧有的技术或制度、知识的一种创新，这一创新同时会更深刻地带给企业一种完全不同于旧技术或制度模式的新的开发观念、管理观念、经营观念和发展观念，这些新的观念既是企业技术和制度创新的结果，也是创新持续进行的动力。可见，从严格的意义上讲，企业的观念创新不是某些人的突发奇想，更不是一项简单的营销策划，而应该是企业在核心技术和系统制度模式方面深刻变革的反映和要求，是企业创新机制的思想表现和升华。从长期的发展来看，企业的创新活动呈现出阶梯式不断上升的趋势，当企业的环境发生重大变化、企业的核心技术或系统需要大的变革时，新一轮的企业技术创新和制度创新就会伴随着企业观念创新而出现。

为使知识创新的过程更加有效，日本学者野中郁次郎提出如下三个层次的知识创新模式：

第一，通过社会化、外在化、组合化和内在化的转化过程实现知识在不同模式下的相互转化。社会化是人们拥有共同经历而分享隐性知识的过程，它主要通过个人之间面对面的交流来实现，实现的方式是从隐性知识到隐性知识；组合化是从不同资源中把显性知识联结起来形成新的系统知识的过程，实现的方式是从显性知识到显性知识；外在化是挖掘隐性知识并把其发展为显性概念的过程，实现方式是从隐性知识到显性知识；内在化是使显性知识转化为隐性知识的过程，这是一个“干中学”的过程。

第二，建立和加强知识创新的环境知识场，即发起性场、对话性场、系统性场和演练性场。发起性场指个人分享感觉、情感、经验和精神模式的场所，模糊知识的分享发生在这种场中，知识创新过程由此开始；对话性场是个人的精神和技能转换成公共术语和概念的地方，可把模糊知识转化为明晰知识，知识创新的丰富阶段往往发生在这种场中，对话和反思是对话性场的关键；系统性场指通过明晰知识不同成分的组合来创造新的、系统的明晰知识，系统性场的作用是团体对团体的；演练性场是明晰知识转化成模糊知识的场所，通过“干中学”不断将知识加以完善，知识创新的实践修正阶段发生在此场中。

第三，组织的知识资产在知识的转化过程中高效地输入、输出和调节。知识创新的三个层次必须相互作用才能使得知识创新过程的各环节实现螺旋上升运动。

企业知识创新具有几个显著的特征：一是独创性。知识创新是新观念、新设想、新方案及新工艺等的采用，它甚至破坏了原有的秩序。知识创新实践常常表现为勇于探索、打破常规，知识创新活动是各种相关因素相互整合的结果。二是系统性。知识创新可以说是一个复杂的“知识创新系统”，在实际经济活动中，创新在企业价值链的各个环节中都有可能发生。三是风险性。知识创新是一种高收益与高风险并存的活动，它没有现成的方法、程序可以套用，投入和收获未必成正比，风险不可避免。四是科学性。知识创新是以科学理论为指导、以市场为导向的实践活动。五是前瞻性。有些企业只重视能够为当前带来经济利益的创新，而不重视能够为将来带来利益的创新，而知识创新则更注重未来的利益。

对知识创新，可以从不同的角度进行观察，按照不同的标准划分知识创新的类型。

从创新知识的类型划分：①技术知识创新。技术知识创新被认为是企业产生和改进新的产品、生产工艺和服务方式的过程，以及新的产品、工艺和服务的商业化扩散过程。技术知识创新又可细分为产品知识创新和工艺知识创新。产品知识创新指推向市场的新产品的知识创新，是面向用户、消费者的创新。工艺知识创新指对产品的加工过程、工艺路线、设备等技术知识进行的创新。②市场知识创新。市场知识创新指为了达到开辟新市场的目的而进行的知识创新，如寻找新用户、发现产品新用途、重新细分市场等的知识创新。美国杜邦公司的尼龙产品是市场知识创新比较成功的典范。尼龙一开始是用来制造降落伞的合成纤维，然后是用作妇女丝袜的纤维，接着又成为男女衬衣的主要原料和用于制作其他布料，再后来又用于制造汽车轮胎、沙发椅套和地毯等。每种新用途都使新产品进入一个新的生命周期，创造了一种新的市场机会。③管理知识的创新。管理知识创新指创造一种新的更有效的资源整合模式的知识创新。管理知识创新主要包括：①提出一种新经营思路并加以有效实施。新经营思路对所有企业而言都是新的、可行的，这便是管理知识的一种创新。②创造一个新的组织机构，使之有效运转。组织机构是企业管理活动及其他活动的支撑体系，一个组织机构的设计必须使之有效运转，才是一种知识创新。③提出一种新的管理方式或方法。一个新的管理方式、方法必须能提高生产效率，或使人际关系更加协调，或能更好地激励员工等，这些都有助于企业资源的有效整合以达到企业既定的目标。④设计一种新的管理模式。管理模式是企业总体资源有效配置的范式，如果这个范式对所有企业的综合管理而言是新的，则自然是一种创新。⑤进行一项制度创新。管理制度是企业资源整合行为的规范，既是企业行为的规范，也是员工行为的规范。制度变革会给企业行为带来变化，进而有助于资源有效整合，使企业更上一层楼，因而新制度的设计也是管理知识创新的重要内容。

根据创新所取得的成就，可以把知识创新划分为突破型知识创新、应用型知识创新和渐进型知识创新。①突破型知识创新。突破型知识创新具有如下特征：打破了以前产业对新知识的结构性控制和支配；设计概念的持久性。这种知识创新所产生的设计概念将在未来很长时间内占主导地位。如果没有突破型知识创新，也就没有应用型知识创新和渐进型知识创新，因此，每一项重大的突破型知识创新，都会先后在不同的领域里引起一系列相应的应用型知识创新和渐进型知识创新。对于企业来说，进行突破型知识创新，可以开辟新的市场领域，提高企业的市场竞争力，从而获得超额利润。尤其对于在市场中居于领先地位的企业来说，要想一直保持自己的领先地位，必须不断地进行突破型知识创新。②应用型知识创新。应用型知识创新指将新成果深度开发与应用，以及把知识成果横向地转移或派生的知识创新。一般来说，应用型知识创新有的是为原有产品或技术找到一种新的商业化用途，即使向市场推出一种全新产品，也往往是创新者将已有的技术发明商业化和市场化。③渐进型知识创新。指通过对已有的知识结构进行改进、完善的知识创新。渐进型知识创新不必改造全新的产品、工艺或者管理范式，只是对已有的技术、管理进行改良，因而创新者承担的创新成本和风险都比较小，而获得的收益却比较多。渐进型知识创新与其他类型知识创新相比，更多地受经济因素驱动，其效果往往能持续相当长的时间。

企业的文化管理与企业知识创新互相作用、互相促进。企业文化决定知识的重要性。企业知识创新并不是简单的信息技术应用，而是建立一个全公司范围内的、渗透于公司每一个方面的学习型文化。知识创新不仅会改变企业日常的管理方式，而且会改变人们的工作方式和思维方式。企业要想进行有效的知识创新，不仅要具备必要的硬件设施和软件系统，还要企业领导层把知识创新作为赢得竞争的重要手段，建立有利于企业知识共享和增值的企业文化，鼓励员工与他人共享自己拥有的知识，并促使员工将知识转化为有利于公司发展的生产力。

理论研究也发现，知识与文化是紧密相连的，如果没有相应的支持新的行为的企业文化的调整，任何旨在改善企业创造、传递和应用知识的活动均无法成功。

企业文化影响员工个人知识与企业集体知识之间的关系。企业文化包含所有不可言传的关于组织与其员工之间如何传递知识的规则，它界定哪些知识属于组织，哪些知识属于员工个人，它决定在企业中谁应有什么知识，谁应该分享这种知识，谁有权保存这种知识。企业领导层如果不能准确理解企业现有的知识传播机制，不能制定相应的战略改变这种机制，那么，想改变与知识相关的行为将是十分困难的。

企业内各职能部门或业务单位之间的等级次序是妨碍公司与员工之间知识流动和共享的重大障碍，如果企业很明显地认为某些部门比另一些部门重要，那么，毫无疑问会挫伤员工交流知识的积极性，导致各业务单位尽力保守自己的知识库。

企业文化为知识创新提供环境。企业文化首先通过确定规则、期望和奖惩措施来控制员工与企业之间的交流活动，并进而使员工知道自己的哪些意见有可能被企业接受。在小公司里，如果相互依赖的各个部门不愿意持续地分享知识和进行合作，并且各部门也未制定相应的支持知识分享的工作程序的话，那么就不可能产生一个知识分享所必需的人际交流环境。新的知识创新系统或经过重组的业务流程无疑会改善知识交流和分享的环境，但如果公司高层领导没有充分考虑各种不同的亚文化长期形成的交流模式与理念，那么，知识战略的预期收益无疑会大打折扣。

企业文化同样会通过相应的行为规范和惯例决定公司员工在多大程度上愿意更新现有的知识与技能，并在现有知识与技能的基础上做出决策和采取行动，也就是决定员工对现有知识的态度。注重激励员工的创造性和创新精神的企业文化，在与知识有关的交流模式上，与那些注重充分发挥和利用现有知识的企业文化有很大不同。

企业文化决定企业对新知识的态度。企业文化决定着企业如何对待、获取和传播新知识。对于今天那些面临剧烈的、甚至威胁其生存的技术与竞争形势变化的企业来说，这个过程的动力机制反映了一个特殊问题，即如果它们希望能在这个激烈竞争的环境中生存下来，便必须尽快地获取、验证和传播新知识，以便及时调整企业战略与资源配置。在这一方面，沃尔玛公司、英特尔公司和摩托罗拉公司尤其成功。对于新知识的共享和传播，有不同的企业文化的公司的态度也不相同。有些公司的文化鼓励新知识的共享与交流，在这种文化氛围下，员工可以很方便地进行交流，如在休息间或者公司内部网上公开讨论各自在技术开发中的创意和遇到的困难，相互交流对某一技术难题的看法等，这种交流显然有利于问题的解决和员工个人知识的积累，也有利于企业的知识创新。如果企业文化倾向于封闭和保守，员工受到环境的制约采取保守自己的诀窍等行为，企业知识创新行为就会受到很大的限制。

二、企业的文化管理与企业技术创新

长期以来，企业以生产为经营管理核心，总是热衷于增加产品数量和扩展企业规模，大多数企业的产品大同小异，以致企业之间大打“价格战”。这在家电行业表现尤为突出。然而，企业要想真正实现自身的长远发展，必须立足自身的核心竞争力——技术创新。一个企业和产品的市场竞争力在很大程度上取决于它依靠科技进步进行产品开发和创新的能力，技术创新更是企业发展的“发动机”。

企业的技术创新能力指企业通过引入或者开发新技术，使企业满足或创造市场需求，增强企业竞争力，也是企业获得持续竞争力的源泉和获得最佳的经济效益、社会效益的能力。在知识经济时代，企业的生产、经营环境会发生重大变化：新技术不断涌现，产品的技术生命周期不断缩短；知识产权对技术创新成果的保护更加有效，技术贸易壁垒更加森严等。在这种形势下，企业不进行技术创新就会灭亡。如何客观、科学、有效、定量地评价企业的技术创新能力，对于促进企业技术创新、发展核心竞争力有着极其重要的意义。

企业的技术创新的内涵主要有以下几方面：技术创新的主体是企业，是企业自身的一种市场行为；技术创新的重点是研究和采用新的生产科学技术，以实现企业在市场竞争中的优势地位；技术创新的成效要在市场中得到检验，检验的标准就是能否为企业带来超额的利润；技术创新是一项复杂的系统工程，涉及构思、研究、开发、生产等方方面面的环节与过程；技术创新对企业而言更是一种机制，它是企业各种内外因素相互影响、相互作用的结果。

技术创新对于企业的发展具有重要的意义：第一，有利于企业在市场竞争中始终有竞争优势，确保企业业绩的稳定增长。工业革命以来，科学技术对经济发展的贡献率越来越大，“科学技术是第一生产力”的观念深入人心。在这种情况下，企业对技术创新有了更大的积极性，都努力从技术创新中寻求提高生产率的办法。而某个企业一旦在技术创新上有所突破，便会在单位时间内提高单产、降低单位成本，为市场提供更优质廉价的产品，从而获得市场竞争中的优势地位。第二，有利于企业创造超额利润，提高企业的经济效益。一旦企业在技术上有所突破，获得某项专利技术，甚至是生产某项专利产品，它便可利用自身的成本优势和垄断地位去主导市场，为自己赚取超出社会平均利润的超额利润，大幅提高企业的经济效益，实现企业的超常规发展。第三，实践也证明，哪一个企业在发展过程中因循守旧、思想僵化，失去了技术创新的活力，就难以在市场竞争中生存与发展。逆水行舟，不进则退，你经营企业再努力、管理再加强，如果你所生产的产品如果已经跟不上科技发展的步伐，已经跟不上市场需要的节奏，除了被淘汰出局以外，又能有何下场？由此可见，敢不敢创新、能不能创新，关系到企业发展目标能否顺利实现，关系到企业的兴衰存亡。

企业的文化管理与技术创新具有紧密的联系。技术创新是企业活力的源泉，是企业在激烈多变的市场竞争中谋求生存和发展的必然选择，是经济发展的灵魂和提高劳动生产率、占领市场制高点的基本驱动力。谁拥有最高的技术创新能力和最多的技术创新成果，谁就有能力占领市场，分割市场利润，战胜竞争对手。否则，就会被市场无情地淘汰。因此，技术创新是企业发展壮大的硬件。而企业文化以企业价值观为核心，给人们的思想、行为提供了一个可选择的模式，为技术活动的展开提供了精神支柱和智力支持，它构成了企业技术创新的精神文明基础。企业文化越深厚，对技术创新的影响就越巨大。

技术创新与企业文化二者密不可分。一般说来，优秀的企业文化能促进技术创新，落后的企业文化会阻碍技术创新。企业文化涵盖着物质文化、精神文化、制度文化和行为文化，是企业行为的总体思维模式与行为规范的总和，对员工的思维、行为以及企业经营活动起着指导、规范、调控、激励作用。它是技术创新的中枢神经和不可或缺的环境，如同人一刻也不能离开大气环境一样重要。而技术创新是在科学思想的指导下，以一丝不苟、实事求是的科学态度和严密的科学方法对新的技术进行探索，试图创造技术成果，并使之商业化和产业化，且具有众多环节的复杂活动。它的科学思想来源于企业文化中的科技文化，它的科学态度与企业文化中的优良传统习惯有着千丝万缕的联系。

由此看来，技术创新往往得益于企业文化，其实，它也有功于企业文化。技术上的某个环节的重大突破，不仅对以后的技术创新产生深远的影响，而且也会影响企业文化的结构，如提高员工的认识能力和推动其思维的进步，转变他们的基本观念，技术创新产生的成功的创新思想、创新方法凝练为企业家精神，上升为企业文化，丰富和发展了企业文化的内容，不断推动企业文化除旧布新，优化了企业文化的性质，强化了企业文化的作用。从技术创新的内外结构可以清楚地看出，技术创新与企业文化的关系十分密切，两者相互联系、相互作用、相互制约、相互渗透，双方共处于企业组织的统一体中，在一定条件下，可以相互转化。具体可分为两层来理解它们的互动关系。一是企业文化对技术创新的重大影响；二是技术创新是促进企业文化转变的有力杠杆。

企业文化与技术创新，对于企业来说，犹如鸟之两翼、车之两轮，不可或缺，相互依存，相得益彰，具有内在的关联性和有机性。当企业文化健康发展时，它是一面旗帜，能调动一切积极因素迅速促进技术创新进步，同时也促进企业文化本身的变化和发展。反之，当企业文化出现病态时，尤其是严重病态时，它却是一股迷雾，熏得人心涣散，各奔东西，延缓或阻碍技术创新的产生和成长，也不能促进企业文化的繁荣与进步。为此，在建设企业文化时，坚持系统原则、动态原则以及一与多的原则，因时制宜、因企制宜，既维持企业文化的稳定，以免朝令夕改使职工无所适从，又要善于变革企业文化，满足技术创新的各种需求。

三、企业的文化管理与企业文化创新

随着以信息技术为主导的新技术革命的突飞猛进，人类社会正经历着又一次深刻的社会变革，当今的企业也步入了变革的时代。在变革的时代，不断进行文化创新，是企业永葆青春的活力之源。企业文化是影响企业的文化管理实施的关键要素，因此，企业要实施文化管理必须同时进行相应的企业文化创新。

企业文化是企业在长期生产经营过程中形成的经营理念、价值观念、道德准则和行为规范的总和。企业文化具有导向、约束、凝聚、激励等多种功能。作为一种管理模式，它能够高度发挥人的作用，提高企业的核心竞争力，实现企业的可持续发展。企业文化的这种作用，是现代管理技术、手段和物质资源无法替代的。

然而，任何事情都具有两面性。牢固建立起来的企业文化通过对组织成员行为结果的正反馈机制，形成产生行为规则或规范的组织管理模型。而具有正反馈机制的非线性动态系统一旦为某种偶然事件（如环境的变化）所影响，就会沿着一条固定的轨迹或路径一直演化下去，即使有更好的替代方案，既定的路径也很难发生改变，即形成一种路径依赖。这种不易被改变的特性就是企业文化的刚性特征。

企业文化的刚性往往牵制个体行为、破坏群体创新效率、妨碍组织设计的进一步完善。从个体层面来看，背景取向型心智模式使个体抵制文化创新。背景取向型心智模式的基本特征之一是其价值不能在不同的组织中自由转移，有效的认知模型和判断协同机制一旦形成，便只能和同类型的参与人合作才是有价值的，组织的变革会由于可能造成背景取向型人力资产的贬值，从而遭到抵制。从群体层面来看，企业文化过度的一致性会抑制文化创新。群体成员在解决问题和行为方式方面都会受到一致性力量的约束，进而产生对文化创新与变革的抑制。从组织层面来看，固步自封使得企业文化成为组织记忆的反映，认为自己目前的文化是最好的或是最适宜的，而不愿做任何的改变。因此，刚性的企业文化对企业的发展、变革极为不利。

所谓企业文化创新，是企业为了实现自己的战略目标，把新的经营理念、价值观、企业精神等要素重新组合，引入企业文化体系并不断创新和发展的过程。企业文化创新的实质，在于企业文化建设突破计划经济条件下与企业经营管理实际脱节的僵化的文化理念和观点的束缚，实现向贯穿于企业价值创新、制度创新、决策创新、管理创新、产品创新、营销创新等全部创新过程的新型经营管理方式的转变。通过企业文化创新来营造优秀的企业文化，可以有效地解决经济增长过程中出现的突出问题，树立良性循环的企业价值取向，提高企业的核心竞争力，推动企业的可持续发展。

在当前形势下，企业文化创新要有开阔的思路。企业文化创新要以对传统企业文化的批判为前提，对构成企业文化的要素包括经管理念、企业宗旨、管理制度、经营流程、仪式、语言等进行全方位系统性的弘扬、重建或重新表述。

企业领导者要加强自身修养，担当企业文化创新的领头人。在某种意义上，企业文化是企业家的文化，是企业家的人格化，是其事业心和责任感、人生追求、价值取向、创新精神等的综合反映。他们必须通过自己的行动向全体成员灌输企业的价值观念。这正如我国著名企业家张稳敏在分析他个人在海尔公司充当的角色时所说的“第一是设计师，在企业发展中如何使组织结构适应企业发展；第二是牧师，不断地布道，使员工接受企业文化，把员工自身价值的体现和企业目标实现结合起来”。企业文化创新的前提是企业经营管理者观念的转变。因此，进行企业文化创新，企业经营管理者必须转变观念，提高素质。

企业文化创新要与人力资源相结合。企业文化对于企业的拉动作用得以实现，关键在于全体员工的理解、认同与身体力行。为此，在企业文化变革的过程中，必须注重培训计划的设计和实施，督促全体员工接受培训、学习。通过专门培训，增进员工对企业文化的认识和理解，增强员工的参与积极性，使新的企业文化能够在员工接受的基础上顺利推进。

相应的激励和约束机制是企业文化创新的不竭动力。强制性制度变迁过程往往会在下级组织遭到扭曲或招致其他阻力，况且价值观的形成是一种个性心理的累积过程，这不仅需要很长的时间，而且需要予以不断的强化。因而新的企业文化的建立和运行过程必须通过相应的激励和约束机制予以强化和保障，使之逐渐稳定下来。如分配机制的变革就可以作为一个切入点，因为分配机制体现了激励和约束机制的有机结合。另外，也要注意精神激励的重要性。

现代企业间的竞争主要是人才的竞争，也是企业凝聚力的较量。这归根结底又是以人为本的企业文化的竞争。良好的企业团队精神，是企业获得巨大成功的基础条件。要把企业成千上万名员工凝聚起来，只靠金钱是不够的，企业必须具备共同的价值观、目标和信念。共同价值的认同会使员工产生稳定的归属感，从而吸引和留住人才。事实证明，企业只有形成了优秀的企业文化才能打造一支战无不胜的员工队伍。

要建立学习型组织。企业间的竞争是人才的竞争，也是学习能力的竞争。建立学习型组织和业务流程再造是当今最前沿的管理理念。为了在知识经济条件下增强企业的竞争力，在世界排名前100的企业中，已有40%的企业以“学习型组织”为样本，进行脱胎换骨的改造。知识经济时代，知识资本成为企业成长的关键性资源。企业要生存与发展，提高企业的核心竞争力，就必须强化知识管理。

在企业知识创新的过程中，企业文化具有重要的作用。首先，导向机制。企业文化对于企业知识创新具有导向机制，是因为企业文化为全体员工确立了基本的价值观、道德规范、企业精神等，作为一种无形的准则，创造了一种共同的文化氛围，能够把员工的个体行为引导到企业团队行为上来。其次，约束机制。企业文化的约束机制是通过观念的力量、氛围的影响、团队行为准则和道德规范等去约束、规范、控制员工的个人行为来实现的。企业文化的约束不是硬约束，而是一种软约束。企业文化一经形成，就会形成强大的使个人行为从众化的团队心理压力和动力，使个人在知识创新过程中产生心理共鸣，进而自我调整，自觉展开知识创新活动。再次，激励机制。企业文化以经济学中的人本主义为理论基础，把尊重人作为它的中心内容，以人的管理作为整个管理工作的中心。它对人的激励不是一种外在的激励，而是一种内在的激励，是通过企业文化的塑造，在员工心目中树立创新的思想观念和行为准则，使每个员工从内心深处自觉产生为企业知识创新而拼搏的献身精神，形成企业知识创新的强烈使命感和持久驱动力，激励员工不断地进行技术和知识创新。最后，企业文化还具有凝聚功能，当企业文化被员工认可和接受之后，就会把全体员工凝聚在创新目标之下，调动企业各种有利于技术、知识创新的力量，在企业技术、知识创新中产生巨大的向心力和凝聚力。企业文化实质是企业全体员工共同创造的团队意识，它所包含的价值观、企业精神、企业目标、道德规范和行为准则等内容，寄托了企业员工的理想、希望和要求，以及他们的命运和前途。企业文化通过对团队创新意识的培养，通过企业员工在长期的实践中形成的创新精神和创新动机等文化心理来沟通员工的思想，引导职工产生共同的使命感、归属感和认同感，进而形成对企业的荣誉感，让全体职工在企业创新过程中对创新目标甚至自己的创新行为产生认同感，充分发挥自身的创新潜能。

企业文化创新现已成为对提高企业竞争力具有决定性作用的新型经营管理方式。企业价值观是企业文化的核心，它渗透于企业经营管理的各个环节，支配着从企业家到员工的思想和行为。因此，企业文化创新首要的是价值观的创新。在传统的市场经济条件下，企业奉行非赢即输、你死我活的单赢价值观。这种价值观既产生了迫使企业实现技术和产品更新的驱动力，也滋生了为打垮对方而不择手段以至恶性竞争的弊端。以高科技为基础的知识经济崛起，在使这种狭隘价值观受到致命冲击的同时，也催生了与新的经济发展要求相适应的双赢价值观。

一个企业只有奉行双赢价值观，才能不断地从合作中获得新知识、新信息等创新资源，提高自身的竞争实力，从而在激烈的竞争中左右逢源，立于不败之地。

传统的企业管理模式，忽视人的自主精神、创造潜质和责任感等主观能动性作用；在管理过程中，较多地依赖权力、命令和规则等外在的硬性约束，缺乏凝聚力。随着市场竞争的深化，人的主体价值在企业运营中的作用日益重要，旧的管理模式越来越难以适应新的竞争形势，而体现人的主体性要求的自主管理模式逐渐成为企业的自觉选择。

新模式以先进的文化理念为核心，充分尊重人的价值，注重发挥每一个员工的自主精神、创造潜质和主人翁责任感，在企业内部形成一种强烈的价值认同感和巨大的凝聚力，激发员工的积极性，并通过制度安排，实现员工在企业统一目标下的自主经营和自我管理，进而形成企业创新的动力和创新管理方式。例如，邯郸钢铁集团公司建立在“人人是主人”的企业理念基础上的管理模式，就是这一创新趋势的具体体现。

四、企业的文化管理与创新管理之案例评析

“美特斯邦威，不走寻常路”的广告语，加上郭富城和周杰伦的代言，成就了这一不过13年经营历史的服装品牌。美特斯邦威在经营管理的过程中形成了一条“虚拟经营”的方法，通过这一方法充分配置了公司的软硬资源，最终使每项决策都发挥了最大功效，使美特斯邦威迅速成为了国内

休闲服饰销售业的龙头老大。

美特斯邦威的品牌推广占据了市场先机，他们做了很多服饰企业没有勇气做的决策。20世纪90年代初，中国的服装产业还处于卖方市场，没有激烈的市场竞争。温州、福建一带，服装厂众多，他们往往采取的形式是在自家生产，然后拿到批发市场去销售，即使这样这些服饰仍供不应求。因此，这些进行简单加工的服装厂和那些进行贴牌生产的服装厂都获得了高额利润。即使这样，有一个人还是跳出了这种利润苑囿，他就是美特斯邦威的创始人周成建，他希望创立自己的品牌，而非借牌生产。于是在1995年，他创建了属于自己的品牌——美特斯邦威。

美特斯邦威在创牌生产后，取得了较好的成果，可是这之后他们立刻遇到了市场扩大和资金不足的矛盾。由于市场销路的打开，美特斯邦威的自由生产率以及品牌管理要求都随之增长，可惜公司的现有资本只可够用于扩大生产或是品牌管理这二者之一。周成建的商业头脑确实走在了市场前头，他明白品牌这一软资源将会给企业带来长久的发展能量，在他看来，服装产业几乎都不存在核心技术内容，服装唯一的也是最大的附加价值就是品牌，如果将品牌声誉、个性都塑造起来，吸引青年人对该品牌的购买热情，那么企业的效益将有无限的放大可能。但周成建面对扩大的市场需求时别出新意，通过生产外包的形式借助外在资源进行品牌服装的生产。美特斯邦威开始对全国各地的服装基地进行考核，决定选择一些外包企业进行美特斯邦威的服装加工生产。经过考察，周成建发现，国内很多服装企业都具备生产的先进技术，却难以找到市场销路，以致造成大量机器闲置的现状。周成建立刻抓住这一机会与上海、广东等八十多家服装加工厂建立长期的合作关系，进行美特斯邦威品牌服装的生产加工，这样的结果是，美特斯邦威的生产硬资源迅速在全国扩张，原来无厂房、无设备的美特斯邦威凭借品牌虚拟经营概念在全国拥有了强大的生产基地，在长江三角洲地区美特斯邦威有三百多家生产商，其产量达到了每年两千多万套。周成建的品牌管理极为先进，也极为严格，这一软性资源的成功把握使得美特斯邦威在庞大的外包生产这套虚拟经营链条上的管理外置进一步得到巩固。因为我们知道，在一个虚拟的经营体系中，企业主体与外包企业之间的关系极为微妙，其黏合度的调整会影响企业的发展前景，而美特斯邦威在此做得极为成功，它的品牌威力不断增强，使得外包企业对美特斯邦威的粘合度不断增强。在扩大生产的硬性资源和品牌管理的软性资源的配置方面，周成建找到了一种聪明的资源配置方式——以有限的资金，整合了全国性的硬性生产资源；把主要力气放在了品牌的软性资源管理上，最终保证了广泛的生产资源为他所用。

美特斯邦威的品牌销售渠道是全国连锁专卖店方式，1995 年 4 月，美特斯邦威在温州解放路剧院开出了第一家连锁专卖店，走出了品牌销售的第一步。如今美特斯邦威在全国的专卖店已达九百多家。专卖店的数量直接给美特斯邦威提出了一个管理要求——如何同时保证全国的九百多家店既坚持品牌核心价值进行销售，又有不同的地域销售特点，如进行品牌产品折扣活动等，是全国统一时间，还是各地皆有自己的活动时间。美特斯邦威的产品和渠道管理同样体现了他们对资源的合理配置，在公司看来，每个销售终端都是获取市场信息的最佳地点，也是获取产品信息回馈的最佳地点，因此，公司投入了超过一亿元的资金用于信息资源系统的建设。在美特斯邦威总部大厦里，我们会发现一间一百多平方米的大房间，在这里可以通过电脑随时调看系统内各地任意一家专卖店的实时图像，这里是美特斯邦威管理的神经中枢，公司通过系统监控了解各地区的经营状况以及经营方式是否符合公司要求，考察各地专卖店的服务。美特斯邦威还通过各种其他途径获取更多的市场信息、产品信息、竞争信息等。我们看到，在美特斯邦威看来渠道管理和各类信息都是重要的软性资源，对于如此重视软资源能力的公司来说，这些方面的功夫是不可不花的，但在同行业中这并不常见。

当然，就算市场信息再丰富，没有人力、物力等相关软硬资源的配合也是无济于事。美特斯邦威通过虚拟营销的方式节省了大量资金，他们将这部分资金全部投入产品的开发与人力的开发，以此提高企业的产品设计能力。早在 1998 年美特斯邦威便在上海成立了专门的设计中心，在这里每年有一千多种新款式的服装被设计出来，逐渐诞生了一支具有国际水准的设计师队伍，结合了法国、意大利、中国香港等地的知名设计师的理念，这才是美特斯邦威的硬性资源实力。

除信息、设计、销售之外，美特斯邦威实现了整个供应链的同步，包括商务流、物流和资金流动几个方面，各方资源的合理配置保证了公司未来的发展。同时，广阔的资源范围还借助了一种横向一体化的产业组织模式，涵盖计划协同、信息整合和管理标准化的内容，保证了供应链上各方能充分发挥自身的核心能力，借助有效的分工和合作机制，达到彼此的利益均衡。

美特斯邦威的经营方式是“虚拟经营”，其本质上使公司做到了最大限度地整合资源，并且把所有的资源都集中在最佳效益点上，获得了不菲的成效。首先在生产资源上，美特斯邦威的外包手段实现了一种高度弹性化的运作，在旺季公司能够保证商品的充足，在淡季也不用进行生产方的工人和设备管理，即使有闲置的剩余资源也属于外包企业的自我管理内容，这样就能够在很大程度上规避经营风险。同时，一旦市场发生变化或者战略目标有所改变，美特斯邦威只需通过解散这些外部组织，组成新的组织结构，就可以创造新的竞争优势。美特斯邦威极度注重品牌影响力，在树立品牌形象与知名度上投下大笔资金，他们选用大牌明星作产品的代言人，同时在信息管理技术上投入了过亿资本，在这部分资源的挖掘上，美特斯邦威凸显了企业的管理方针——品牌是服装产业的价值核心，也正是在品牌建设上，如果有所疏漏，将带来公司最大的危机。因此，美特斯邦威通过明确自己的市场定位，以青年群体为销售目标，进行了准确的市场战略部署。同时，品牌和品质从来不可分割，提升品质是提高品牌价值的最核心方法。美特斯邦威集团还在服装设计上下苦功。与此配合的是销售渠道的通畅，随着市场需求的扩大，公司也必须配合扩大规模。从始至终在生产渠道、销售渠道的选择上，美特斯邦威就灵活的掌控了外来资金，一直走的是社会化、专业化分工协作的路子，采取委托加工的办法，与各地加工厂建立了长期合作的关系，形成了稳定的生产基地，并通过采取“特许连锁经营”的模式将专卖店特许给代理商经营，利用社会闲散资金弥补自己的有限资金，扩大市场营销网络。

上文我们谈到美特斯邦威在信息技术上下足资本，这是它的另一个资源配置风险方面的表现。很明显，不会有哪个服装厂会将亿元资金放在信息搜集整合方面，但美特斯邦威做到了，它建立了一条完整的供应链，包括信息、物流、商务、资本，这保证了管理的专业化，同时通过不同信息的差异化分析，也对直营和加盟店进行差异化管理，这种整一和灵动的管理方式是品牌稳固发展的有力助推器，因此，我们将会看到一个日益完善和强大的美特斯邦威。

第九章

企业的文化管理结论

企业文化的管理制度是决定企业发展的核心。没有文化底蕴的企业的管理会十分混乱。一个完善的文化模式是支撑企业发展的思想基础，是推动企业进步的文化动力。

那么，怎样建设企业文化管理模式呢？企业文化的管理如何实现文化跨越呢？

企业文化建设实质上是用先进的科学管理模式与人文化的管理理念来调动员工的积极性、主动性，提升企业的文化管理水平，促进企业的发展。

第一节　企业的文化管理与文化跨越

企业的文化形象是将企业的文化理念与文化内涵紧密融合，从而培养企业的核心竞争力，为企业的发展创造良好的氛围。然而，任何一个企业的文化建立都不是凭空捏造的，这就需要有良好的发展条件。不仅需要高效的文化管理制度，更需要完善的管理团队及文化氛围。

企业文化的合理经营是实现文化跨越的重要保障。随着市场竞争压力的不断加强，企业的压力也越来越重，要想真正实现文化的跨越，不仅需要在企业经营上改变管理模式，由原来的单一经营模式逐步向多元化和精细化管理模式转变，把真正的企业文化融入企业的各个环节，形成高效率、综合化和精细化的文化理念。只有把企业的文化真正地融入企业的各个环节，才能激发员工的工作积极性。

企业在经营实践中逐步形成企业文化。价值观、经营理念和企业精神文化一旦形成，将为整体团队所共同遵守，并且在此基础上形成行为规范，约束着企业的每一位成员。企业文化是一个企业生存和发展的主要动力源，是提升企业形象的重要保障，是一个企业的无形资产，是一个企业宝贵的财富，也是一个企业核心竞争力形成的重要标志。俗话说：一个国家的强弱主要取决于一国经济，企业的发展则重在于企业的管理，而管理的好坏主要在于企业文化。由此可见，企业文化对一个企业的发展有着多大的影响力。当一个企业在发展的道路上有着自己积极向上的文化特色时，那么，这个企业一定具有活的灵魂，也一定懂得如何创新、吸取知识、汇集人才，从而赢得客户，让企业的品牌源远流长；反之，如果一个企业缺乏良好的企业文化底蕴，那就像一个人缺乏了激情和理想，最终将会在激烈的市场竞争中消失，成为别人的垫脚石。

世界500强之所以能成为经济的主导者，虽然由很多种因素决定，但最重要的是企业文化的牵引，这是毋庸置疑的。在激烈的市场竞争中，企业要想真正实现文化跨越，让企业持续发展，一定要重视企业文化。

为什么要实现文化的跨越？企业要想实现文化跨越离不开哪些因素呢？

首先，企业文化能为企业提供强大的精神支柱和文化动力。一个企业要想在激烈的市场竞争中取得优势，就必须具备一些精神动力，这是企业管理者和员工的合作纽带，只有当全体员工充分发挥主观能动性时，才能实现企业利益的最大化。这种跨越式的企业发展主要体现在企业文化上。由此可以看出企业文化的建设对一个企业的重要性。

其次，企业文化为企业的发展提供了核心的竞争力。企业核心竞争力是影响企业核心价值的重要因素。因此，企业的核心价值不仅包括过硬的技术，更重要的是企业形象以及诚信等。这些文化特征的形成与企业文化的培养息息相关。例如，北京同仁堂为我国著名中医品牌的代表，有着三百多年的历史，同仁的经久不衰不仅因其技术的独特，最重要的是医德，是根深蒂固的文化，是“修合无人心，存心有天知”的文化传承。

再次，企业文化为企业提供了强有力的精神保证。企业文化是企业发展的重要基础，文化的建立伴随着一系列规章制度的落实。很多企业都有一套严谨的规章制度，但却很少有企业有着优秀的企业文化。这二者的不同之处在于，制度管理的是人，而文化“管理”的是企业全体员工的思想精神。从这可以看出，只有强化企业文化建设，才能真正强化企业管理，提升企业的经营效率，才能真正实现企业文化的跨越。

企业文化中的“柔性文化”，是一种文化管理的升华。一般企业在管理上都用“奖罚制”来管理员工，这种方法虽然很有效果，却无法长期使用，往往容易激起员工的愤怒，最终只会产生两种结果：一是员工默默离职，二是领导调整制度。而柔性文化却能弥补这个不足，体现了人性化的管理，不仅增加员工信念，也增加员工工作的激情，还体现了领导对属下的关怀。

其实，任何一个企业的管理都是一个渐进的过程，都需要经历三个阶段的演化，第一是法治，第二是人治，最终才是文化制度化，这是人治与法治的完美结合。

大冶有色金属公司是一个以铜为主，集科研、设计、采矿、选矿、冶炼、加工、运输、发电、物流贸易等为一体的中国大型金属企业集团。改革开放以来，大冶有色金属企业文化管理全面开展，近年来大冶有色金属更把企业文化作为一种高级的管理模式运用到每个环节中，使大冶有色金属员工的精神面貌发生了巨大变化，提高了企业生产效率，给企业经济带来了巨大的变化。

大冶有色金属公司如何通过企业文化管理实现文化跨越的呢？一是大冶有色金属公司引导员工树立敬业精神，培养员工全心全意为企业服务的意识。公司文化的建立包含理念的确定，这是一个企业整体的发展趋势。近年来，大冶有色金属公司就是在确立新文化理念之后，进而用文化理念来修订现有的管理制度，建立先进的文化制度，最终取得了现在的成绩。二是与时俱进、荣辱与共的用人机制。大冶有色金属一直以一种自强不息、与时俱进的精神来实现不断的创新和自我超越。全体员工不断进取并一步步地制定了宏伟蓝图。改革开放后，大冶有色金属公司为国家做出了重要的贡献，企业精神也代代相传，每位员工都有自己的定位，除了认真干好自己的本职工作外，还在自己的岗位上追求卓越，创造自己的价值。三是企业文化引导企业和员工增强社会责任意识，兼顾企业效益和社会效益，共同发展提升。一个完善的企业文化必然具有社会号召力，赢得社会认可。使命是企业存在的价值，这种文化也是企业的精神命脉；每个企业的最终目的是创造财富，即利润最大化。只有创造财富，富裕了员工的生活，才能让员工任劳任怨地回报企业。只有让员工成为企业的主人，员工才能与企业风雨同舟、休戚与共，而企业则要为员工搭建平台，创造良好的工作环境。四是企业文化引导员工，让员工与企业结成一个有机整体，实现企业的文化跨越。

企业文化实现了大冶有色金属的跨文化发展，不仅提升了经济，也推进了品牌战略，员工的自主创新能力大大提高，企业也真正成长起来。

大冶有色金属用文化的力量，促进企业跨越式发展。这个事例证明了文化的重要性，也有力地证明了企业文化管理是企业文化跨越发展的真正动力。

第二节　企业的文化管理与文化持续

在一个企业中，企业文化主要是一种精神，是一个企业在管理过程中的重要的精神财富，其对员工有巨大的感召力和凝聚力，是一个企业宝贵的无形资产。企业文化的受众者不仅包括员工、管理者，也包括合作者；其涉及的文化主要有劳动文化、生产文化、经营文化等。

企业文化的可持续发展主要指将现在的发展与未来的发展相结合，形成一种产业链。既能给现在的经营带来利益，也能给未来的发展带来价值。可持续发展是每一个企业都追求的发展战略。一个企业在发展的过程中不仅要实现目标，更要在发展的过程中提高自己的市场地位。只有这样，才能保证企业的长盛不衰。

中国有很多企业很难真正做到可持续发展，有很多种原因让一些企业昙花一现，抓住机会就能赚钱，失去机会就会亏损，往往带有很强的投机性。现阶段是一个竞争的时代，也是一个微利的时代，在这样的环境下，企业的文化建设势在必行。

如何创立文化让企业持续发展呢？企业文化的创立，不仅需要管理者根据公司的环境建立完善的文化制度，也需要全体员工的全力配合，融合民族的优秀传统文化，培养具有企业特色的企业文化。文化建设主要包括以下几点：

一是树立企业领导者在企业文化建设中的威望。管理者作为公司的决策人，对企业文化具有高度的执行力和决策力。领导者对企业文化必须具有高度的警觉性，对企业的文化内涵要有深刻的认识，对企业的持续发展有独到的见解。

二是企业文化与企业管理相互融合。文化是一个企业的核心，能实现员工与公司的共同目标，能提升企业的品牌，是全体员工价值的体现，因此，企业文化一定要与企业管理相互融合，才能提高企业在市场竞争中的地位。

三是企业文化的创建必须要得到全体员工的认同。企业自身的文化应与员工的特征相互融合，企业应真正用文化理念来影响整个团队，从而让企业文化更加适合企业的发展。

四是企业要不断创新、进取才能实现长远发展。企业文化建设不是一蹴而就的，需要企业全体员工的配合，需要领导强有力的执行力和感召力，是一个企业逐步给每个员工营造出来的文化氛围，是企业持续发展的必要条件。

企业文化与企业可持续发展之间有着密不可分的联系。企业的可持续发展需要优秀的企业文化。在中国企业发展的初期，企业一般按部就班，由国家统一管理，国家对企业实行统一的管理模式，而这种模式并不能适应所有企业的发展，因此，很多企业停滞不前，甚至亏损倒闭。如何使企业保持蓬勃发展，并且能在竞争激烈的市场环境中依然保持良好的发展势头，将越来越引起企业的重视。纵观有着百年发展史的企业，它们大多都靠一个核心幸存，那就是建立企业文化。企业文化是一种信念、一种力量、一种道德的约束，是一个企业取得成功的无形力量。

企业的可持续发展需要根深蒂固的文化。企业文化来源于企业，也用于企业，想要真正实现文化融合需要全体员工不断深化文化意识。

早在20世纪，我国一些大的重金属企业已经有了自己独特的企业文化，像鞍钢、大庆油田的文化管理已在企业内部根深蒂固，每位员工都把企业文化当成做事的准则。也是因为有这样的执行力才让文化深入人心，成为人人遵守、人人维护的一种不成文的法律文化。随着社会的大环境的变化，死板的“守法”却很难适应市场化的需要。缺乏创新和与时俱进精神，导致这些企业逐渐衰落。

企业文化真正的兴起是在20世纪50年代后期，随着国外企业涌进国内，一时间掀起了企业文化热潮。国内企业也逐步模仿外企的管理制度和管理模式。但是，这些企业学到的只是外在的形式。很多企业忽视了文化的真正内涵，直到20世纪中期一些模仿企业逐渐衰败甚至消亡，中国的企业文化才逐渐真正得到关注。

所以，优秀的企业文化是可支持发展的真正保障。因此，企业一定要实事求是，有主人翁的精神，管理者要充分调动员工的积极性和主动性，只有当员工与管理者之间心心相印才能创建一流的企业，企业才能创造好效益。

企业文化是企业可持续发展的核心动力，企业的持续发展需要以文化为强有力的核心，一个企业的核心主要来自企业的管理和技术，企业文化是企业管理和技术提升的重要辅助工具。因此，企业文化是塑造企业核心竞争力的重要保障，是一个企业的灵魂，对企业的提升起到了重要作用。

企业文化能在企业中形成巨大的能量，它潜移默化地影响员工的一言一行，成为企业所独有的价值观和经营哲学，竞争者很难模仿，因此，企业文化具有独特的优势，它在企业中形成一种无坚不摧的内部动力。

海尔文化是中国企业文化的典型代表，海尔文化重要的理念是“忠诚度”，即企业对客户的忠诚，企业对员工的忠诚，员工对企业的忠诚，这种文化目标得到员工的一致认同，使海尔内部形成一种亲切的人际关系，这种人性化的管理也充分调动了员工的积极性和工作热情，增强了员工的责任感和荣誉感，从而保证了企业健康和稳定发展。因此，只有具有核心企业文化，才能使企业持续发展，并且形成独具个性的特色管理。

企业文化与企业相互依存。众所周知，任何的物质资源都有可能枯竭，企业文化却是源远流长、生生不息的，是支撑一个企业的重要支柱。企业可持续发展的关键在于企业文化的传承，接班人可以改变，但文化的核心价值观是不可改变的，它是社会环境和企业发展的继承和延续，它能强化文化管理，推动企业沿着正确的轨道前行。

国内有很多小企业不注重企业文化建设，最终掉入无尽深渊，虽然这些小企业在短时间内能盈利，却很难持久，经不起大风大浪的考验，最终被社会淘汰。

企业文化是一种无形的力量，每一个企业都要注重文化理念的培养，企业文化是一种无形的生产力，企业是文化的舞台。因此，只有当企业与企业文化相互协调、相互促进、相互影响时，才能对企业的发展起到积极的作用。

第三节　企业的文化管理与文化嬗变

石在勇编著的《让听得见炮声的人决策：任正非的华为管理之道》一书中有这样一个案例：华为公司有一份《管理优化报》，是专门让员工进行自我批评的。天津管局来公司访问时提了一些意见，中研部、中试部全体员工组织听录音，认真反思，写了不少心得，《管理优化报》把它编成了一本书，叫《炼狱》。华为的管理优化进行得如火如荼的关键是，任正非对管理非常重视。1995年是华为管理进阶的起始年。这一年关于管理的关键词是：员工100%持股、产品多元化、发放股权凭证、发起“华为兴亡，我的责任”的大讨论、大规模推行ISO9001标准、《华为之歌》诞生、要求办事处搬到当地星级宾馆办公。此外，聘请中国人民大学教授团队进行人力资源咨询，成立工资改革小组，设计工资分配方案。同年年底，任正非提出重建企业管理系统。1996年1月，任正非要求总裁办牵头制订一部员工行事准则，于是《华为基本法》诞生了。在任正非心里，只要有利于实现“成为世界级领先企业”的光荣与梦想，一切的改变和改革都是必要和必需的。

编著者用“世界唯一不变的就是变化”来解读华为的案例。编著者认为，如果管理不从小处的改进做起，什么事都将做不成。世界上唯一不变的就是变化。华为公司曾面临一个战略转折点，那就是管理与服务的全面优化建设。因为如果没有良好的管理与服务，就不可能有市场的扩张，就不可能有前步进，所以，管理的优化和服务意识的建立是公司的战略转折点。华为公司计划用3～5年时间来完成这个战略转型。可以说，华为公司能否在经历巨大的艰难困苦之后出现一个非线性的高速发展时期，关键在于管理与服务的全面建设问题。我们认为，一个企业用文化管理企业，要用动态和发展的理念思考问题和处理问题。这样才能使企业的文化管理具有持续性和创新性，继而实现文化的融合。

第四节　企业的文化管理与文化融合

“十二五”规划以来，国家在企业文化方面做了大量的工作，也取得了成效，但文化建设的问题仍然存在，企业很难融入社会的大环境，国家经济的发展也很难推动企业的前进。这种现象让许多企业感到困惑。因此，充分地认识文化融合显得尤为重要，在现阶段经济转型敏感时期，企业文化该如何融合、如何发展不仅是企业需要考虑的问题，更是一个国家现阶段需要解决的燃眉之急。

企业文化融合对于国家、企业具有重要意义。文化的融合不仅是文化本身的要求，更是文化交流的外部需要，是文化发展的必然趋势，因此，必须加强文化融合，加强文化建设。我们通过以下四点来阐述融合的必要性。

第一，文化融合能促进文化的发展。文化的融合是文化进步的一种表现形式，无论自然界还是人类社会都需要发展、进步，都需要从旧文化更替为新的文化，在历史上，任何的发展都离不开人类的进步。例如，汉朝实行文化融合、民族融合政策，虽然遭到强烈反对，但仍然促进了民族的觉醒与富强，加强了各民族的凝聚与交流。在日益频繁的国际交流中，外来的文化不断冲击着现有文化，中华文化从古到今给后世留下了博大精深的精髓，与现代文化相互融合，推进着时代的进步。

第二，文化融合能促进文化的建设。文化作为一个国家的无形资产，并不是孤立存在的，文化并不是一潭死水，不是禁锢不动的，也需要交流，需要流通，需要源头活水。然而，有交流就会有差异、冲突。这就需要文化相互摩擦、相互融合。

第三，文化融合能促进文化的传递。在新的形势下，企业的发展需要文化的引领和推进，需要将各种形式的差异的个性文化，通过沟通、交流形成统一的新文化，需要让员工逐步接受适应这种新文化。文化的磨合可能会引发碰撞和冲突，当一种文化真正地适应每个员工时，形成一种企业核心价值观时，才能真正诞生“本企文化”。

第四，文化融合促进了文化的创新。众所周知，文化因为融合才丰富多彩，因为摩擦而日新月异，这就是文化的创新。文化因交流而丰富，因交锋而出新。这一方面体现在集成创新上。联想在收购 IBM 的前期，其文化只是一些死板的制度，可是 IBM 却实行一种灵活的人文化的管理，因此，当这两个企业合并时，对彼此产生了极大的排斥，导致 IBM 大批员工适应不了联想的禁锢制度而离职。联想的管理者及时将 IBM 与联想的企业文化在最短时间内相互融合，减少了员工、企业之间的摩擦，很快，联想新的文化形成了。这种文化的融合是对两种异质文化的升华，是一种文化创新，也给联想在 IT 行业奠定了稳定的根基。

文化的融合另一面也表现在文化的引进上。俗话说，知彼知己，百战百胜。知彼知己，不仅要知道自己的优势，更要知道自己的不足，当文化跟不上社会的发展时，一定要谦虚地引进、吸收其他文化，并建立自己的企业文化体系，这不仅是企业文化创新的结果，更是企业文化融合后的结晶。由此可见，主动推进企业文化融合，加快企业文化建设，才能促进企业和谐发展。

不同的企业在文化方面有很大的差异性，文化的融合需要突出重点。在一定意义上，文化是理念上的融合和行为方式上的磨合。企业文化的融合主要体现在设计、理念、架构、组织等方面的融合。

冀中能源集团在五年的时间内产值从一百多亿发展到一千多亿，企业遍布海、陆、空，成为河北特大的轻工业企业之一。冀中能源也出现过瓶颈期，可是它后来却能成功，主要原因是它找到了企业的核心文化，找到了自己的企业定位，通过定位不断地创新，引领员工不断前进，不断提升企业的凝聚力和影响力。

冀中成功的原因主要有两点：一是找到了“病因”，即自身文化不足；二是“对症下药”，确立文化定位，提升文化价值，融合文化理念。

北京全聚德集团享誉世界，一直把周总理的“全而不缺，聚而不散，仁德至上”作为企业核心价值观，全聚德的文化核心在于仁德，并把核心文化融入企业的常规制度，促进了企业核心文化与制度规范的融合，促进了全聚德的品牌文化。

企业文化必须把德行放在第一位，把良知放在品牌的前沿，联想一直继承着“光明正大干事，清清白白做人”的传统美德。一个企业的融合需要用对人，也需要“仁化”和“化人”两种方式，“仁化”对于企业管理来说很重要，只有尊重员工的文化利益，仁爱化的管理方式一定会得到全体员工的拥护，提高员工的积极性。“化人”重点在于感化人。自古以来，得人心者得天下，一个企业拥有热爱企业、努力奋斗的良才，才能更加牢固、坚不可摧。

任何一个企业都有一种精髓文化，由企业通过不断提炼、实践、融合、融化、融入等过程提炼出来。它是企业之魂，企业的发展一定要在核心文化的指引下发展，踏实地一步一个脚印地稳健前行，抓住主线，这样才能最终实现企业目标。

因为不同企业的文化千差万别，因此企业应该对文化的差异有鲜明的意识，不断地提炼，努力寻找不同文化的共性，不断进行文化的融合，从而达到更高的境界。

第五节　企业的文化管理与文化创新之案例评析

2004年，联想集团收购IBM企业。回顾收购IBM后的10年历程，虽然取得了成果，但也走了许多弯路。联想与IBM的融合过程是需要文化磨合的。作为国内知名企业，不管是所处的社会环境，还是企业内部管理，跟国外的企业都存在一定的差异。因此，收购IBM后联想董事长柳传志做的第一件事就是文化磨合。这种国际的文化差异其实会带来很大的风险。由此可见，当企业文化差异过大时，一定要进行因地制宜地融合文化，实现跨文化的发展，确保企业间文化差异和理念冲突不再扩大。

像联想这样的企业很多，它们却很少有联想这样的魄力，也很少有企业像联想这样懂得文化管理的创新。联想成功的关键在于文化整合，在企业的管理过程中考虑到文化的整体因素。联想这种吸收并融合的文化方式是一个必然的过程，也是一个艰巨的过程，文化整合不仅是制度的调整，也是员工的合并、工作方式的改变，这也必然会引起员工的反对。因此，为了防止文化冲突，联想管理者做到了六个字“跨越、融合和持续”。但联想绝不会改变的文化核心是“一家人”的思想，这种思想为所有员工所认同，既避免了员工的“分拨”现象，也融合了员工的整体情绪。联想公司的管理层明白一个道理：如果企业并购必须要进行文化融合，要在尊重个性的前提下找出个性，要有自主创新的精神，要有跨越式的核心理念和价值观念，真正保证集团文化的统一性，实现完美融合，从而增强企业的凝聚力，树立企业形象，结合企业本身特征真正把自己打造成有文化特色的现代企业，为员工创造跳跃式的平台，为企业注入源源不断的血液。

联想企业的成功并非偶然，它在合并的前期、中期、后期做足了充分的准备工作。

第一，联想在前期首先建立了文化评估体系。企业文化评估体系是文化创新的重要组成部分。这种文化的评估主要是将企业的优势与不足进行整合，“取其精华，去其糟粕”，取长补短，随着企业的变化而不断地发展。企业管理者是企业的决策者，必须是有远见、有责任感、危机感、荣誉感的人。联想的每个管理者都要遵循一个铁的纪律，就是永远把制度文化放在第一位，企业管理行为必须与企业文化保持一致性。只有这样，文化的魅力才能在全体员工身上得以体现。

第二，企业品牌的影响力。品牌是一个企业的“脸面”，是一个企业的尊严，守护好一个品牌甚至是几代人都在重复做的事情，这是一种文化的延续。这种品牌的延续其实是一种信念的延续。联想品牌延续的是一种质量，同仁堂品牌延续的是一种良知，海尔品牌延续的是一种诚信。这种坚定的信念让企业实现了可持续发展，实现了与时俱进，实现了文化的创新。

第三，用文化来推进企业发展。创新是企业发展的持续动力，企业的良好发展不仅需要发扬文化传统，也要弥补文化的不足。在文化融合时及时推进文化建设，调整内部环境，着力在价值观、品牌建设、企业发展观等方面实现文化的创新和跨越。

企业在注重经济利益的发展时，更要注重对企业形象的培养。因此，企业在重视企业文化建设的同时，也一定要用文化管理企业，如此才能真正实现可持续发展。

企业的文化管理并非一成不变的，必须在发展中不断创新、完善，顺应市场的发展，才能在企业的发展过程中发挥重要作用，才能走在时代的前沿。

中国开放以来，企业面临着各种机遇，也面临着经济全球化的挑战，各种文化的相互摩擦、相互融合。想要真正地占据市场的主导地位，就必须有强有力的硬件设施和坚实的“软”文化，只有加强文化建设，才能使企业真正实现可持续发展，增强企业的核心竞争力，让中国经济真正的实现腾飞！

主要参考文献

[1] 雷家骕，王兆华，伊航．企业成长管理学理念、思路与方法．清华大学出版社，2012.

[2] 李亚民．企业文化学．机械工业出版社，2012.

[3] 齐东平，白庆祥．文化决定成败——中外企业文化镜鉴案例教程．中国经济出版社，2008.

[4] 张志诚．生产力经济学辞典．立信会计出版社，2002.

[5] 廖永凯，杨湘怡．管理学理论与应用．智胜文化出版社，2007.

[6] 张德，吴剑平．企业文化与 CI 策划．清华大学出版社，2000.

[7] 张德，吴剑平．文化管理——对科学管理的超越．清华大学出版社，2008.

[8] 许维雍，黄汉民．荣家企业发展史．人民出版社，1986.

[9] 孙健．海尔的企业文化．企业管理出版社，2002.

[10] 骆珣．项目管理教程．机械工程出版社，2003.

[11] 巩少伟，阎修忠．市场营销理论与实务．工商出版社，2002.

[12] 曾舒云．创新之道：中外企业创新经典案例教程．企业管理出版社，2010.

[13] 姚丽娜．新编现代企业管理．北京大学出版社，2012.

[14] 刘会福，蒋晶．现代企业管理．中山大学出版社，2013.

[15] 徐谷波．管理方法与艺术．中央广播电视大学出版社，2011.

[16] 徐文中．打开文化管理之门——企业文化调研理论与实践．社会科学文献出版社，2011.

[17] 唐焕文，王雪华，郭伟斌．现代企业管理方法．大连理工大学出版社，1997.

[18] 林泽荣，刘英．文化理论与文化比较．大连出版社，2001.

[19] 尹国平．企业虚拟价值研究．经济日报出版社，2013.

[20] 邓红学，熊伟业．中国传统文化概观．复旦大学出版社，2013.

[21] 刘光明．品牌文化．经济管理出版社，2013.

[22] 陈华．走向文化自觉——中国网络媒体行业自律机制研究．人民出版社，2011.

[23] 洪晓楠．当代中国文化哲学研究．大连出版社，2001.

[24] 魏光奇．中西文化观念比较．经济科学出版社，2012.

[25] 王超逸．软实力与文化力管理．中国经济出版社，2009.

[26] 宋宝萍，魏萍．创新思维心理学：培养与训练．电子工业出版社，2012.

[27] 曾长秋，张金荣编．世界文化概论．中南大学出版社，2012.

[28] 魏诺．创新改变世界：创新思维启示录．科学出版社，2013.

[29] 徐建中，王莉静，陈大龙．企业生态化系统与发展模式．哈尔滨工程大学出版社，2012.

[30] 陈少峰．文化的力量．华文出版社，2013.

[31] 皇甫晓涛．文化资本论．人民日报出版社，2009.

[32] 许国彬．中国文化精要．华南理工大学出版社，2012.

[33] 叶胜年．中西文化比较概论．首都经济贸易大学出版社，2011.

[34] 王永丽．文化力．广东经济出版社，2010.

[35] 张雁白．品牌文化战略与创新．经济科学出版社出版，2001.

[36] 陈鸿桥．科学管理理念、方法与案例．中国青年出版社，2012.

[37] 董传仪，葛艳华．危机管理经典案例评析．中国传媒大学出版社，2009.

[38] 陈晓萍．跨文化管理．清华大学出版社，2009.

[39] 鲍宗豪．决策文化论．上海三联书店，1997.

[40] 叶生，陈育辉．第三种管理模式．机械工业出版社，2005.

[41] 王昆来，杜国海．企业伦理新论．西南财经大学出版社，2012.

[42] 尹传高，张军．战略地图．广东经济出版社，2010.

[43] 张舜尧．决定企业成败的 10 大制度．地震出版社，2005.

[44] 张国梁．企业文化管理．清华大学出版社，2010.

[45] 管益忻，郭廷建编．企业文化概论．人民出版社，1990.

[46] 王昆来，杜国海．企业伦理新论．西南财经大学出版社，2012.

[47] 邹昭晞．企业战略分析．首都经济贸易大学出版社，2011.

[48] 赵艳波．领导者必备的 21 个素质．中国盲文出版社，2002.

[49] 费英秋．管理人员素质与测评．经济管理出版社，2004.

[50] 常征．企业家领导方法．中国商业出版社，2002.

[51] 董辅礽．企业家和市场经济．中国电力出版社，2009.

[52] 张嫚．环境规制约束下的企业行为：循环经济发展模式的微观实施机制．经济科学出版社，2010.

[53] 管益忻，郭廷建．企业文化概论．人民出版社，1990.

[54] 董速建，董群惠．现代企业管理．经济管理出版社，2002.

[55] 杨锡怀．企业战略管理（理论与案例）．高等教育出版社，1999.

[56] 黄河涛，田利民．企业文化案例分析．中国劳动社会保障出版社，2008.

[57] 石磊．企业文化案例精选评析．企业管理出版社，2010.

[58] 陈惠湘．中国企业批判．北京大学出版社，1998.

[59] 余来文．战略决定成败．上海蓝天出版社，2005.

[60] 康荣平．柯银斌．企业多元化经营．北京经济科学出版社，1999.

[61] [美] 弗雷德里克·泰勒．科学管理原理．马风才，译．机械工业出版社，2007.

[62] [美] 道将拉斯 . C. 诺斯．制度、制度变迁与经济续效．上海三联书店出版社，1994.

[63] [美] 德鲁克．卓有成效的管理者．机械工业出版社，2009.

[64] [美] 彼得·F·德鲁克．后资本主义社会．傅振焜，译．东方出版社，2009.

[65] [美] 彼得·F·德鲁克．管理新现实．黄志典，译．东方出版社，2009.

[66] [美] 索耶．创造性：人类创新的科学．师保国，译．华东师范大学出版社，2013.

[67] 阿肖克，贾夏帕拉著．知识管理：一种集成方法．安小米等，译．中国人民大学出版社，2013.

[68] [英] 桑德拉·奥利弗．企业传播原则、方法与战略．谢新洲，王金媛，译．北京大学出版社，2005.

[69] [美] D·A·雷恩．管理思想的演变．[M]，中国社会科学出版社，1995.

[70] [联邦德国] E·海能．企业文化理论和实践的展望．知识出版社，1990.

[71] 上海社会科学院经济研究所．荣家企业史料（上册）．上海人民出版社，1980.

[72] 郝云宏，王淑贤．多元化战略战术解释．经营与管理杂志.1999.

[73] 邹统钎．企业多元化经营的条件与行业选择．管理现代化杂志.2000.

[74] 刘轶博．论企业危机管理的系统策略．广东社会主义学院学报.2003.

[75] 吴健．论企业的危机管理．科技情报开发与经济.2007.

[76] 魏杰．论企业危机．中外企业家.2004.

[77] 王满仓，佘镜怀，王伟．现代企业危机管理理论综述．经济学动态.2007.

[78] 王高．国外企业危机管理理论研究综述．科学学研究.2006.

[79] 干勤．危机管理以及相关概念探析．商业研究.2008.

[80] 范新华．高科技企业危机管理研究．特区经济.2009.

[81] 陈明，余来文．公司多元化战略成败的关键因素．化工管理.2005.

[82] 童有好．对企业多元化发展史对我国的启示．理论建设.1998.

[83] 魏光兴．企业核心能力与多元化经营的结合模式．经济师.2003.

[84] 隋艳丽．浅谈企业文化与企业战略．通辽日报.2010.

[85] 韩能跃．略论企业文化对战略管理的作用．中国商贸.2011.

[86] 张明善．我国企业战略管理中的问题分析．西南民族学院学报.2002.

[87] 庞亚辉．危机管理，在“火警”鸣响前进入“安全地带”．中国管理传播网.2005.

[88] 魏杰．中国企业文化创新．中国发展出版社，2006.

[89] 朱成全．企业文化概论．东北财经大学出版社，2005.
[90] 紫竹．企业素质文化基因．中国财政经济出版社，2007.
[91] 刘会福，蒋晶主编．现代企业管理．中山大学出版社．2013.